Wirtschaftsmathematik einfach erklärt

Mark de Longueville

Wirtschaftsmathematik einfach erklärt

Eine kurze Einführung
in die notwendigen Grundlagen

 Springer Gabler

Mark de Longueville
Berlin, Deutschland

ISBN 978-3-658-10602-7   ISBN 978-3-658-10603-4   (eBook)
https://doi.org/10.1007/978-3-658-10603-4

Die Deutsche Nationalbibliothek verzeichnet diese Publikation in der Deutschen Nationalbibliografie; detaillierte bibliografische Daten sind im Internet über http://dnb.d-nb.de abrufbar.

Springer Gabler
© Springer Fachmedien Wiesbaden GmbH 2018

Gedruckt auf säurefreiem und chlorfrei gebleichtem Papier

Springer Gabler ist Teil von Springer Nature
Die eingetragene Gesellschaft ist Springer Fachmedien Wiesbaden GmbH
Die Anschrift der Gesellschaft ist: Abraham-Lincoln-Str. 46, 65189 Wiesbaden, Germany

Vorwort

Liebe Leserin, lieber Leser,

Sie studieren ein wirtschaftswissenschaftliches Fach? Ihr letzter Mathematik-unterricht liegt bereits etwas zurück? Sie wollen Ihre Mathematikkenntnisse aus der Schule reaktivieren und erweitern? Sie wollen die grundlegenden Mathematikkenntnisse erwerben, die für ein wirtschaftswissenschaftliches Studium unverzichtbar sind? Dann seien Sie herzlich eingeladen zu einer kleinen Reise durch die elementaren Grundkenntnisse der Wirtschaftsmathematik.

Oder sehen Sie die Mathematik gar als ärgerliches Hindernis auf dem Weg zu Ihrem Bachelor-Abschluss? Dass ein Betriebswirt etwas Mathematik jenseits der Grundrechenarten beherrschen soll, leuchtet Ihnen nicht ein? Dann erst recht möchte ich Sie gerne einladen, zu einer Erkundungstour durch diese fremd scheinende Welt. Denn wozu befähigt uns eine gute Mathematikausbildung? Meist und gerade in der heutigen Zeit schauen viele nach dem unmittelbaren Nutzen, der direkten Anwendung eines gelernten Stoffes. In Bezug auf die Lehrinhalte dieses Buches lassen sich in der Tat auch zahlreiche gute Anwendungsbeispiele finden und ich versuche diese im Verlauf des Textes, soweit es in der Kompaktheit der Darstellung möglich ist, zu vermitteln. Darüberhinaus bin ich sicher, dass auch die Dozentinnen und Dozenten Ihrer wirtschaftswissenschaftlichen Kurse immer wieder auf die Bedeutung und den Nutzen der Mathematik für ihre Disziplin eingehen. Worauf ich aber an dieser Stelle zunächst eingehen möchte, ist die Frage, wozu noch uns die Mathematik befähigt. Dabei will ich mich auf drei kognitive Fähigkeiten konzentrieren, die zugleich Grundlage als auch Folge der Beschäftigung mit der Mathematik sind: **Konzentration, Geduld** und **Fantasie**.

Um einen Sachverhalt grundlegend zu verstehen, müssen Sie für eine hinreichende gedankliche Stille sorgen. Das Gleiche gilt für das Lösen von

Aufgaben. Wenn Sie sich genügend von äußeren Einflüssen geschützt mit einer Übungsaufgabe beschäftigen, dabei Ihren Lösungsweg strukturieren, sich zu jedem Zeitpunkt klar darüber werden, was Sie schreiben und warum, so tritt unweigerlich eine meditative gedankliche Grundstimmung ein, die eine spürbare Steigerung der Konzentration mit sich bringt.

Wenn Sie eine Begebenheit nicht sofort verstehen, wenn Sie sich an der Frage der Anwendbarkeit eines behandelten Stoffes stoßen, wenn Sie eine Übungsaufgabe nicht sofort lösen können, dann geben Sie nicht sofort auf! Beschäftigen Sie sich mit dem Stoff nach einer gewissen Zeit erneut, denken Sie beim Duschen darüber nach, beim Joggen oder auf dem Fahrrad. Sie werden sehen, dass auf diese Weise auch die zunächst als sehr schwer scheinenden Sachverhalte in kürzester Zeit einfach werden. Jeder Mensch, der sich intensiv mit der Mathematik beschäftigt hat, kann Ihnen davon in der ein oder anderen Weise berichten. Wenn Sie selbst – vielleicht ja bereits im Rahmen dieser Lehrveranstaltung – diese Erfahrung machen, werden Sie sehen, mit wie viel Geduld Sie sich beliebigen – mathematischen und nicht-mathematischen – Problemen strukturiert widmen können.

Inspiration und Fantasie werden eher selten mit mathematischer Beschäftigung in Verbindung gebracht. Doch wenn wir uns intensiv mit mathematischen Objekten und ihren Eigenschaften beschäftigen – beispielsweise mit einer Fragestellung der Art: "Haben alle Cobb-Douglas-Funktionen die Eigenschaft X?" – so ist dies primär eine Frage der Fantasie. Wir stellen uns die Funktionen mit all dem vor, was wir bereits über sie wissen. Passt Eigenschaft X in dieses Bild? An welcher Stelle könnte es zu einem Konflikt kommen? Kann ich gar eine Funktion konstruieren, die die Eigenschaft X nicht erfüllt. All dies sind Prozesse, die durch Kreativität beflügelt werden und die im Gegenzug unsere Kreativität beflügeln. Für einen der wichtigsten Aspekte dieser Art von Fantasie halte ich das erweiterte Vorstellungsvermögen dafür, wie komplex ein Sachverhalt sein kann, was er für Fallstricke beinhalten mag. Offenbar eine Fähigkeit, die in Bezug auf jegliche Herausforderungen in Beruf und Alltag wertvoll ist.

Das vorliegende Buch basiert auf meinen Erfahrungen der letzten sechs Jahre, in denen ich wiederholt den Erstsemester-Mathematik-Kurs für Betriebswirtschaftler an der HTW Berlin abgehalten habe. Im Vergleich zu anderen Lehrbüchern der Wirtschaftsmathematik finden Sie hier einen auf das Wesentliche konzentrierten Text, der nahezu dem entspricht, was in der Lehrveranstaltung behandelt wird. Viele Seitenwege werden absichtlich nicht begangen. Das Meiste wird gerade nicht in seiner Allgemeinheit behandelt. Das oberste Ziel ist eine klare und einfache Darstellung. Dabei eignet sich das Buch sowohl als Grundlage für den Lehrenden als auch für das Selbststudium.

Am Ende eines jeden inhaltlichen Abschnitts finden Sie einen Satz Übungsaufgaben. Jeder Satz beginnt mit ein paar Multiple-Choice-Aufgaben. Diese
zielen darauf ab, spielerisch zu testen, ob Sie wesentliche Aussagen verstanden
haben oder diese bereits auf sehr einfache Situationen anwenden können.
Darüberhinaus dienen sie zur Einstimmung und der Erzeugung der richtigen
mentalen Haltung zur Lösung der darauf folgenden Rechenaufgaben. Wenn
Sie Schwierigkeiten bei der Beantwortung der Multiple-Choice-Aufgaben
haben, empfehle ich Ihnen direkt in den inhaltlichen Abschnitt zurückzu-
gehen, und die entsprechenden Passagen ein weiteres Mal durchzuarbeiten.
Wenn Ihnen diese Aufgaben hingegen leicht fallen, so ist dies eine gute
Voraussetzung für die dann folgenden Aufgaben.

Bei den zu rechnenden Aufgaben geht es primär darum, dass Sie die rich-
tige Methode verwenden und wissen und verstehen, was Sie tun. Grämen
Sie sich nicht über kleine Rechenfehler. Das bloße Rechnen macht nicht
das Wesen der Mathematik aus und dieses werden Sie künftig sowieso
meist dem Computer überlassen. Und dennoch ist das bloße Rechnen im
Rahmen Ihres Lernprozesses eine notwendige und wichtige Übung auf dem
Weg zu einem selbstverständlichen Umgang mit den theroetischen Konzepten.

Sie finden für den überwiegenden Teil der Aufgaben eine Lösung in Kapitel 11.
Viele dieser Lösungen sind recht ausführlich, damit Sie eben genau davon
eine Idee bekommen, dass der Weg das Entscheidende ist und nicht die
Zahl, die am Ende dasteht. Zumindest solange Sie sich im Lernprozess
befinden. Selbstverständlich spielt in der Zukunft schließlich auch die Zahl
am Ende eine Rolle. Versuchen Sie, wenn möglich, je weiter Sie im Buch
voranschreiten, immer unabhängiger von den gegebenen Lösungen zu werden
und vielmehr ein Selbstbewusstsein dafür zu entwickeln, dass Sie richtig
gedacht und gerechnet haben. Machen Sie lieber einmal die Probe, um sich
der Richtigkeit Ihres Ergebnisses zu vergewissern, als sofort im Lösungskapitel
nachzuschauen.

Schließlich möchte ich mich bei meinen Kolleginnen und Kollegen bedanken,
auf deren langjährige Erfahrungen ich zurückgreifen durfte, und bei den vielen
Teilnehmerinnen und Teilnehmern meiner Veranstaltungen, die durch ihre
Fragen und Bemerkungen wesentlich zur Konzeption des Buches beigetragen
haben.

Ich wünsche Ihnen viel Freude bei der Lektüre dieses Buches.

Berlin, im Oktober 2017 *Mark de Longueville*

Inhaltsverzeichnis

1

Funktionen

Agenda. In diesem Kapitel geht es darum, die Abhängigkeit einer wirtschaftlichen Größe von einer anderen wirtschaftlichen Größe mit Hilfe des mathematischen Begriffs der *Funktion* zu fassen.

Wir wollen mit einem einfachen Beispiel starten und ein paar Fragestellungen betrachten, die sich natürlich ergeben. Davon ausgehend werden wir uns die Mathematik dahinter genauer anschauen und mit Hilfe dieser Erkenntnisse die zuvor formulierten Fragen beantworten.

Mit Schuhen Gewinn machen

Stellen wir uns eine kleine Manufaktur sehr edler Lederschuhe vor. Für x Paar abgesetzte Schuhe innerhalb eines Monats, betrage der Gewinn der Manufaktur

$$G(x) = -\frac{3}{2}x^2 + 402x - 8784 \text{ Euro.}$$

Wir nennen $G(x)$ die *Gewinnfunktion*. Das heißt beispielsweise, dass der Gewinn bei monatlich 10 verkauften Paaren

$$G(10) = -\frac{3}{2} \cdot 10^2 + 402 \cdot 10 - 8784 = -150 + 4020 - 8784 = -4914$$

Euro beträgt. Mit anderen Worten, wenn nur 10 Paare verkauft werden, entsteht ein Verlust von 4914 Euro. Bei 100 abgesetzten Paaren hingegen beträgt der Gewinn

$$\begin{aligned} G(100) &= -\frac{3}{2} \cdot 100^2 + 402 \cdot 100 - 8784 \\ &= -15000 + 40200 - 8784 \\ &= 16416 \text{ Euro.} \end{aligned}$$

Ein paar Fragen drängen sich nun auf, die wir im Verlaufe des Kapitels beantworten wollen.

Nullstellen. Wie viel Paar Schuhe müssen abgesetzt werden, damit kein Verlust entsteht? Mit anderen Worten, für welche Werte von x ist der Gewinn $G(x)$ nicht negativ.

Extremwerte. Bei welcher Anzahl von abgesetzten Paar Schuhen ist der Gewinn *maximal*? Sprich für welche Werte x ist der Gewinn $G(x)$ maximal?

Approximatives Verhalten. Wenn wir von einem aktuellen Absatz von beispielsweise 100 Schuhen ausgehen, um wie viel erhöht sich der Gewinn näherungsweise, wenn ein Paar mehr – also 101 Paare – abgesetzt werden? Die Antwort auf diese Frage wird mit *Grenzgewinn* bezeichnet.

Der Schuh und sein Preis

Der Preis $p(x)$ eines Schuhpaars hängt von der Anzahl x der monatlich abgesetzten Schuhe ab. Für unsere kleine Manufaktur gehen wir von einer einfachen linearen *Preisfunktion* aus: $p(x) = -\frac{3}{2}x + 450$. Werden zum Beispiel 50 Paare abgesetzt, so geschieht dies zu einem Preis von $p(50) = -\frac{3}{2} \cdot 50 + 450 = -75 + 450 = 375$ Euro pro Paar. Es stellen sich die folgenden Fragen:

Definitionsbereich. Für welche Werte von x ist die *Preis-Absatz-Funktion* $p(x)$ ökonomisch sinnvoll definiert?

Umkehrfunktion. Wir haben festgestellt, dass der Preis vom Absatz abhängt. Umgekehrt gilt auch: der Absatz x hängt vom Preis p ab. Wie sieht diese Abhängigkeit $x(p)$ aus und wie steht sie im Zusammenhang mit der Funktion $p(x)$?

Angenommen wir haben die vorhergehende Frage beantwortet, das heißt, wir wissen, wie hoch der Absatz $x(p)$ zu einem gegebenen Preis p ist. Eine weitere Frage, die ökonomisch von Bedeutung ist und mit der obigen Frage nach dem approximativen Verhalten verwandt ist, ist die folgende:

Elastizität. Um wieviel Prozent fällt (oder allgemeiner: ändert sich) der Absatz, wenn der aktuelle Preis um ein Prozent erhöht wird?

1.1 Funktionen: Die Grundlage ökonomischer Modelle

Beginnen wir mit einem einfachen Beispiel einer Funktion: der *Briefportofunktion* der deutschen Post, also der Funktion, die jedem Briefgewicht (abgesehen von Größeneinschränkungen) genau das Porto zuordnet. Die Funktion hat einen *Definitionsbereich*, nämlich die möglichen Grammzahlen, die ein Brief haben kann. Bei der deutschen Post besteht dieser Bereich aus dem Intervall von 0 bis 1000 Gramm. Jeder Grammzahl x wird nun auf eindeutige Weise ein Porto $f(x)$ zugeordnet wie in Abbildung 1.1 abgebildet. Das heißt, ein Brief

$$x \longmapsto \begin{cases} 0.70, & \text{falls } 0 \leq x \leq 20, \\ 0.85, & \text{falls } 20 < x \leq 50, \\ 1.45, & \text{falls } 50 < x \leq 500, \\ 2.60, & \text{falls } 500 < x \leq 1000. \end{cases}$$

Abb. 1.1. Die Portofunktion der Deutschen Post (Stand 1.1.2016).

von höchstens 20 Gramm benötigt ein Porto von 70 Eurocent, ein Brief von mehr als 20, aber höchstens 50 Gramm benötigt ein Porto von 85 Eurocent, und so weiter.

Reellwertige Funktionen

Die Werte, die die Portofunktion annimmt, sind Zahlen aus dem Bereich der *reellen Zahlen* $\mathbb{R}$. Sie lassen sich als die Menge der *Dezimalzahlen* beschreiben, das heißt Zahlen der Form $-13.974645209335601....$ mit potentiell unendlich vielen Nachkommastellen. Alle Funktionen, die uns in diesem Kapitel interessieren, nehmen Werte im Bereich der reellen Zahlen $\mathbb{R}$ an. Wir nennen diese Funktionen *reellwertige Funktionen*.

Fassen wir zusammen: Eine *reellwertige Funktion* f mit *Definitionsbereich* D ist eine Zuordnung, die jedem Element x aus D auf eindeutige Weise ein Element $f(x)$ aus den reellen Zahlen $\mathbb{R}$ zuordnet. Wir schreiben für diesen Sachverhalt abkürzend $f : D \to \mathbb{R}$. Das Element x aus D wird *Argument* und der zugeordnete Wert $f(x)$ wird *Funktionswert* genannt. Die Zuordnung wird gerne durch $x \mapsto f(x)$ symbolisiert.

Für den Fall der Portofunktion besteht der Definitionsbereich aus allen Zahlen zwischen 0 und 1000, also dem *Intervall* $D = [0, 1000]$. Wir schreiben also $f : [0, 1000] \to \mathbb{R}$ mit der Zuordnungsvorschrift, wie sie in Abbildung 1.1 angegeben ist.

Der Definitionsbereich der Portofunktion ist eine Teilmenge der reellen Zahlen. Wegen ihrer grundlegenden Bedeutung wollen wir die Begriffe wie Menge, Element, Teilmenge, erklären.

Mengenschreibweise

Mengen sind (anschaulich gesprochen) eine Ansammlung von (wohlunterschiedenen) Objekten, die wir *Elemente* nennen. Ist eine Eigenschaft gegeben, zum

Beispiel "eine gerade ganze Zahl" zu sein, so schreiben wir die Menge aller Objekte, die diese Eigenschaft erfüllen in der Form

$$\{x : x \text{ ist eine gerade ganze Zahl}\}.$$

Wir lesen dies von links nach rechts als "die Menge aller x mit der Eigenschaft, dass x eine gerade ganze Zahl ist." Enthält eine Menge S ein Element x, so schreiben wir auch $x \in S$. Ist x nicht in S, so schreiben wir naheliegend $x \notin S$.

Natürlich, ganz, rational, reell...

Zu den bekannten Mengen zählen die *natürlichen Zahlen* $\mathbb{N}$. Sie bestehen aus allen Zahlen, die wir zum Zählen von Objekten brauchen:

$$\mathbb{N} = \{0, 1, 2, 3, \ldots\}.$$

Die *ganzen Zahlen* $\mathbb{Z}$ entstehen aus den natürlichen Zahlen, indem wir die jeweils negativen Elemente hinzunehmen:

$$\mathbb{Z} = \{\ldots, -3, -2, -1, 0, 1, 2, 3, \ldots\}.$$

Im Gegensatz zu den natürlichen Zahlen existiert in den ganzen Zahlen zu jedem Element z ein Element z' mit $z + z' = 0$. Wir sprechen vom *Inversen bezüglich der Addition*.

Die *rationalen Zahlen* $\mathbb{Q}$ bestehen aus allen ganzzahligen Brüchen:

$$\mathbb{Q} = \{\frac{p}{q} : p \in \mathbb{Z}, q \in \mathbb{N}, q \neq 0\}.$$

In ihnen existieren Inverse bezüglich der Addition und der Multiplikation. Letzteres bedeutet, dass es zu jedem Bruch $x \neq 0$, einen Bruch y mit der Eigenschaft $x \cdot y = 1$ gibt: *Kehrwert* oder auch *reziproker Wert* genannt.

Die *reellen Zahlen* $\mathbb{R}$ schließlich sind eine Obermenge der rationalen Zahlen und bestehen aus allen Dezimalzahlen, also Zahlen der Form

$$x = \varepsilon \cdot (n + \frac{a_1}{10} + \frac{a_2}{100} + \frac{a_3}{1000} + \cdots)$$

wobei $\varepsilon \in \{-1, +1\}, n \in \mathbb{N}, a_1, a_2, a_3, \ldots \in \{0, 1, 2, \ldots, 9\}$. Die reellen Zahlen enthalten *wesentlich* mehr Elemente als die rationalen Zahlen. Eine Erkenntnis, die auf Georg Cantor (1845-1918), den Begründer der Mengenlehre, zurückgeht. Es ist zum Beispiel $\sqrt{2}, \pi \in \mathbb{R}$, aber $\sqrt{2}, \pi \notin \mathbb{Q}$.

Eine weitere wichtige Menge ist die *leere Menge*: Sie enthält kein Element. Wir notieren sie mit dem Symbol $\emptyset$.

Teilmengenrelation

Eine Menge A ist in einer Menge B *enthalten*, wenn jedes Element aus A auch Element von B ist. Wir schreiben dann $A \subseteq B$. Existiert hingegen ein $x \in A$, für das $x \notin B$ gilt, so schreiben wir $A \nsubseteq B$.

Wir betrachten zwei Mengen als *gleich*, genau dann, wenn sie die gleichen Elemente enthalten. Wir schreiben dann $A = B$. Falls zwei Mengen nicht gleich sind, so schreiben wir $A \neq B$.

Offenbar sind zwei Mengen A und B genau dann gleich, wenn sowohl $A \subseteq B$ als auch $B \subseteq A$ gilt.

Venn-Diagramm

Häufig werden Mengen schematisch mit Hilfe eines *Venn-Diagramms* dargestellt. Beispielsweise werden wie in Abbildung 1.2 drei beliebige Teilmengen $A, B, C \subseteq X$ einer Menge X als Teilflächen eines Rechtecks dargestellt, welches selbst der Grundmenge X entspricht.

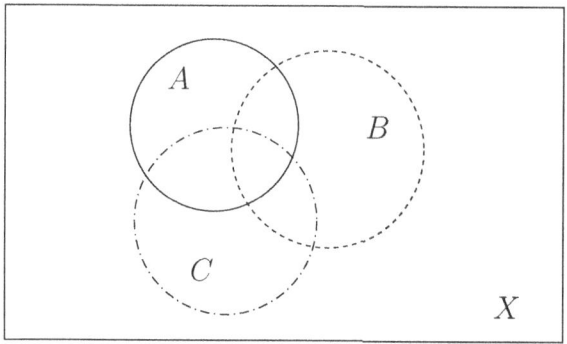

Abb. 1.2. Ein Venn-Diagramm.

Vereinigung von Mengen

Die *Vereinigung* $A \cup B$ von zwei Mengen A und B ist gegeben durch die Menge aller Elemente, die in A oder in B enthalten sind:

$$A \cup B = \{x : x \in A \text{ oder } x \in B\}.$$

Abbildung 1.3 zeigt die Vereinigung im Venn-Diagramm.

Ganz konkret ergibt beispielsweise die Vereinigung der Mengen $A = \{1, 3, 5, 7\}$ und $B = \{1, 2, 3, 4\}$ die Menge $A \cup B = \{1, 2, 3, 4, 5, 7\}$.

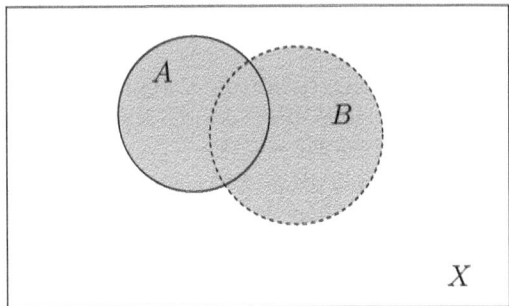

Abb. 1.3. Die Vereinigung $A \cup B$ im Venn-Diagramm.

Schnitt von Mengen

Der *Schnitt* $A \cap B$ von zwei Mengen A und B ist gegeben durch die Menge aller Elemente, die in A und in B enthalten sind:

$$A \cap B = \{x : x \in A \text{ und } x \in B\}.$$

Abbildung 1.4 zeigt den Schnitt im Venn-Diagramm.

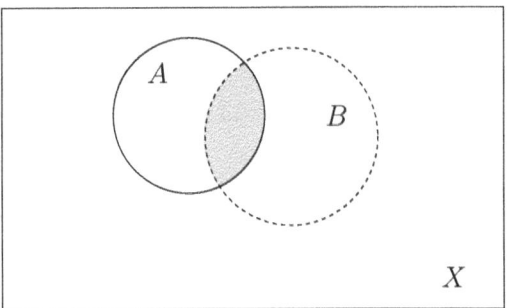

Abb. 1.4. Der Schnitt $A \cap B$ im Venn-Diagramm.

Ganz konkret ergibt der Schnitt der Mengen $A = \{1, 3, 5, 7\}$ und $B = \{1, 2, 3, 4\}$ die Menge $A \cap B = \{1, 3\}$.

Komplemente von Mengen

Sind Mengen A und B gegeben, so ist das *Komplement* $A \setminus B$, gesprochen "A ohne B" gegeben durch alle Elemente aus A, die nicht in B enthalten sind:

$$A \setminus B = \{x : x \in A, x \notin B\}.$$

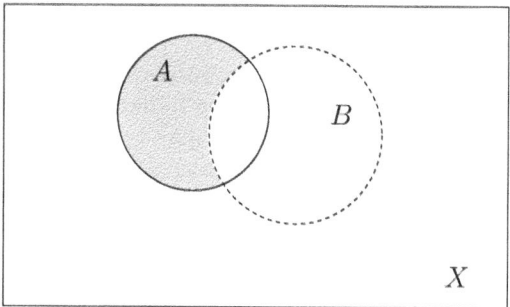

Abb. 1.5. Das Komplement $A \setminus B$ im Venn-Diagramm.

Abbildung 1.4 zeigt das Komplement im Venn-Diagramm.

Ganz konkret ergibt das Komplement der Mengen $A = \{1, 3, 5, 7\}$ und $B = \{1, 2, 3, 4\}$ die Menge $A \setminus B = \{5, 7\}$.

Intervalltraining

Eine wichtige Klasse von Teilmengen der reellen Zahlen sind die *Intervalle*. Diese können abgeschlossen, offen oder halboffen sein. Seien a und b reelle Zahlen, wobei a kleiner als b sei.

▷ $[a, b]$ sei das (abgeschlossene) Intervall aller Zahlen x mit $a \leq x \leq b$, das heißt aller Zahlen zwischen a und b, einschließlich der Zahlen a und b.
▷ (a, b) sei das (offene) Intervall aller Zahlen x mit $a < x < b$, das heißt aller Zahlen, die echt zwischen a und b liegen.
▷ $[a, b)$ sei das (halboffene) Intervall aller Zahlen x mit $a \leq x < b$, das heißt aller Zahlen, die zwischen a und b liegen, wobei a mit dazugehört, b hingegen nicht dazu gehört.
▷ Und schließlich sei $(a, b]$ analog zum vorhergehenden Fall das (halboffene) Intervall aller Zahlen x mit $a < x \leq b$, das heißt aller Zahlen, die zwischen a und b liegen, wobei a nicht mit dazugehört, b hingegen schon.

Das *(offene) Innere* eines jeden dieser Intervalle ist das offene Intervall (a, b).

Für nach oben oder unten unbeschränkte (uneigentliche) Intervalle benutzen wir die folgende Schreibweise:

▷ $[a, \infty)$ seien alle Zahlen größer oder gleich a.
▷ (a, ∞) seien alle Zahlen echt größer als a.
▷ $(-\infty, a]$ seien alle Zahlen kleiner oder gleich a.
▷ $(-\infty, a)$ seien alle Zahlen echt kleiner als a.
▷ $(-\infty, \infty) = \mathbb{R}$ die Menge aller reellen Zahlen.

Ein Graph ist etwas edles

Bei komplizierteren Funktionsvorschriften kann es hilfreich sein, eine graphische Darstellung der Funktion zur Verfügung zu haben: den *Graph* einer Funktion. Man erhält ihn durch die Menge der Paare $(x, f(x))$ in der (x, y)-Ebene, wobei x alle Werte aus dem Definitionsbereich D durchläuft.

Da wir nicht unendlich viele Punkte zeichnen können, begnügen wir uns meist mit endlich vielen Punkten, die wir einer *Tabelle der Funktionswerte* entnehmen. Für die zuvor betrachtete Gewinnfunktion $G(x)$ erhalten wir im Bereich von 0 bis 300 mit einer Schrittweite von 25 die Werte wie in Tabelle 1.1 gezeigt.

x	$G(x)$
0	-8 784.0
25	328.5
50	7 566.0
75	12 928.5
100	16 416.0
125	18 028.5
150	17 766.0
175	15 628.5
200	11 616.0
225	5 728.5
250	-2 034.0
275	-11 671.5
300	-23 184.0

Tabelle 1.1. Tabelle einiger Funktionswerte der Funktion $G(x)$.

Zeichnen wir diese Punktepaare in die (x, y)-Ebene so erhalten wir ein Bild in der Art von Abbildung 1.6. Die Punkte liegen im Verlauf einer Parabel. Und in der Tat handelt es sich bei der Gewinnfunktion $G(x)$ um eine Parabelfunktion: Verringern wir den Abstand der Punkte, indem wir weitere x-Werte hinzunehmen, so erhalten wir die Parabel wie in Abbildung 1.7.

Typischerweise wird die (horizontal gezeichnete) x-Achse als *Abszisse* und die (vertikal gezeichnete) y-Achse als *Ordinate* bezeichnet.

Die allgemeine Rolle von y

Bei der graphischen Darstellung einer Funktion f in der Ebene mit den Koordinaten x und y werden die Funktionswerte üblicherweise mit Hilfe der y-Koordinate dargestellt. Aus diesem Grund schreibt man auch häufig $y = f(x)$.

Symmetrie

Symmetrien können in vielfältiger Form auftreten. Zwei Arten sind meist leicht zu erkennen und nachzuweisen: *Spiegelsymmetrie bezüglich der y-Achse*

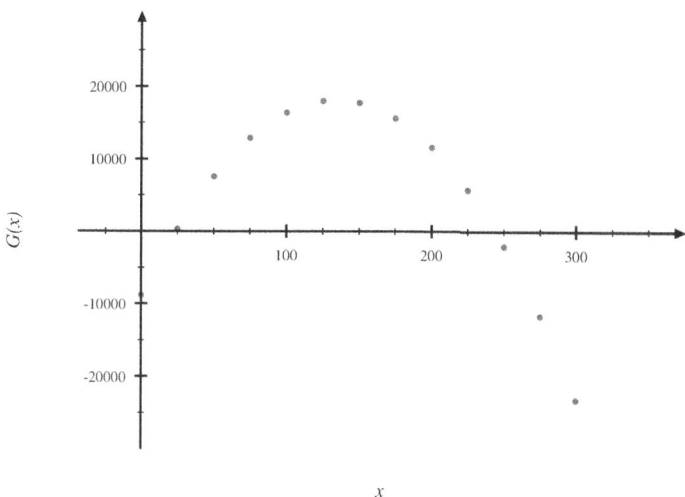

Abb. 1.6. Die Punktepaare aus Abbildung 1.1.

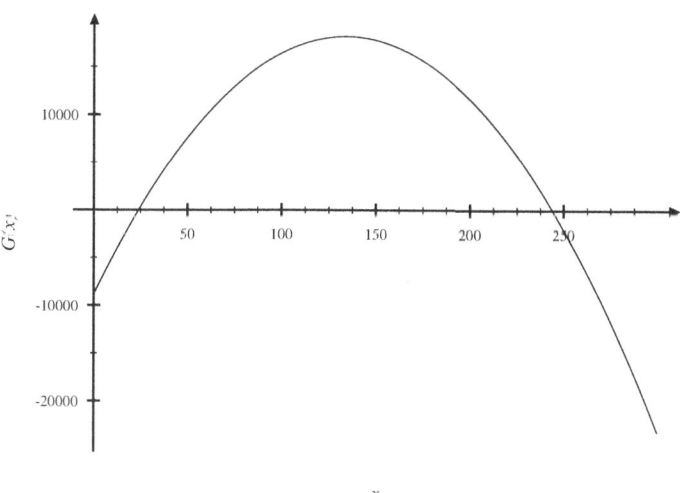

Abb. 1.7. Die Gewinnfunktion $G(x)$.

und *Punktsymmetrie bezüglich des Ursprungs*. Eine Funktion f heißt spiegelsymmetrisch bezüglich der y-Achse, wenn für alle x aus dem Definitionsbereich $f(-x) = f(x)$ gilt. Sie heißt punktsymmetrisch bezüglich des Ursprungs, wenn $f(-x) = -f(x)$ für alle x aus dem Definitionsbereich gilt.

Die Funktion f mit der Funktionsvorschrift $f(x) = -6x^4 + 2x^2 - 5$ beispielsweise erfüllt

$$f(-x) = -6(-x)^4 + 2(-x)^2 - 5 = -6x^4 + 2x^2 - 5 = f(x)$$

und ist somit spiegelsymmetrisch bezüglich der y-Achse.

Die Funktion g mit der Funktionsvorschrift $g(x) = \frac{-2x^3 + 6x}{x^2 + 1}$ erfüllt

$$g(-x) = \frac{-2(-x)^3 + 6(-x)}{(-x)^2 + 1} = \frac{+2x^3 - 6x}{x^2 + 1} = -g(x)$$

und ist damit punktsymmetrisch bezüglich des Ursprungs.

1.2 Aufgaben

Lösungen finden sich ab Seite 201.

1. Es sei $f : D \to \mathbb{R}$ eine beliebige Funktion. Welche der folgenden Aussagen treffen allgemein zu?
   - ○ Zu jeder reellen Zahl $y \in \mathbb{R}$ existiert genau ein $x \in D$ mit $f(x) = y$.
   - ○ Zu jedem Argument $x \in D$ existiert genau eine reelle Zahl $y \in \mathbb{R}$ mit $f(x) = y$.
   - ○ Aus $f(x) = y_1$ und $f(x) = y_2$ folgt $y_1 = y_2$.
   - ○ Aus $f(x_1) = y$ und $f(x_2) = y$ folgt $x_1 = x_2$.
2. Welche der folgenden Aussagen sind wahr?
   - ○ $\frac{7}{3}$ ist eine rationale Zahl.
   - ○ $\frac{7}{3}$ ist eine ganze Zahl.
   - ○ $\frac{7}{3}$ ist eine reelle Zahl.
3. Die Menge aller geraden ganzen Zahlen echt größer Null und kleiner gleich 25, die Vielfache von 3 sind, ist gegeben durch:
   - ○ $\{x \in \mathbb{Z} : 0 < x \leq 25, x \text{ ist teilbar durch 2 oder 3}\}$.
   - ○ $\{x \in \mathbb{Z} : 0 < x \leq 25, x \text{ ist teilbar durch 2 und 3}\}$.
   - ○ $\{2, 3, 4, 6, 8, 9, 10, 12, 14, 15, 16, 18, 20, 21, 22, 24\}$
   - ○ $\{6, 12, 18, 24\}$
4. Welche der folgenden Aussagen sind wahr?
   - ○ Die rationalen Zahlen sind eine Teilmenge der reellen Zahlen.
   - ○ Die ganzen Zahlen sind eine Teilmenge der natürlichen Zahlen.
   - ○ Das Inverse von $\frac{7}{3}$ bezüglich der Multiplikation ist gegeben durch $\frac{3}{7}$.
   - ○ In der Menge der ganzen Zahlen $\mathbb{Z}$ existieren Inverse bezüglich der Multiplikation.

5. Schreiben Sie mit Hilfe der Mengenschreibweise die Menge aller Vielfachen von π, die größer als 21 und kleiner als 237 sind.

6. Schreiben Sie mit Hilfe der Mengenschreibweise das Komplement aller Vielfachen von π, die größer als 21 und kleiner als 237 sind in der Menge der reellen Zahlen.

7. Schreiben Sie mit Hilfe der Mengenschreibweise die Menge aller rationalen Zahlen, die bei Multiplikation mit 7 ganzzahlig werden.

8. Schreiben Sie mit Hilfe der Mengenschreibweise das Komplement der Menge aller rationalen Zahlen, die bei Multiplikation mit 7 ganzzahlig werden in der Menge der reellen Zahlen.

9. Welche paarweisen Teilmengenrelationen bestehen zwischen den folgenden Mengen?

$$A = \{-91, -2, \tfrac{3}{2}, 4, 7, 8, 29\}$$
$$B = \{-55, 4, 7, 28\}$$
$$C = \{-2, 4, 28\}$$
$$D = \{-91, -55, -2, \tfrac{3}{2}, 4, 7, 8, 28, 29, 30\}$$
$$E = \{29, 7, 4\}$$
$$F = \emptyset$$

10. Repräsentieren Sie die Teilmengenbeziehungen, die zwischen den Mengen $A, B, \ldots, F$ aus Aufgabe 9 bestehen mittels eines Venn-Diagramms.

11. Führen Sie für die Mengen $A, B, \ldots, F$ aus Aufgabe 9 die folgenden Mengenoperationen durch.
    a) $A \cup B$
    b) $A \cup F$
    c) $A \cap B$
    d) $B \cap C$
    e) $A \setminus B$
    f) $(A \cap B) \cap C$
    g) $A \cap (B \cap C)$
    h) $(A \setminus B) \cap C$

12. Es seien die Intervalle $A = (-\infty, \sqrt{2}\,]$, $B = (-2, +\infty)$ und $C = [-3, 3]$ gegeben. Bilden Sie alle paarweisen Schnitte $A \cap B$, $A \cap C$ und $B \cap C$. Bestimmen Sie für die Ergebnisintervalle jeweils das offene Innere.

13. Es seien die Intervalle $A = (-20\pi, \tfrac{2}{9}\,]$, $B = [-80, 0]$ und $C = (0, +\infty)$ gegeben. Bilden Sie alle paarweisen Schnitte $A \cap B$, $A \cap C$ und $B \cap C$. Bestimmen Sie für die Ergebnisintervalle jeweils das offene Innere.

14. (Russelsche Antinomie) Bildet die Zusammenfassung aller Mengen, die sich nicht selbst enthalten, also $\{x : x \notin x\}$ eine Menge? Analog können Sie sich mit der folgenden Frage beschäftigen. Betrachten Sie den Barbier, der genau all die Männer rasiert, die sich nicht selbst rasieren. Gibt es einen solchen Barbier? Wie steht es um ihn selbst? Rasiert er sich selbst oder nicht?

15. Erstellen Sie für die Funktion

$$f : [-8, 8] \longrightarrow \mathbb{R}$$
$$x \longmapsto \frac{1}{4}x^2 + \frac{1}{2}x - \frac{15}{4}$$

eine Tabelle von Funktionswerten und skizzieren Sie den Graph der Funktion.

16. Erstellen Sie für die Funktion

$$g : [-8, 8] \longrightarrow \mathbb{R}$$
$$x \longmapsto -\frac{1}{5}x^2 - \frac{2}{5}x + \frac{8}{5}$$

eine Tabelle von Funktionswerten und skizzieren Sie den Graph der Funktion.

17. Erstellen Sie für die Funktion

$$h : [0, 10] \longrightarrow \mathbb{R}$$
$$x \longmapsto \frac{1}{9}x^2 + \frac{2}{3}x + \frac{5}{9}$$

eine Tabelle von Funktionswerten und skizzieren Sie den Graph der Funktion.

18. Erstellen Sie für die Funktion

$$k : [0, 10] \longrightarrow \mathbb{R}$$
$$x \longmapsto \frac{1}{4}x^2 - 2x + 5$$

eine Tabelle von Funktionswerten und skizzieren Sie den Graph der Funktion.

19. Untersuchen Sie die folgenden reellwertigen Funktionen auf ihr Symmetrieverhalten. Der Definitionsbereich D bestehe jeweils aus den reellen Zahlen $\mathbb{R}$.

a) $f(x) = 2x$

b) $g(x) = 2x + 1$

c) $h(x) = x^2 + 1$

d) $k(x) = -x^3 + x$

e) $l(x) = \frac{x^4 - 6x^2 + 2}{-2x^3 + 25x}$

f) $m(x) = \frac{-6x^5 + 2x^3}{x^7 - x}$

1.3 Funktionen, ohne die es wirklich nicht geht

Geraden

Der einfachste Funktionsverlauf, der sich denken lässt, ist wohl der einer Geraden. Eine solche *(affin) lineare Funktion* haben wir bereits kennengelernt:

die Preisfunktion $p(x) = -\frac{3}{2}x + 450$. Bei einem Absatz von 0 Paar Schuhen beträgt der (initiale) Preis 450 Euro. Im Funktionsgraphen entspricht dies dem *y-Achsenabschnitt*, der Höhe der Geraden beim Schnitt mit der y-Achse. Die *Steigung* der Geraden beträgt $-\frac{3}{2}$: Erhöht sich der Absatz um ein Paar Schuhe, so sinkt der Preis um 1.5 Euro. Abgesehen von Geraden mit Steigung 0, hat jede Gerade auch genau einen Schnittpunkt mit der x-Achse: Die *Nullstelle* einer solchen Geraden wird auch *x-Achsenabschnitt* genannt. Unsere Beispielgerade hat die Nullstelle bei $x = 300$:

$$-\frac{3}{2}x + 450 = 0$$

$$-\frac{3}{2}x = -450$$

$$x = \frac{-450}{-\frac{3}{2}} = \frac{2}{3} \cdot 450 = 300.$$

Die Preisfunktion nimmt jenseits der Nullstelle bei $x = 300$ negative Werte an, was ökonomisch nicht sonderlich sinnvoll ist. Von daher ist es zweckmäßig, den Definitionsbereich der Funktion p (und damit auch G) als das Intervall $D = [0, 300]$ zu definieren. Dies beantwortet die zu Beginn des Kapitels gestellte Frage.

Die allgemeine Form einer Geradengleichung ist $y = f(x) = mx + n$. Dabei ist n der y-Achsenabschnitt, m die Steigung der Geraden, und wie leicht nachzurechnen ist, liegt die Nullstelle bei $x = -\frac{n}{m}$.

Steigungsdreieck

Mit Hilfe von zwei beliebigen Punkten (x_1, y_1) und (x_2, y_2) auf einer Geraden $y = mx + n$ lässt sich die Steigung m mittels des folgenden Quotienten bestimmen:

$$m = \frac{\Delta y}{\Delta x} = \frac{y_2 - y_1}{x_2 - x_1}.$$

Die Steigung ist also das Verhältnis der zwei am rechten Winkel des Steigungsdreiecks anliegenden Seiten. Denken wir an eine Bergstraße, so entspricht dieses Verhältnis dem Quotienten aus Höhenunterschied Δy und zurückgelegter horizontaler Strecke Δx. Siehe auch Abbildung 1.8.

Achsenabschnittsform

Die Achsenabschnittsform ist eine andere Darstellung einer Geraden, und zwar in einer Form, bei der man sowohl den x-Achsenabschnitt a als auch den y-Achsenabschnitt b direkt ablesen kann:

$$\frac{x}{a} + \frac{y}{b} = 1.$$

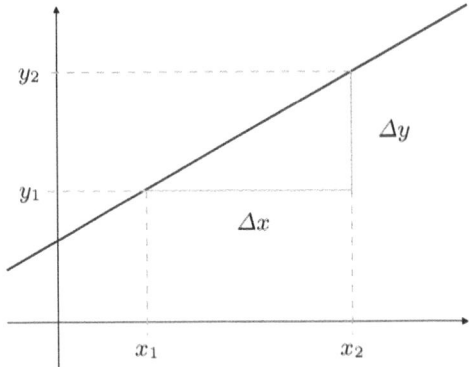

Abb. 1.8. Ein Steigungsdreieck.

In der Tat, setzt man $x = 0$ ein, so erhält man den y-Achsenabschnitt $y = b$ und umgekehrt erhält man aus $y = 0$ den x-Achsenabschnitt $x = a$. Der Zusammenhang zwischen der Achsenabschnittsform und der gewöhnlichen Geradengleichung $y = mx + n$ wurde bereits geklärt: Es gelten die Beziehungen $a = -\frac{n}{m}$ und $b = n$.

Betragsfunktion

Was mit dem *Betrag* $|x|$ einer reellen Zahl x gemeint ist, ist weitläufig bekannt: der Abstand von x zur Null auf der Zahlengeraden. Die *Betragsfunktion* ist formal definiert durch:

$$|\cdot| : \mathbb{R} \longrightarrow \mathbb{R}$$

$$x \longmapsto \begin{cases} +x, & \text{falls } x \geq 0, \\ -x, & \text{falls } x < 0. \end{cases}$$

Die Betragsfunktion setzt sich aus zwei Halbgeraden zusammen und der Graph der Funktion stellt sich dar wie in Abbildung 1.9.

Parabelfunktionen

Wie die Geradenfunktionen gehören auch die Parabelfunktionen zu den Polynomfunktionen. Eine *Parabelfunktion* ist eine Polynomfunktion zweiten Grades, also eine Funktion von der Form $f(x) = ax^2 + bx + c$ mit $a \neq 0$. Ein Beispiel hierfür haben wir bereits kennengelernt: die Gewinnfunktion $G(x) = -\frac{3}{2}x^2 + 402x - 8784$.

Betrachten wir den Graph einer Parabelfunktion mit $a > 0$, so sehen wir, dass die Parabel *nach oben geöffnet ist*. Im Falle $a < 0$ ist die Parabel *nach unten geöffnet*.

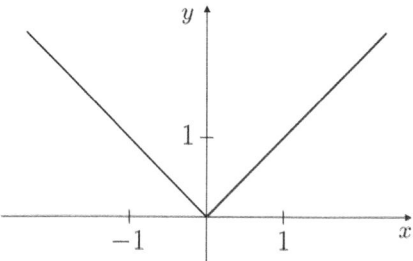

Abb. 1.9. Der Graph der Betragsfunktion.

Scheitelpunktform

Eine nützliche Darstellung von Parabelfunktionen ist durch die *Scheitelpunkt-form* gegeben. Wir können jede Parabelfunktion in der Form

$$f(x) = a(x - x_S)^2 + y_S$$

schreiben. Dabei stellt das Paar (x_S, y_S) die Koordinaten des Scheitelpunktes der Parabel dar. Die Scheitelpunktform lässt sich aus der Darstellung $f(x) = ax^2 + bx + c$ mit Hilfe der *quadratischen Ergänzung* erhalten, welche wir zunächst an einer einfachen Parabelfunktion illustrieren.

$$\begin{aligned}
f(x) = 3x^2 - 24x + 30 &= 3(x^2 - 8x) + 30 \\
&= 3((x^2 - 2 \cdot 4x + 4^2) - 4^2) + 30 \\
&= 3((x - 4)^2 - 4^2) + 30 \\
&= 3(x - 4)^2 - 3 \cdot 4^2 + 30 \\
&= 3(x - 4)^2 - 18
\end{aligned}$$

Der Scheitelpunkt der Parabelfunktion $f(x)$ hat also die Koordinaten $x_S = 4$ und $y_S = -18$.

Wenden wir dieses Verfahren nun auf die Gewinnfunktion $G(x)$ an.

$$\begin{aligned}
G(x) = -\frac{3}{2}x^2 + 402x - 8784 &= -\frac{3}{2}(x^2 - 268x) - 8784 \\
&= -\frac{3}{2}\left((x^2 - 2 \cdot 134x + 134^2) - 134^2\right) - 8784 \\
&= -\frac{3}{2}\left((x - 134)^2 - 134^2\right) - 8784 \\
&= -\frac{3}{2}(x - 134)^2 + \frac{3}{2}134^2 - 8784 \\
&= -\frac{3}{2}(x - 134)^2 + 18150.
\end{aligned}$$

Der Scheitelpunkt der Parabelfunktion $G(x)$ hat nun die Koordinaten $x_S = 134$ und $y_S = 18150$. Für diese einfach gestaltete Gewinnfunktion können wir also bereits eine Antwort auf die zu Beginn des Kapitels gestellte Frage nach dem maximalen Gewinn geben. Der maximale Gewinn wird bei einem Absatz von 134 Paar Schuhen erzielt und beträgt 18150 Euro. Um die Frage nach dem Maximalgewinn für Gewinnfunktionen allgemeinerer Art beantworten zu können, benötigen wir die Mittel der Differentialrechnung, die wir im 3. Kapitel behandeln werden.

Quadratische Ergänzung lässt sich auch ganz allgemein für eine Parabelfunktion $f(x) = ax^2 + bx + c$ durchführen:

$$f(x) = ax^2 + bx + c = a\left(x^2 + \frac{b}{a}x\right) + c$$

$$= a\left(x^2 + 2\frac{b}{2a}x + \frac{b^2}{4a^2} - \frac{b^2}{4a^2}\right) + c$$

$$= a\left(\left(x + \frac{b}{2a}\right)^2 - \frac{b^2}{4a^2}\right) + c$$

$$= a\left(x + \frac{b}{2a}\right)^2 + c - \frac{b^2}{4a}.$$

Mit anderen Worten ergeben sich die Koordinaten des Scheitelpunkts als

$$x_S = -\frac{b}{2a} \quad \text{und} \quad y_S = c - \frac{b^2}{4a}.$$

Polynomfunktionen

Geraden- und Parabelfunktionen sind Beispiele von Polynomfunktionen. Eine *Polynomfunktion n-ten Grades* ist eine Funktion der Art

$$f(x) = a_n x^n + a_{n-1} x^{n-1} + \cdots + a_1 x + a_0,$$

wobei die *Koeffizienten* $a_0, \ldots, a_n$ reelle Zahlen sind und $a_n \neq 0$ gilt.

Konstante Funktionen $y = a_0$ sind also Polynomfunktion nullten Grades, alle anderen Geraden $y = a_1 x + a_0$ mit $a_1 \neq 0$ sind Polynomfunktionen ersten Grades und Parabelfunktionen jene zweiten Grades. Auch *kubische Funktionen*, also Polynomfunktionen dritten Grades:

$$f(x) = a_3 x^3 + a_2 x^2 + a_1 x + a_0$$

mit $a_3 \neq 0$ spielen in den Wirtschaftswissenschaften eine prominente Rolle. Einen Term der Form x^n nennen wir *Monom*.

Quadratwurzelfunktion

Die Quadratwurzelfunktion $x \mapsto \sqrt{x}$ hängt eng mit der Parabelfunktion $x \mapsto x^2$ zusammen. Wir werden diesen Zusammenhang im Detail mit dem Begriff der Umkehrfunktion ab Seite 32 klären.

Die *Quadratwurzelfunktion* $f : [0, \infty) \to \mathbb{R}$ ist definiert durch $f(x) = y$, wobei y die eindeutig bestimmte reelle Zahl $y \geq 0$ mit der Eigenschaft $y^2 = x$ ist. Wir schreiben dann $y = \sqrt{x}$.

Hyperbelfunktionen

Wenn wir - den Begrifflichkeiten vorgreifend - beispielsweise die Stückkostenfunktion einer linearen Kostenfunktion betrachten, so erhalten wir auf natürliche Weise eine Hyperbelfunktion. Es gibt viele Betrachtungsweisen für Hyperbeln. Wie auch Parabeln lassen sie sich über Kegelschnitte herleiten. Wir werden uns mit einer einfachen Funktionsbeschreibung begnügen.

Gegeben seien Parameter $a, b, c \in \mathbb{R}$. Eine Funktion $f : D \to \mathbb{R}$ mit $D = \{x \in \mathbb{R} : x \neq b\}$ heißt *Hyperbelfunktion*, wenn sie der Funktionsvorschrift

$$f(x) = \frac{a}{x - b} + c$$

genügt. Offenbar wird für betragsmäßig sehr große Werte von x der Bruch sehr klein und es verbleibt im Wesentlichen der Wert c. Für x-Werte nahe bei b hingegen werden die Funktionswerte betragsmäßig sehr groß. Es ergibt sich ein Bild in der Art von Abbildung 1.10.

Gebrochenrationale Funktionen

Etwas allgemeiner als die Hyperbelfunktionen sind *gebrochenrationale Funktionen*. Als *gebrochenrational* bezeichnet man Funktionen, die sich als Quotient zweier Polynome

$$\frac{p(x)}{q(x)} = \frac{a_n x^n + a_{n-1} x^{n-1} + \cdots + a_1 x^1 + a_0}{b_m x^m + b_{m-1} x^{m-1} + \cdots + b_1 x^1 + b_0}$$

mit $q(x) \neq 0$ schreiben lassen.

Wachstumsfunktionen

Die *Exponentialfunktion*

$$\mathbb{R} \longrightarrow \mathbb{R}$$
$$x \longmapsto e^x$$

spielt eine wichtige Rolle bei der Beschreibung von Wachstumsvorgängen. Beispielsweise unterliegt der Kontostand eines Kontos mit konstanter positiver

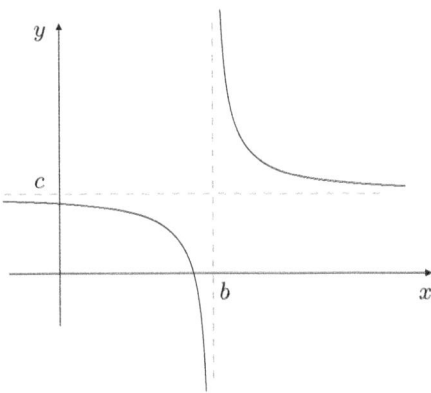

Abb. 1.10. Graph einer Hyperbelfunktion.

Verzinsung einem exponentiellem Wachstum. Der Wert von e ist annähernd 2.718. Doch wie berechnen wir e^x für eine beliebige reelle Zahl x? Eine Möglichkeit ist durch die *Reihendarstellung der Exponentialfunktion* gegeben.

$$e^x = 1 + x + \frac{x^2}{2} + \frac{x^3}{2 \cdot 3} + \frac{x^4}{2 \cdot 3 \cdot 4} + \frac{x^5}{2 \cdot 3 \cdot 4 \cdot 5} + \cdots$$

$$= x^0 + \frac{x^1}{1} + \frac{x^2}{1 \cdot 2} + \frac{x^3}{1 \cdot 2 \cdot 3} + \frac{x^4}{1 \cdot 2 \cdot 3 \cdot 4} + \frac{x^5}{1 \cdot 2 \cdot 3 \cdot 4 \cdot 5} + \cdots$$

$$= \frac{x^0}{0!} + \frac{x^1}{1!} + \frac{x^2}{2!} + \frac{x^3}{3!} + \frac{x^4}{4!} + \frac{x^5}{5!} + \cdots,$$

wobei $k! = 1 \cdot 2 \cdot 3 \cdots k$ für "k Fakultät", also das Produkt der Zahlen $1, 2, 3, \ldots, k$ steht und $0! = 1$ gesetzt wird.

Allgemein bezeichnen wir eine Funktion f als *Exponentialfunktion*, wenn sie von der Form $f(x) = c \cdot a^x$ ist, wobei a und c reelle Zahlen sind und $a > 0$ gelten muss.

Zinseszins

Angenommen der Kontostand eines Festgeldkontos zu Beginn des Jahres a sei x_0. Der jährliche Zinssatz sei mit i bezeichnet und es werde jeweils zum Ende des Jahres verzinst. Dann ist zu Beginn des Jahres $a+1$ der Kontostand $x_1 = x_0(1+i)$, zu Beginn des Jahres $a+2$ bereits $x_2 = x_1(1+i) = x_0(1+i)^2$ und allgemein der Kontostand zu Beginn des Jahres $a+n$ ist $x_n = x_0(1+i)^n$. Betrachten wir x_n aus Sicht der Exponential- und Logarithmusfunktion: Es ist $1 + i = e^{\ln(1+i)}$ und damit

$$x_n = x_0(1+i)^n = x_0 \left(e^{\ln(1+i)}\right)^n = x_0\, e^{n\,\ln(1+i)}\,.$$

Es handelt sich beim Zinseszins also tatsächlich um ein exponentielles Wachstum.

Trigonometrische Funktionen

Gewisse ökonomische Größen beinhalten eine periodische Komponente. Betrachten wir beispielsweise in Abbildung 1.11 die Arbeitslosenquote in Berlin, so sehen wir, dass es eine periodische Komponente mit einer Periodenlänge von einem Jahr gibt, die unter anderem mit den witterungsbedingt schwankenden Beschäftigungszahlen im Baugewerbe zusammenhängt. Man beachte, dass wie in vielen graphischen Darstellungen ökonomischer Sachverhalte – und oft mit unlauterer Absicht – die horizontale Koordinatenachse (die Abszisse) nach oben verschoben wurde. Es ist also mitnichten der Fall, dass die Arbeitslosenquote zu Ende 2014 beinahe bei Null lag.

Abb. 1.11. Die prozentuale Arbeitslosenquote in Berlin.

Periodische Prozesse beschreiben wir mit Hilfe der trigonometrischen Funktionen Sinus und Cosinus: $\sin x$ und $\cos x$.

Die Funktionen *Sinus* und *Cosinus* werden auch *Kreisfunktionen* genannt, da sie die Koordinaten von Punkten auf dem Einheitskreis, dem Kreis mit Radius 1, beschreiben. Betrachten wir, wie in Abbildung 1.12 dargestellt, den vom Ursprung ausgehenden Strahl, der einen Winkel von α mit der x-Achse einschließt. Dann hat sein Schnittpunkt mit dem Einheitskreis die Koordinaten $(\cos\alpha, \sin\alpha)$. Offenbar kann der Winkel α durch die Länge des Bogens auf

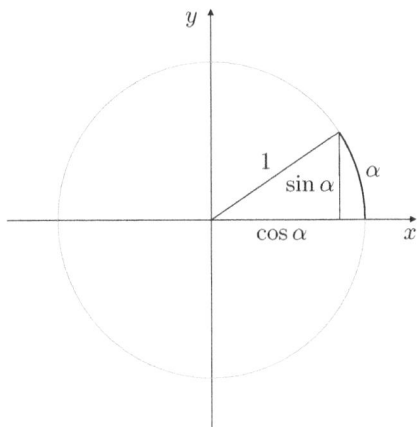

Abb. 1.12. Die Kreisfunktionen als Koordinatenfunktionen des Einheitskreises.

dem Einheitskreis angegeben werden. Nutzen wir diese Art der Angabe von Winkeln, so sprechen wir vom *Bogenmaß*.

Abbildung 1.13 stellt die Funktionen Sinus und Cosinus mit Hilfe des Bogenmaßes dar.

Aus der Definition von Sinus und Cosinus ergibt sich mit Hilfe des Satzes von Pythagoras die Identität:

$$sin^2(x) + \cos^2(x) = 1.$$

Nullstellen

Die Nullstelle einer Geradenfunktion haben wir bereits besprochen. Entsprechend sind die *Nullstellen* einer beliebigen Funktion f diejenigen Stellen x aus dem Definitionsbereich, an denen die Funktion f den Wert Null annimmt, für die also $f(x) = 0$ gilt. Es handelt sich also um die Stellen, an denen der Graph die x-Achse in irgendeiner Form schneidet, sie berührt oder gegebenenfalls gar mit ihr übereinstimmt.

Betrachten wir als Beispiel unsere Gewinnfunktion $G(x) = -\frac{3}{2}x^2 + 402x - 8784$, die ja eine Parabelfunktion ist. Abbildung 1.7 demonstriert bereits, dass diese Nullstellen besitzt. Wie bestimmen wir nun für eine Parabelfunktion die Nullstellen?

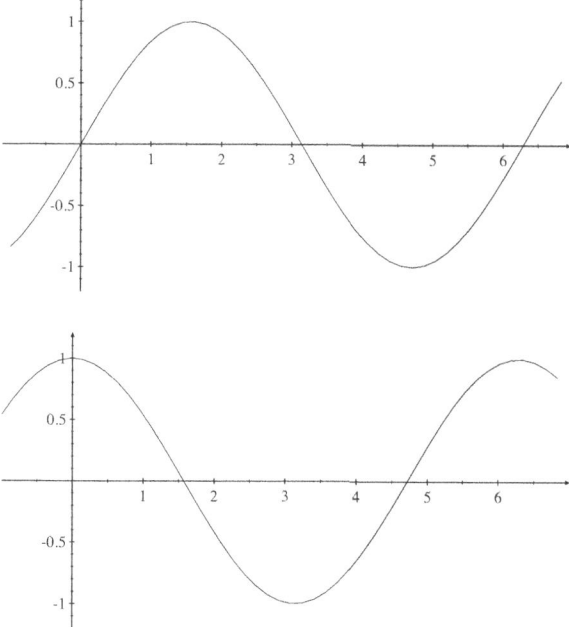

Abb. 1.13. Die trigonometrischen Funktionen $\sin x$ und $\cos x$.

Die Mitternachtsformel und nördlichere Varianten

Die Nullstellen einer Parabelfunktion $f(x) = ax^2 + bx + c$ bestimmen sich mit Hilfe der *Mitternachtsformel*:

$$x_{1/2} = \frac{-b \pm \sqrt{b^2 - 4ac}}{2a}.$$

Der Ausdruck $b^2 - 4ac$, der sich unter der Quadratwurzel befindet, wird als *Diskriminante* bezeichnet. Ist die Diskriminante negativ, so existieren keine reellwertigen Nullstellen. Ist sie gleich Null, so handelt es sich um eine doppelte Nullstelle.

Wenn man nicht aus Süddeutschland kommt, wo erwartet wird, dass man die Nullstellen einer Parabelfunktion zu jeder nachtschlafenen Zeit bestimmen kann, lernt man typischerweise die *p/q-Formel*. Hier wird die Parabelfunktion zunächst gleich Null gesetzt und durch die Konstante a geteilt. Man erhält also eine Gleichung der Form $x^2 + px + q = 0$. Diese hat die Lösungen:

$$x_{1/2} = -\frac{p}{2} \pm \sqrt{\left(\frac{p}{2}\right)^2 - q}.$$

Benutzen wir doch einmal beide Formeln, um die Nullstellen der Gewinnfunktion $G(x)$ zu finden. Für die Mitternachtsformel haben wir also die Werte

$a = -\frac{3}{2}$, $b = 402$ und $c = -8784$. Es ergibt sich

$$x_{1/2} = \frac{-402 \pm \sqrt{402^2 - 4 \cdot (-\frac{3}{2}) \cdot (-8784)}}{2 \cdot (-\frac{3}{2})}$$
$$= \frac{-402 \pm 330}{-3}.$$

Wir erhalten also $x_1 = \frac{-402+330}{-3} = 24$ und $x_2 = \frac{-402-330}{-3} = 244$.

Um die p/q-Formel anzuwenden, beginnen wir mit der Gleichung $G(x) = 0$:

$$-\frac{3}{2}x^2 + 402x - 8784 = 0.$$

Nach Teilen durch $-\frac{3}{2}$ erhalten wir

$$x^2 - 268x + 5856 = 0$$

und somit $p = -268$ und $q = 5856$. Damit erhalten wir mit der p/q-Formel

$$x_{1/2} = 134 \pm \sqrt{134^2 - 5856} = 134 \pm 110.$$

Also $x_1 = 24$ und $x_2 = 244$ wie bereits nach der süddeutschen Methode berechnet.

An dieser Stelle können wir schließlich unsere erste Frage von Seite 2 beantworten. Die Parabel ist nach unten geöffnet und von daher befindet sich der Bereich der x-Werte, in dem kein Verlust gemacht wird, zwischen den beiden Nullstellen. Die Antwort ist also das Intervall von 24 bis 244.

Nullstellen von Polynomfunktionen und ein Duell

Für Polynomfunktionen vom Grad 3 und 4 gibt es ähnliche, aber wesentlich kompliziertere Formeln zur Berechnung der Nullstellen. Für Polynomfunktionen vom Grad 5 oder mehr ist es unmöglich, eine geschlossene Formel anzugeben wie der französische Mathematiker Èvariste Galois (1811 - 1832) kurz vor seinem Tod durch Duell im Alter von 20 Jahren bewies. Seine bahnbrechenden Arbeiten haben die Theorie der Algebra bis heute maßgeblich beeinflusst.

Nullstellen und Linearfaktoren

Ein Polynom mit bestimmten vorgegebenen Nullstellen zu konstruieren, ist sehr einfach. Wollen wir beispielsweise ein Polynom mit den Nullstellen -1 und 2 konstruieren, so betrachten wir zunächst die linearen Polynome $x + 1$ und $x - 2$ mit den Nullstellen -1 und 2. Das Produkt dieser linearen Polynome hat dann die Nullstellen -1 und 2:

$$(x + 1)(x - 2) = x^2 - x - 2.$$

Jedes Vielfache dieses Polynoms hat selbstverständlich die gleichen Nullstellen. Beispielsweise das -3-fache:

$$-3(x+1)(x-2) = -3x^2 + 3x + 6.$$

Die Faktoren $x+1$ und $x-2$ nennt man *Linearfaktoren* des Polynoms $-3x^2 + 3x + 6$. Ist $p(x)$ ein Polynom vom Grad n und x_0 eine Nullstelle von p, so lässt sich $p(x)$ als Produkt von einem Polynom $q(x)$ vom Grad $n-1$ mit dem Linearfaktor $x - x_0$ schreiben:

$$p(x) = q(x)(x - x_0).$$

Das Polynom $q(x)$ lässt sich mit Hilfe der im nächsten Abschnitt erläuterten Polynomdivision finden.

Polynomdivision

Polynome können, ganz analog zur schriftlichen Division von ganzen Zahlen, durcheinander dividiert werden. Als Beispiel dividieren wir das Polynom $-3x^3 + 18x^2 - 9x - 30$ durch $x-5$. Zunächst schauen wir, mit welchem Faktor x multipliziert werden muss, um auf $-3x^3$ zu kommen. Offensichtlich ist dies $-3x^2$. Wir multiplizieren nun das gesamte Polynom $x-5$ mit diesem Faktor und schreiben das Ergebnis in die zweite Zeile:

$$
\begin{array}{l}
(-3x^3\ +18x^2\ -9x\ -30) : (x-5) = -3x^2 \\
\underline{-3x^3\ +15x^2}
\end{array}
$$

Wir berechnen die Differenz des Ausgangspolynoms $-3x^3 + 18x^2 - 9x - 30$ und des neu berechneten Polynoms $-3x^3 + 15x^2$:

$$
\begin{array}{l}
(-3x^3\ +18x^2\ -9x\ -30) : (x-5) = -3x^2 \\
\underline{-3x^3\ +15x^2} \\
\qquad\quad +3x^2\ -9x\ -30
\end{array}
$$

Und fahren nun wie zuvor mit der Division des Polynoms $3x^2 - 9x - 30$ durch $x-5$ fort:

$$
\begin{array}{l}
(-3x^3\ +18x^2\ -9x\ -30) : (x-5) = -3x^2 + 3x \\
\underline{-3x^3\ +15x^2} \\
\qquad\quad +3x^2\ -9x\ -30 \\
\qquad\quad \underline{+3x^2\ -15x}
\end{array}
$$

Ein weiteres Mal berechnen wir die Differenz und fahren fort wie zuvor:

$$(-3x^3 + 18x^2 \ -9x \ -30) : (x - 5) = -3x^2 + 3x + 6$$
$$\underline{-3x^3 +15x^2}$$
$$+3x^2 \ -9x \ -30$$
$$\underline{+3x^2 \ -15x}$$
$$+6x \ -30$$
$$\underline{+6x \ -30}$$
$$0$$

Als Ergebnis der Division erhalten wir also das Polynom $-3x^2 + 3x + 6$. Mit anderen Worten ist das Ausgangspolynom also das Produkt von $-3x^2 + 3x + 6$ mit $x - 5$:

$$-3x^3 + 18x^2 - 9x - 30 = (-3x^2 + 3x + 6)(x - 5).$$

Mit der im vorherigen Abschnitt ermittelten Zerlegung von $-3x^2 + 3x + 6$ in Linearfaktoren erhalten wir eine vollständige Zerlegung in Linearfaktoren:

$$-3x^3 + 18x^2 - 9x - 30 = -3(x - 5)(x + 1)(x - 2).$$

Nullstellen finden mit Hilfe von Polynomdivision

Polynomdivision kann durchaus hilfreich sein beim Auffinden von Nullstellen von Polynomfunktionen höheren Grades, wenn man in der Lage ist Nullstellen zu raten oder mittels anderer Verfahren zu finden. Betrachten wir beispielsweise das Polynom

$$p(x) = 5x^3 - 10x^2 - 5x + 10.$$

Augenscheinlich ist die Summe der Koeffizienten gleich Null und damit offenbar 1 eine Nullstelle von $p(x)$. Das Polynom $p(x)$ muss damit also den Linearfaktor $x - 1$ besitzen. Wir teilen $p(x)$ durch $x - 1$ via Polynomdivision:

$$(5x^3 \ -10x^2 \ -5x \ +10) : (x - 1) = 5x^2 - 5x - 10$$
$$\underline{5x^3 \ -5x^2}$$
$$-5x^2 \ -5x \ +10$$
$$\underline{-5x^2 \ +5x}$$
$$-10x \ +10$$
$$\underline{-10x \ +30}$$
$$0$$

und erhalten

$$p(x) = (5x^2 - 5x - 10)(x - 1) = 5(x^2 - x - 2)(x - 1).$$

Und schließlich mit Hilfe der p/q-Formel:

$$p(x) = 5(x + 1)(x - 2)(x - 1).$$

1.4 Aufgaben

Lösungen finden sich ab Seite 204.

1. Betrachten Sie die Gerade definiert durch $f(x) = -3x + 2$. Welche der folgenden Aussagen sind wahr?
   - ○ Die Gerade f hat die Steigung $+2$.
   - ○ Die Gerade f hat die Steigung $\frac{2}{3}$.
   - ○ Die Gerade f schneidet die y-Achse bei $+2$.
   - ○ Die Gerade f schneidet die y-Achse bei -3.
2. Die beiden Geraden definiert durch $f(x) = 2x - 5$ und $g(x) = -2x + 5$
   - ○ sind parallel.
   - ○ sind identisch.
   - ○ schneiden sich in genau einem Punkt.
   - ○ schneiden sich in genau zwei Punkten.
3. Die Gerade definiert durch

$$\frac{x}{-3} + \frac{y}{5} = 1$$

   - ○ ist waagerecht.
   - ○ ist senkrecht.
   - ○ hat eine positive Steigung.
   - ○ hat eine negative Steigung.
4. Die Parabel definiert durch $f(x) = -2(x - 4)^2 + 10$ schneidet die x-Achse
   - ○ gar nicht.
   - ○ an genau einer Stelle.
   - ○ an genau zwei Stellen.
   - ○ an mehr als zwei Stellen.
5. Das Polynom $x^2 - 4$ hat
   - ○ $x + 4$
   - ○ $x - 4$
   - ○ $x + 2$
   - ○ $x - 2$

   als Linearfaktor.
6. Welche Steigung hat die Gerade, die durch die Punkte $(-2, 5)$ und $(3, -10)$ geht?
7. Welche Steigung hat die Gerade, die durch die Punkte $(-5, 0)$ und $(5, 12)$ geht?
8. Bringen Sie die Gerade mit der Gleichung $y = 4x - 20$ in Achsenabschnittsform und skizzieren Sie die Gerade.
9. Bringen Sie die Gerade mit der Gleichung $y = -3x + 18$ in Achsenabschnittsform und skizzieren Sie die Gerade.
10. Bringen Sie die Gerade mit der Gleichung $y = 2x + 10$ in Achsenabschnittsform und skizzieren Sie die Gerade.

11. Gegeben sei eine Gerade durch

$$\frac{x}{10} + \frac{y}{4} = 1.$$

Welche Steigung hat diese Gerade? Wie lautet die Funktionsvorschrift in der Form $y = mx + n$ für diese Gerade?

12. Gegeben sei eine Gerade durch

$$-\frac{x}{5} + \frac{y}{4} = 1.$$

Welche Steigung hat diese Gerade? Wie lautet die Funktionsvorschrift in der Form $y = mx + n$ für diese Gerade?

13. Gegeben sei eine Gerade durch

$$-\frac{x}{8} - \frac{y}{3} = 1.$$

Welche Steigung hat diese Gerade? Wie lautet die Funktionsvorschrift in der Form $y = mx + n$ für diese Gerade?

14. Bringen Sie die Parabelfunktion $f(x) = \frac{1}{4}x^2 + \frac{1}{2}x - \frac{15}{4}$ in Scheitelpunktform.

15. Bringen Sie die Parabelfunktion $g(x) = -\frac{1}{5}x^2 - \frac{2}{5}x + \frac{8}{5}$ in Scheitelpunktform.

16. Bringen Sie die Parabelfunktion $h(x) = \frac{1}{9}x^2 + \frac{2}{3}x + \frac{5}{9}$ in Scheitelpunktform.

17. Bringen Sie die Parabelfunktion $k(x) = \frac{1}{4}x^2 - 2x + 5$ in Scheitelpunktform.

18. Geben Sie eine Funktion an, die eine nach unten geöffnete Parabel mit Scheitelpunkt $(-3, -5)$ beschreibt.

19. Geben Sie eine Funktion an, die eine nach unten geöffnete Parabel mit Scheitelpunkt $(-3, -5)$ beschreibt und die y-Achse an der Stelle -95 schneidet.

20. Skizzieren Sie die den Graph der Wurzelfunktion

$$f : [3, \infty) \longrightarrow \mathbb{R}$$
$$x \longmapsto -2 + \sqrt{2x - 6}.$$

21. Bestimmen Sie den maximal möglichen Definitionsbereich und skizzieren Sie den Graph der Hyperbelfunktion

$$f(x) = \frac{3}{x - 5} - 1.$$

22. Bestimmen Sie den maximal möglichen Definitionsbereich und skizzieren Sie den Graph der Hyperbelfunktion

$$f(x) = \frac{-1}{x + 3} + 4.$$

23. In 60m Wassertiefe betrage die Lichtintensität noch ein Prozent der Lichtintensität c_0 an der Oberfläche. Bestimmen Sie die Exponentialfunktion $f(x) = c_0 \cdot a^x$, die die Lichtintensität in Abhängigkeit von der Tiefe beschreibt. Wie groß ist die Lichtintensität in 10m Tiefe relativ zur Intensität an der Oberfläche?

24. Eine Bakterienkultur bestehe zu Beginn eines Experimentes, also zum Zeitpunkt Null, aus $3.5 \cdot 10^6$ Bakterien. Angenommen nach 15 Stunden sei die Kultur auf eine Größe von $4.7908 \cdot 10^{11}$ angewachsen. Bestimmen Sie die Exponentialfunktion $f(t) = c \cdot a^t$, die dieses Wachstum beschreibt. Wieviele Bakterien sind nach 20 Stunden vorhanden?

25. Bestimmen Sie $\sin(\pi/4)$ und $\cos(\pi/4)$ mit Hilfe der Definition von Sinus und Cosinus als Kreisfunktionen.

26. Bestimmen Sie $\sin(\pi/6)$ und $\cos(\pi/6)$ mit Hilfe der Definition von Sinus und Cosinus als Kreisfunktionen. Tipp: Verdoppeln Sie das zu betrachtende Dreieck.

27. Die Beschäftigungszahlen im Baugewerbe einer deutschen Großstadt in den Jahren 2000 bis 2015 folgen einem linearen Trend. Im Durchschnitt gab es 6000 Beschäftigte im Jahr 2000 und 4800 Beschäftigte im Jahre 2015. Ferner wurde eine quartalsweise periodische Schwankung festgestellt: im Sommer (1.7.) eine Zunahme um 300 Arbeiter, im Winter (1.1.) ein Abnahme in gleicher Höhe, während die Beschäftigungszahlen im Frühjahr (1.4.) und Herbst (1.10.) im Trend lagen. Bestimmen Sie eine (stetige) Funktion, die die Situation treffend wiederspiegelt. Der Einfachheit halber gehen wir davon aus, dass das Jahr aus zwölf gleich langen Monaten besteht. Geben Sie eine Prognose für die Anzahl der Beschäftigten am 1.8.2020 ab.

28. Bestimmen Sie die Nullstellen für die Funktionen aus den Aufgaben 20, 21 und 22.

29. (Herleitung der p/q-Formel) Wir gehen von der Parabelfunktion $f(x) = x^2 + px + q$ aus. Mit Hilfe der Scheitelpunktform von Seite 16 erhalten wir die x-Koordinate des Scheitelpunkts $x_S = -\frac{p}{2}$. Wegen der Symmetrie einer Parabel können wir davon ausgehen, dass die Nullstellen von der Form $x_s + \alpha$ und $x_S - \alpha$ sind. Bestimmen Sie α mit Hilfe der notwendigen Gleichung:

$$x^2 + px + q = (x - (x_S + \alpha))(x - (x_S - \alpha)).$$

30. Bestimmen Sie die Nullstellen der Parabelfunktion $f(x) = \frac{1}{4}x^2 + \frac{1}{2}x - \frac{15}{4}$.
31. Bestimmen Sie die Nullstellen der Parabelfunktion $g(x) = -\frac{1}{5}x^2 - \frac{2}{5}x + \frac{8}{5}$.
32. Bestimmen Sie die Nullstellen der Parabelfunktion $h(x) = \frac{1}{9}x^2 + \frac{2}{3}x + \frac{5}{9}$.
33. Bestimmen Sie die Nullstellen der Parabelfunktion $k(x) = \frac{1}{4}x^2 - 2x + 5$.
34. Bestimmen Sie die Nullstellen der kubischen Funktion

$$f(x) = x^3 + x^2 - 50x + 48.$$

Schreiben Sie f als Produkt von Linearfaktoren.

35. Bestimmen Sie die Nullstellen der kubischen Funktion

$$g(x) = 5x^3 + 10x^2 - 145x - 150.$$

Schreiben Sie g als Produkt von Linearfaktoren.

Stetigkeit

Stetigkeit ist ein Thema, welches wir nur streifen können, da man ein wenig Mathematik investieren müsste, um das Konzept ernstzunehmend zu behandeln. Wir wollen aber für unsere weiteren Zwecke wenigstens eine Idee davon bekommen, worum es sich hierbei handelt.

Wenn eine Funktion auf einem Intervall definiert ist, so wie es in den meisten ökonomischen Beispielen der Fall ist, dann ist eine Funktion *stetig*, wenn ihr Graph – anschaulich gesprochen – gezeichnet werden kann, ohne den Stift abzusetzen.

Nach dieser Definition ist die Gewinnfunktion G auf ihrem Definitionsintervall $[0, 300]$ stetig. Tatsächlich sind alle Polynomfunktionen stetige Funktionen. Die zuvor betrachtete Portofunktion auf dem Definitionsintervall $[0, 1000]$ hingegen weist *Sprungstellen* an den Stellen $x = 20$, $x = 50$ und $x = 500$ auf. Sie ist nicht stetig. In diesem Falle sprechen wir von einer *stückweise stetigen Funktion*, da sie auf den Intervallen $[0, 20]$, $(20, 50]$, $(50, 500]$ und $(500, 1000]$ – also stückweise – stetig ist.

Monotonie

Abbildung 1.7 auf Seite 9 zeigt, dass die Gewinnfunktion G bis zum Scheitelpunkt ansteigt und von da an fällt. Offenbar sind dies wichtige Eigenschaften einer ökonomischen Funktion, für die wir Begrifflichkeiten definieren möchten.

Eine Funktion f *steigt* in einem Intervall I *streng monoton,* wenn größere Argumente auch größere Funktionswerte zur Folge haben: wenn also aus $x < x'$ folgt, dass $f(x) < f(x')$ gilt, für alle $x, x' \in I$.

Enstprechend *fällt* eine Funktion f *streng monoton* wenn größere Argumente kleinere Funktionswerte zur Folge haben: wenn also aus $x < x'$ folgt, dass $f(x) > f(x')$ gilt.

Die Gewinnfunktion steigt also streng monoton im Intervall von $[0, 134]$. Im weiteren Verlauf, also im Intervall $[134, 300]$, fällt die Funktion streng monoton.

Es gibt auch den Begriff der einfachen Monotonie: Eine Funktion f ist in einem Intervall I *monoton steigend*, wenn größere Argumente zur Folge haben, dass die Funktion größer wird oder gleich bleibt: wenn also aus $x < x'$ folgt, dass $f(x) \leq f(x')$ gilt. Enstprechend *fällt* eine Funktion f *monoton*, wenn größere Argumente kleinere oder gleiche Funktionswerte zur Folge haben: wenn also aus $x < x'$ folgt, dass $f(x) \geq f(x')$ gilt. Beispiele einer monotonen und einer streng monotonen Funktion sind in Abbildung 1.14 gegeben.

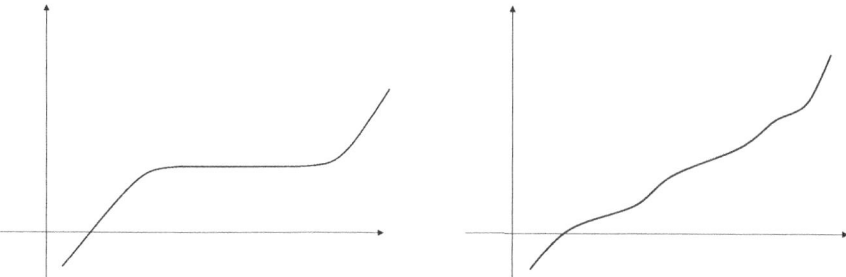

Abb. 1.14. Eine monotone und eine streng monotone Funktion.

Ist von der Monotonie einer Funktion ohne weitere Benennung eines Intervalls die Rede, so wird vom gesamten Definitionsbereich der Funktion ausgegangen.

Wertebereich

Einige interessante Fragen über die Gewinnfunktion G und die Preis-Absatz-Funktion p haben wir bereits beantwortet. Die Frage nach dem maximalen Gewinn ist von herausragender Bedeutung. Um das unternehmerische Risiko bewerten zu können, ist es jedoch auch wichtig, beurteilen zu können, in welchem Bereich sich der mögliche Gewinn und Verlust bewegt, also die Frage nach den möglichen Werten, die die Gewinnfunktion annehmen kann.

Der *Wertebereich* W einer Funktion f ist die Menge der möglichen Funktionswerte $f(x)$, wobei x beliebige Werte des Definitionsbereich D annimmt. Es geht also um die Menge der möglichen y-Werte, die eine Funktion annimmt.

Meist ist der Graph der Funktion bei der Bestimmung des Wertebereichs hilfreich. Beispielsweise sehen wir in Abbildung 1.7 auf Seite 9, dass die Gewinnfunktion G, alle Werte zwischen der Höhe der Funktion am rechten Rand des Definitionsintervalls $[0, 300]$ und der Höhe des Scheitelpunktes annimmt. Also ist der Wertebereich der Funktion G das Intervall $W = [G(300), G(134)] = [-23184, +18150]$.

Grundsätzlich können wir sagen, dass eine auf einem abgeschlossenen Intervall stetige Funktion ihr Maximum und Minimum annimmt und der Wertebereich W aus dem Intervall besteht, welches durch dieses Minimum und Maximum definiert wird. Dies ist in Abbildung 1.15 noch einmal schematisch dargestellt.

Verkettung von Funktionen

Manchmal ist es sinnvoll, mehrere Funktionen hintereinander auszuführen. Man nennt dies eine *Verkettung von Funktionen*. Angenommen wir haben eine Absatz-Preis-Funktion $x(p)$ und eine Gewinnfunktion $G(x)$ gegeben. Wir erhalten also zu jedem Preis p einen Absatz x und zu jedem Absatz x einen

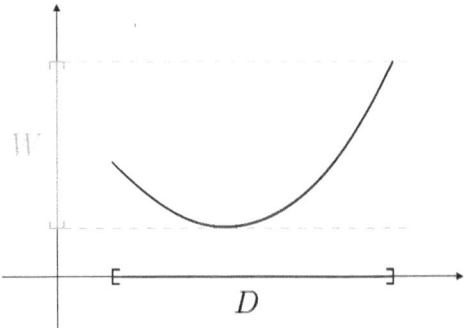

Abb. 1.15. Der Wertebereich W einer Funktion mit Definitionsbereich D.

Gewinn $G(x)$. Verketten wir die beiden Funktionen, so erhalten wir zu jedem Preis p den zugehörigen Gewinn $G(x(p))$:

$$p \longmapsto x(p) \longmapsto G(x(p)).$$

Sind allgemein $f : D \to \mathbb{R}$ und $g : D' \to \mathbb{R}$ reelle Funktionen, bei denen der Wertebereich W_f von f eine Teilmenge von D' ist, so ist die *Verkettung* $g \circ f$ *von g mit f definiert*:

$$g \circ f : D \longrightarrow \mathbb{R}$$
$$x \longmapsto g(f(x)),$$

das heißt $g \circ f$ ist die Funktion, bei der erst f und dann g ausgeführt werden. Schematisch ist dies in Abbildung 1.16 dargestellt.

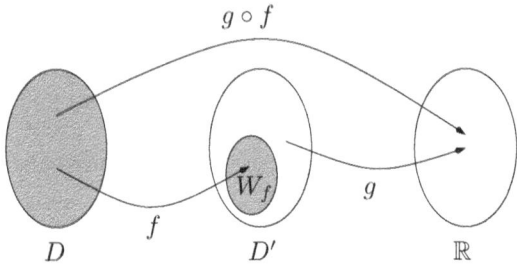

Abb. 1.16. Die Verkettung $g \circ f$ zweier Funktionen f und g.

Als Beispiel betrachten wir die Funktionen $f : \mathbb{R} \to \mathbb{R}$ und $g : [0, \infty) \to \mathbb{R}$ gegeben durch $f(x) = x^2 + 1$ und $g(y) = 10 + \sqrt{y}$. In der Tat ist $W_f = [1, \infty) \subseteq [0, \infty)$ und somit $g \circ f : \mathbb{R} \to \mathbb{R}$ definiert und gegeben durch die Funktionsvorschrift $(g \circ f)(x) = 10 + \sqrt{x^2 + 1}$.

Preis-Absatz- und Nachfragefunktion

Eine unserer Eingangsfragen war, wie der Absatz (bzw. die Nachfrage) x vom Preis p abhängt, wenn wir die Preis-Absatz-Funktion $p : [0, 300] \to \mathbb{R}$ gegeben durch $p(x) = -\frac{3}{2}x + 450$ kennen. Fragen wir uns beispielsweise, wie hoch der Absatz bei einem Preis von $p = 450$ ist, so ist die Antwort $x = 0$, denn $p(0) = 450$. Ebenso können wir sagen, dass bei einem Preis von 375 der Absatz bei $x = 50$ liegt, da wir bereits gesehen hatten, dass $p(50) = 375$ galt. Fragen wir hingegen, wie hoch der Absatz bei einem Preis von $p = 500$ liegt, so können wir offenbar keine Antwort geben, da dieser Preis nie vorkommt, oder anders gesagt, er liegt nicht im Wertebereich $W = [0, 450]$ der Funktion $p(x)$.

Allgemein suchen wir nach einer Funktion $x(p)$, die zu gegebenen Werten p aus dem Wertebereich W der Funktion $p(x)$ denjenigen Wert $x(p)$ findet, so dass $p(x(p)) = p$ gilt. In unserem Beispiel ist diese Funktion schnell bestimmt. Dafür setzen wir $p(x) = p$ und formen nach x um:

$$p(x) = -\frac{3}{2}x + 450 = p$$

$$-\frac{3}{2}x = p - 450$$

$$x = -\frac{2}{3}(p - 450)$$

$$x = -\frac{2}{3}p + 300.$$

Wir erhalten also die Funktion

$$x : [0, 450] \longrightarrow \mathbb{R}$$

$$p \longmapsto -\frac{2}{3}p + 300.$$

Rechnen wir einmal nach, ob diese Funktion tut, was wir erwarten:

$$p(x(p)) = -\frac{3}{2}x(p) + 450$$

$$= -\frac{3}{2}\left(-\frac{2}{3}p + 300\right) + 450$$

$$= p - 450 + 450 = p.$$

Es gilt nun auch umgekehrt

$$x(p(x)) = -\frac{2}{3}p(x) + 300$$

$$= -\frac{2}{3}\left(-\frac{3}{2}x + 450\right) + 300$$

$$= x - 300 + 300 = x.$$

Wir nennen die Funktion $x(p)$ die *Umkehrfunktion* der Funktion $p(x)$.

In diesem Beispiel hatten wir kein Problem, die Umkehrfunktion von $p(x)$ zu finden. Eine wichtige Voraussetzung für die Existenz der Umkehrfunktion war jedoch, dass zu jedem Preis p nicht mehr als ein Absatz x, mit der Eigenschaft $p(x) = p$, existierte. Schauen wir uns das Beispiel der Gewinnfunktion $G(x)$ an. Wir wissen, dass $G(100) = 16416$ gilt. Wenn wir uns allerdings fragen, welcher Absatz zum Gewinn von $G = 16416$ korrespondiert, so stellen wir fest, dass die Antwort nicht eindeutig ist, weil auch $G(168) = 16416$ gilt. In einem solchen Fall existiert keine Umkehrfunktion.

Eineindeutigkeit und die Umkehrfunktion

Betrachten wir das ganze allgemein: sei $f : D \to \mathbb{R}$ eine Funktion mit Wertebereich W. Wir fragen uns nach der Existenz einer Funktion $g : W \to \mathbb{R}$, so dass $g(f(x)) = x$ und $f(g(y)) = y$ für alle x aus D und y aus W gilt. Die Menge aller x mit $f(x) = y$ nennen wir das *Urbild von y bezüglich der Funktion f*. Für die Funktionen in Abbildung 1.17 besteht das Urbild des Elements y im ersten Fall aus genau einem Element x, und im zweiten Fall aus den zwei verschiedenen Elementen x_1 und x_2.

Wenn für jedes y aus W das Urbild von y jeweils nur aus einem Element besteht, so nennen wir die Funktion f *eineindeutig*. Im Falle der Eineindeutigkeit existiert die Umkehrfunktion und die Wahl des Elements x mit $f(x) = y$ ist eindeutig. In diesem Fall schreiben wir für das Urbild von y auch $x = f^{-1}(y)$ und für die Umkehrfunktion $g = f^{-1}$.

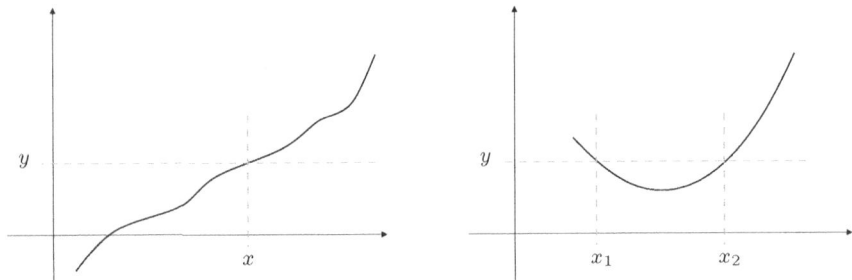

Abb. 1.17. Eine eineindeutige und eine nicht eineindeutige Funktion.

Als Beispiel betrachten wir ein weiteres Mal eine Parabelfunktion

$$f : [0, \infty) \longrightarrow \mathbb{R}$$
$$x \longmapsto x^2 + 1.$$

Der Definitionsbereich von f ist also $D = [0, \infty)$ und der Wertebereich W von f ist das Intervall $[1, \infty)$. In diesem Fall gibt es zu jedem y aus W tatsächlich genau ein x aus D mit $f(x) = y$, nämlich $x = \sqrt{y-1}$. Wir können die Umkehrfunktion $g = f^{-1} : [1, \infty) \to \mathbb{R}$ also definieren durch $g(y) = \sqrt{y-1}$. Denn es gilt für x aus D und y aus W tatsächlich $g(f(x)) = g(x^2+1) = \sqrt{x^2+1-1} = x$ und $f(g(y)) = f(\sqrt{y-1}) = (\sqrt{y-1})^2 + 1 = y - 1 + 1 = y$.

Parabelfunktionen können also durchaus eine Umkehrfunktion besitzen. Entscheidend hierbei ist der Definitionsbereich der Funktion. Ist der Definitionsbereich ein Intervall, so ist die entscheidende Frage, ob der Scheitelpunkt der Parabel außerhalb oder am Rand des Definitionsbereichs liegt oder im *Inneren* des Intervalls.

Ein leichtes Kriterium ist das folgende. Ist $f : D \to \mathbb{R}$ eine stetige Funktion definiert auf einem Intervall D, so ist f eineindeutig, genau dann, wenn f streng monoton steigt oder fällt.

Bestimmung der Umkehrfunktion

Es sei eine eineindeutige Funktion $f : D \to \mathbb{R}$ mit Wertebereich W gegeben. Zur Bestimmung der Umkehrfunktion $g : W \to \mathbb{R}$ suchen wir also zu gegebenem y aus W, das Element x aus D mit $f(x) = y$. Mit anderen Worten müssen wir die Gleichung $f(x) = y$ nach x auflösen.

Betrachten wir ein Beispiel:

$$f : [0, 60] \longrightarrow \mathbb{R}$$
$$x \longmapsto \frac{-5x + 300}{3x + 10}.$$

Diese Funktion ist streng monoton fallend: seien $0 \leq x < x' \leq 60$. Dann ist

$$\frac{-5x + 300}{3x + 10} > \frac{-5x' + 300}{3x' + 10},$$

da erstens $-5x + 300 > -5x' + 300$ und zweitens $3x + 10 < 3x' + 10$ und damit

$$\frac{1}{3x + 10} > \frac{1}{3x' + 10},$$

gilt. Der Wertebereich ist demnach das Intervall $W = [f(60), f(0)] = [0, 30]$. Wegen der strengen Monotonie ist die Funktion f insbesondere eineindeutig. Wir können uns also auf die Suche nach der Umkehrfunktion $g : [0, 30] \to \mathbb{R}$ machen. Dafür setzen wir wie geplant $f(x) = y$ uns formen nach x um:

$$\frac{-5x + 300}{3x + 10} = y$$
$$-5x + 300 = y(3x + 10)$$
$$-5x + 300 = 3xy + 10y$$
$$-5x - 3xy = 10y - 300$$
$$x(-5 - 3y) = 10y - 300$$
$$x = \frac{10y - 300}{-5 - 3y} = \frac{-10y + 300}{3y + 5}.$$

Wir erhalten also die Umkehrfunktion:

$$g : [0, 30] \longrightarrow \mathbb{R}$$
$$y \longmapsto \frac{-10y + 300}{3y + 5}.$$

Ein Umbenennen der Variable y in x ist übrigens nicht angezeigt, da in den meisten ökonomischen Zusammenhängen die Variablennamen einen Zusammenhang zu ihrer Bedeutung haben: Beispielsweise würde ein Vertauschen von Preis p und Menge x zu nichts anderem als Verwirrung führen.

Umkehrfunktion einer Geraden

Geraden mit einer Steigung ungleich Null steigen oder fallen streng monoton. Für eine solche Gerade $f(x) = mx + n$ ist die Umkehrfunktion einfach zu ermitteln:

$$mx + n = y$$
$$mx = y - n$$
$$x = \frac{1}{m} y - \frac{n}{m}.$$

Wir erhalten also die Geradenfunktion $g(y) = \frac{1}{m} y - \frac{n}{m}$. Beachte, dass die Steigung $\frac{1}{m}$ der Umkehrfunktion *reziprok* zur ursprünglichen Steigung m ist.

Wurzelfunktionen

Die Monomfunktion $x \mapsto x^n$ ist für ungerades n monoton steigend auf den gesamten reellen Zahlen und besitzt eine Umkehrfunktion definiert auf den gesamten reellen Zahlen. Die Umkehrfunktion wird mit $\sqrt[n]{x}$ notiert und als *n-te Wurzel* bezeichnet.

Für gerades n hingegen ist die Monomfunktion $x \mapsto x^n$ auf dem Intervall $(-\infty, 0]$ streng monoton fallend und auf dem Intervall $[0, \infty)$ streng monoton steigend. Die Umkehrfunktion für die streng monoton steigende Monomfunktion

$$[0, \infty) \longrightarrow \mathbb{R}$$
$$x \longmapsto x^n$$

bezeichnen wir ebenfalls mit $\sqrt[n]{x}$. Es ist dann offensichtlich, dass die Umkehrfunktion für

$$(-\infty, 0] \longrightarrow \mathbb{R}$$
$$x \longmapsto x^n$$

durch $- \sqrt[n]{x}$ gegeben ist.

Natürlicher Logarithmus

Die natürliche Logarithmusfunktion ln ist die Umkehrfunktion der Exponentialfunktion. Das Bild der Exponentialfunktion sind alle positiven reellen Zahlen, also das Intervall $(0, \infty)$. Der natürliche Logarithmus ist also definiert auf diesem Intervall:

$$\ln : (0, \infty) \longrightarrow \mathbb{R}$$
$$y \longmapsto \ln y$$

und es gilt per definitionem $\ln(e^x) = x$ und $e^{\ln y} = y$ für alle $x \in \mathbb{R}$ und alle $y \in (0, \infty)$. Der natürliche Logarithmus erbt Eigenschaften der Exponentialfunktion. Für alle $a, b > 0$ gilt:

$$\ln(a \cdot b) = \ln(e^{\ln a}\, e^{\ln b}) = \ln(e^{\ln a + \ln b}) = \ln a + \ln b$$

und entsprechend

$$\ln\left(\frac{a}{b}\right) = \ln(a \cdot b^{-1}) = \ln(e^{\ln a}\, e^{-\ln b}) = \ln(e^{\ln a - \ln b}) = \ln a - \ln b.$$

Logarithmus zu einer anderen Basis

Fragen wir uns nach der Umkehrfunktion der Funktion $f : \mathbb{R} \to \mathbb{R}$ definiert durch $f(x) = a^x$ für ein beliebiges $a > 0$, so können wir einfach $f(x) = a^x = e^{x \ln a}$ schreiben. Die Umkehrfunktion $g : (0, \infty) \to \mathbb{R}$ ist dann definiert durch $g(y) = \frac{\ln y}{\ln a}$. Denn dann gilt

$$f(g(y)) = e^{\frac{\ln y}{\ln a} \ln a} = e^{\ln y} = y$$

und

$$g(f(x)) = g(e^{x \ln a}) = \frac{\ln(e^{x \ln a})}{\ln a} = \frac{x \ln a}{\ln a} = x.$$

Für die Funktion $g(y)$ schreibt man auch $\log_a(y)$: der Logarithmus von y zur Basis a.

1.5 Aufgaben

Lösungen finden sich ab Seite 208.

1. Die Gerade $f : \mathbb{R} \to \mathbb{R}$ definiert durch $f(x) = 3x - 10$
   ○ erfüllt keine Monotonieeigenschaft.
   ○ ist monoton steigend.
   ○ ist streng monoton steigend.
   ○ ist monoton fallend.

     ○ ist streng monoton fallend.
2. Die Hyperbelfunktion $g : (0, \infty) \to \mathbb{R}$ definiert durch $g(x) = \frac{1}{x}$
     ○ erfüllt keine Monotonieeigenschaft.
     ○ ist monoton steigend.
     ○ ist streng monoton steigend.
     ○ ist monoton fallend.
     ○ ist streng monoton fallend.
3. Die Briefportofunktion von Seite 3
     ○ erfüllt keine Monotonieeigenschaft.
     ○ ist monoton steigend.
     ○ ist streng monoton steigend.
     ○ ist eineindeutig.
4. Die Betragsfunktion $|\cdot| : \mathbb{R} \to \mathbb{R}$
     ○ erfüllt keine Monotonieeigenschaft.
     ○ ist streng monoton steigend.
     ○ ist streng monoton fallend.
     ○ ist eineindeutig.
5. Welche Monotonieeigenschaften hat die Parabelfunktion $f : [0, \infty) \to \mathbb{R}$ gegeben durch $f(x) = x^2$. Begründen Sie Ihre Antwort rechnerisch.
6. Welche Monotonieeigenschaften hat die Wurzelfunktion $f : [0, \infty) \to \mathbb{R}$ gegeben durch $f(x) = \sqrt{x}$? Begründen Sie Ihre Antwort rechnerisch.
7. Welche Monotonieeigenschaften hat die Parabelfunktion $f : [4, \infty) \to \mathbb{R}$ gegeben durch $f(x) = -\frac{1}{4}x^2 + 2x - 2$? Begründen Sie Ihre Antwort rechnerisch.
8. Welche Monotonieeigenschaften hat die Parabelfunktion $f : [4, \infty) \to \mathbb{R}$ gegeben durch $f(x) = \frac{1}{4}x^2 - 5x + 30$? Begründen Sie Ihre Antwort rechnerisch.
9. Bestimmen Sie für die Gerade $y = -\frac{5}{2}x + 12$ definiert auf dem Intervall $D = [-3, 10]$ den Wertebereich.
10. Bestimmen Sie den Wertebereich der Funktion

$$f : [0, 8] \longrightarrow \mathbb{R}$$
$$x \longmapsto \frac{1}{4}x^2 + \frac{1}{2}x - \frac{15}{4}.$$

11. Bestimmen Sie den Wertebereich der Funktion

$$g : [0, 8] \longrightarrow \mathbb{R}$$
$$x \longmapsto -\frac{1}{5}x^2 - \frac{2}{5}x + \frac{8}{5}.$$

12. Bestimmen Sie den Wertebereich der Funktion

$$h : [-5, 5] \longrightarrow \mathbb{R}$$
$$x \longmapsto \frac{1}{9}x^2 + \frac{2}{3}x + \frac{5}{9}.$$

13. Bestimmen Sie den Wertebereich der Funktion

$$k : [0, 10] \longrightarrow \mathbb{R}$$

$$x \longmapsto \frac{1}{4}x^2 - 2x + 5.$$

14. Bestimmen Sie für die Funktion $K_1 : [0, \infty) \to \mathbb{R}$ definiert durch $K_1(x) = 100 + 5\sqrt{x}$ den Wertebereich.

15. Bestimmen Sie für die Funktion $K_2 : [0, \infty) \to \mathbb{R}$ definiert durch $300 - 200e^{-x}$ den Wertebereich.

16. Bestimmen Sie für die Funktion $K_3 : [0, \infty) \to \mathbb{R}$ definiert durch

$$K_3(x) = \frac{250}{1 + e^{-x}}$$

den Wertebereich.

17. Gegeben sei die kubische Funktion $f : \mathbb{R} \to \mathbb{R}$ gegeben durch $f(x) = x^3$ und die Betragsfunktion

$$g : \mathbb{R} \longrightarrow \mathbb{R}$$

$$x \longmapsto |x| = \left\{ \begin{array}{l} +x, \text{ falls } x \geq 0, \\ -x, \text{ falls } x < 0. \end{array} \right.$$

Betrachten Sie die Verkettung $x \mapsto g(f(x))$ der Funktionen. Legen Sie für jede der drei Funktionen f, g und $g \circ f$ eine Wertetabelle an und skizzieren Sie den Graph der Funktion. Geben Sie eine explizite Funktionsvorschrift für h an.

18. Angenommen $f : \mathbb{R} \to \mathbb{R}$ und $g : \mathbb{R} \to \mathbb{R}$ sind streng monoton steigend. Zeigen Sie, dass auch $g \circ f$ streng monoton steigend ist.

19. Gegeben sei die *Normalparabel* $f : \mathbb{R} \to \mathbb{R}$ gegeben durch $f(x) = x^2$ und die Stufenfunktion

$$g : \mathbb{R} \longrightarrow \mathbb{R}$$

$$x \longmapsto \left\{ \begin{array}{l} 1, \text{ falls } x \geq 0, \\ 0, \text{ falls } x < 0. \end{array} \right.$$

Betrachten Sie die Verkettungen $h_1(x) = g(f(x))$ und $h_2(x) = f(g(x))$ der Funktionen f und g. Geben Sie explizite Funktionsvorschriften für h_1 und h_2 an. Skizzieren Sie die Graphen der Funktionen f, g, h_1 und h_2.

20. Welche der Parabelfunktionen aus den Aufgaben 10 bis 13 besitzt eine Umkehrfunktion? Falls eine Umkehrfunktion existiert, so bestimmen Sie diese.

21. Gegeben sei die Parabelfunktion

$$f : (-\infty, 5] \longrightarrow \mathbb{R}$$

$$x \longmapsto \frac{1}{5}x^2 - 2x + 7.$$

Bestimmen Sie den Wertebereich und das Monotonieverhalten. Berechnen Sie die Umkehrfunktion, sofern sie existiert. Zeichnen Sie f und f^{-1}.

22. Gegeben sei die Parabelfunktion

$$g : (-\infty, -3] \longrightarrow \mathbb{R}$$
$$x \longmapsto -\frac{1}{3}x^2 - 2x - 2.$$

Bestimmen Sie den Wertebereich und das Monotonieverhalten. Berechnen Sie die Umkehrfunktion, sofern sie existiert. Zeichnen Sie g und g^{-1}.

Bearbeiten Sie für die jeweiligen Preis-Absatz-Funktionen bitte die folgenden Aufgabenstellungen.

a) Welcher Definitionsbereich D_p ist für p aus ökonomischer Sicht sinnvoll?
b) Bestimmen Sie den Wertebereich W_p der Funktion p für den von Ihnen angegebenen Definitionsbereich D_p.
c) Bestimmen Sie die zugehörige Absatz-Preis-Funktion $x(p)$.
d) Welchen Definitionsbereich D_x und Wertebereich W_x hat die Absatz-Preis-Funktion?

23. Gegeben sei die Preis-Absatz-Funktion p mit der Funktionsvorschrift $p(x) = -\frac{4}{5}x + 420$.
24. Gegeben sei die Preis-Absatz-Funktion p mit der Funktionsvorschrift $p(x) = \frac{-4x+200}{x+25}$.
25. Gegeben sei die Preis-Absatz-Funktion p mit der Funktionsvorschrift $p(x) = 900\,e^{-\frac{1}{3000}x}$.

1.6 Ökonomische Funktionen noch mal in Ruhe

Bei den folgenden Beispielen ökonomischer Funktionen wird es jeweils um die Abhängigkeit einer ökonomischen Größe von einer anderen gehen. Dies ist selbstverständlich eine Idealisierung unter der Annahme, dass alle anderen ökonomischen Größen konstant bleiben. Tatsächlich hängen ökonomische Funktionen in der Realität von vielen Variablen ab. Funktionen von mehreren Veränderlichen werden wir im letzten Kapitel behandeln.

Ferner basieren in den meisten Fällen die Funktionsbeschreibungen auf einem Modell und können die Realität nur annähernd und im Sinne einer Prognose widerspiegeln.

Nachfragefunktionen

Nachfragefunktionen beschreiben den funktionalen Zusammenhang zwischen

▷   dem *Preis p* eines Produktes und
▷   der *nachgefragten (bzw. abgesetzten) Menge x* des Produktes.

Genauer gesagt, soll $p = p(x)$ den Preis des Produktes angeben, wenn ein Absatz (und demnach eine Nachfrage) von x besteht. Erlaubt ist selbstverständlich auch die Frage nach der nachgefragten Menge $x = x(p)$, wenn der aktuelle Preis p beträgt. Bei den Funktionen $p(x)$ und $x(p)$ handelt es sich offenbar um Umkehrfunktionen. Das heißt, es gilt $p(x(p)) = p$ und $x(p(x)) = x$ für alle Preise p und alle Nachfragemengen x.

Als erstes Beispiel betrachten wir die (affin) lineare Preisfunktion $p(x) = 300 - 2x$. Diese hat offenbar die Nullstelle $x = 150$. Der ökonomisch sinnvolle Definitionsbereich ist daher das Intervall $D = [0, 150]$. Mit diesem Definitionsbereich erhalten wir für den Wertebereich der Funktion p das Intervall $W = [0, 300]$ und somit die Umkehrfunktion

$$x : [0, 300] \longrightarrow \mathbb{R}$$
$$p \longmapsto 150 - \frac{1}{2}p.$$

Betrachten wir als weiteres Beispiel die Funktion

$$p : [0, 81] \longrightarrow \mathbb{R}$$
$$x \longmapsto 50\sqrt{81 - x}.$$

mit Wertebereich $W = [0, 450]$. Die Umkehrfunktion berechnet sich zu

$$x : [0, 450] \longrightarrow \mathbb{R}$$
$$p \longmapsto 81 - (\frac{p}{50})^2.$$

Angebotsfunktionen

Bei *Angebotsfunktionen* handelt es sich um den funktionalen Zusammenhang zwischen

▷ dem *Preis* p eines Produktes und
▷ der *angebotenen Menge* x des Produktes.

Im Allgemeinen sind Nachfrage und Angebot nicht identisch. Stimmen bei einem bestimmten Preis Angebot und Nachfrage überein, so ist vom *Marktgleichgewicht* die Rede. Der entsprechende Preis wird als *Gleichgewichtspreis* oder auch als *Marktpreis* bezeichnet.

Erlös- bzw. Umsatzfunktionen

Bei *Erlös- bzw. Umsatzfunktionen* handelt es sich um den funktionalen Zusammenhang zwischen

▷ der abgesetzten Menge x oder dem Preis p eines Produktes und
▷ dem Erlös $E = E(x)$ beziehungsweise $E = E(p)$.

Bekanntermaßen berechnet sich der Erlös als Funktion der abgesetzten Menge x zu $E(x) = p(x) \cdot x$. Betrachten wir die Erlösfunktion als Funktion des Preises p, so erhalten wir $E(p) = p \cdot x(p)$.

Nehmen wir die Preisfunktion aus dem obigen Beispiel, $p(x) = 300 - 2x$, so erhalten wir $E(x) = (300 - 2x)x = 300x - 2x^2$ beziehungsweise $E(p) = p(150 - \frac{1}{2}p) = 150p - \frac{1}{2}p^2$.

Kostenfunktionen

Kostenfunktionen stellen einen funktionalen Zusammenhang zwischen

▷ der Produktionsmenge x und
▷ den Kosten K her.

Die Kostenfunktion $K(x)$ lässt sich immer als Summe aus den *variablen Kosten* $K_v(x)$ und den *Fixkosten* $K_f = K(0)$ darstellen:

$$K(x) = K_v(x) + K_f.$$

Betrachten wir beispielsweise die Kostenfunktion $K(x) = 36x + 2400$, so betragen die Fixkosten $K_f = K(0) = 2400$ und die variablen Kosten sind durch $K_v(x) = K(x) - K_f = 36x$ gegeben.

Von Interesse sind auch die Kosten pro produziertem Gut, die *Stückkosten* $k(x) = \frac{K(x)}{x}$. Entsprechend haben wir auch die *variablen Stückkosten* $k_v(x) = \frac{K_v(x)}{x}$ und die *fixen Stückkosten* $k_f(x) = \frac{K_f}{x}$. Es gilt entsprechend der Zerlegung $K(x) = K_v(x) + K_f$:

$$k(x) = k_v(x) + k_f(x).$$

Die minimalen variablen Stückkosten werden als *Betriebsminimum* bezeichnet. In unserem Beispiel erhalten wir für die Stückkosten

$$k(x) = 36 + \frac{2400}{x}$$

wobei die variablen Stückkosten $k_v(x) = 36$ und die fixen Stückkosten $k_f(x) = \frac{2400}{x}$ betragen. In diesem Fall ist $k_v(x) = 36$ eine konstante Funktion. Das Betriebsminimum liegt demnach bei diesem konstanten Wert 36.

Gewinnfunktionen

Gewinnfunktionen stellen einen funktionalen Zusammenhang zwischen

▷ der Produktionsmenge x, die produziert und umgesetzt wird, und
▷ dem Gewinn G her.

Da wir bereits Erlös- und Kostenfunktionen eingeführt haben, können wir die Gewinnfunktion in der Form

$$G(x) = E(x) - K(x) = p(x) \cdot x - K(x)$$

schreiben.

Nutzen wir die bereits betrachteten Beispiele für Nachfrage- und Kosten-funktion, so erhalten wir die Gewinnfunktion

$$G(x) = E(x) - K(x) = 300x - 2x^2 - (36x + 2400) = -2x^2 + 264x - 2400.$$

Ähnlich wie bei den Kosten wird auch der *Stückgewinn* $g(x) = \frac{G(x)}{x}$ be-trachtet. Mit $G(x) = p(x) \cdot x - K(x)$ erhalten wir also

$$g(x) = p(x) - k(x).$$

Der *gesamte Deckungsbeitrag* $G_D(x)$ berechnet sich durch

$$G_D(x) = E(x) - K_v(x) = G(x) + K_f.$$

Um Gewinn zu erwirtschaften, muss der gesamte Deckungsbeitrag also mindes-tens die Fixkosten übersteigen. Der *Stück-Deckungsbeitrag* ist entsprechend

$$g_D(x) = \frac{G_D(x)}{x} = p(x) - k_v(x) = g(x) + k_f(x).$$

Produktionsfunktionen

Bei *Produktionsfunktionen* handelt es sich um einen funktionalen Zusammen-hang zwischen

▷ einem Produktionsfaktor r und
▷ dem Ertrag x des erzeugten Produktes.

Bei den Produktionsfaktoren sind viele Beispiele denkbar: die Menge des ein-gesetzten Düngers, die Effektivität des Düngers oder einer Maschine, die An-zahl oder Qualifikation des eingesetzten Personals etc.

Ein wichtiges Beispiel sind die *ertragsgesetzlichen Produktionsfunktionen*. Hier handelt es sich um Funktionen, die zunächst bei erhöhtem Einsatz des Produktionsfaktors bis zum Erreichen eines Maximums ansteigen (I), um von da ab zu fallen (II). Die Phase des Anstiegs teilt sich dabei in zwei Bereiche: Im ersten Bereich nimmt der Anstieg zu (Ia), um dann bis zum Erreichen des Maximums abzunehmen (Ib).

Eine Möglichkeit der Modellierung ertragsgesetzlicher Funktionen bieten kubische Funktionen wie beispielweise die Funktion $x(r) = -r^3 + 3r^2 + 10r$.

Ebenfalls sind *limitationale Produktionsfunktionen*, wie in Abbildung 1.19 dargestellt, häufiger anzutreffen:

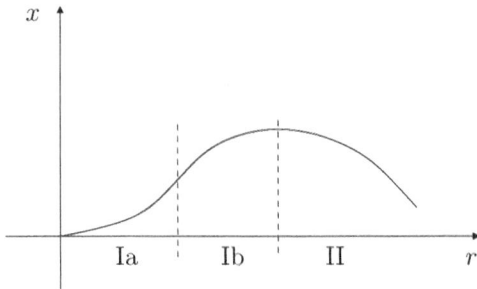

Abb. 1.18. Schematischer Verlauf einer ertragsgesetzlichen Funktion $x(r)$.

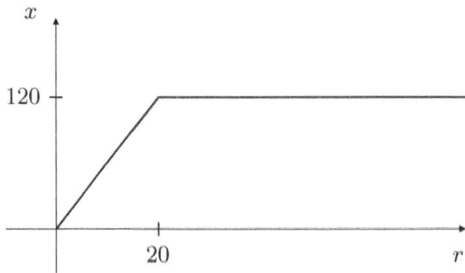

Abb. 1.19. Die limitationale Produktionsfunktion $x(r)$.

$$x(r) = \begin{cases} 6r, & \text{falls } r \leq 20, \\ 120, & \text{falls } r > 20. \end{cases}$$

Hier steigt die Funktion zunächst linear mit zunehmend eingesetztem Produktionsfaktor, um dann auf konstantem Niveau zu verharren.

Betrachten wir den Ertrag $x(r)$ pro eingesetzter Einheit des Produktionsfaktors r, so erhalten wir die Produktivität

$$\overline{x}(r) = \frac{x(r)}{r}.$$

Für unser Beispiel einer ertragsgesetzlichen Produktionsfunktion erhalten wir

$$\overline{x}(r) = -r^2 + 3r + 10,$$

eine Funktion, die bei $r = 0$ vom Wert 10 ausgehend zunächst steigt, um dann bei $r = 5$ auf 0 zu fallen.

Für das Beispiel der limitationalen Produktionsfunktion erhalten wir

$$\overline{x}(r) = \begin{cases} 6, & \text{falls } r \leq 20, \\ \frac{120}{r}, & \text{falls } r > 20. \end{cases}$$

In diesem Fall beträgt also bis $r = 20$ die Produktivität konstant 6, um von da an zu fallen und gegen 0 zu streben, wie in Abbildung 1.20 dargestellt.

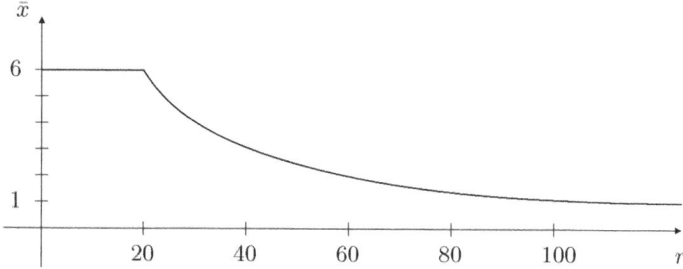

Abb. 1.20. Die Produktivität $\bar{x}(r)$ der limitationalen Produktionsfunktion $x(r)$.

1.7 Aufgaben

Lösungen finden sich ab Seite 210.

1. Man spricht von Marktgleichgewicht, wenn
   ○ der Preis unabhängig von der Nachfrage ist.
   ○ das Angebot unabhängig vom Preis ist.
   ○ bei einem gewissen Preis p Angebot und Nachfrage übereinstimmen.
   ○ bei einem gewissen Preis p Angebot und Nachfrage größer als Null sind.
2. Angenommen, bei einer Produktionsmenge x_0 ist der Gewinn $G(x_0) = 0$. Dann ist bei x_0
   ○ der Erlös gleich den Kosten.
   ○ der Erlös gleich den variablen Kosten.
   ○ der Erlös gleich den Fixkosten.
   ○ der gesamte Deckungsbeitrag gleich den Fixkosten.
3. Gegeben sei die Nachfragefunktion $x_N(p) = 300 - 2p$ und die Angebotsfunktion $x_A(p) = \frac{1}{2}p^2 + 3p$. Bestimmen Sie den Gleichgewichtspreis.
4. Gegeben sei die Nachfragefunktion $x_N(p) = 2\sqrt{439 - 3p}$ und die Angebotsfunktion $x_A(p) = \frac{1}{3}p - 4$. Bestimmen Sie den Gleichgewichtspreis.
5. Gegeben sei die Gewinnfunktion $G(x) = -4x^2 + 680x - 8500$ und die Preis-Absatzfunktion $p(x) = -4x + 1200$. Bestimmen Sie die Kostenfunktion K, die variablen und die Fixkosten.
6. Gegeben sei die Gewinnfunktion $G(x) = -5x^2 + 825x - 4300$ und die Nachfragefunktion $x(p) = -\frac{p}{5} + 170$. Bestimmen Sie die Kostenfunktion K, die variablen und die Fixkosten.
7. Gegeben sei die Gewinnfunktion $G(x) = -3x^2 + 120x - 200$ und die Kostenfunktion $K(x) = 5x + \ln(2(x+1)) + 200$. Bestimmen Sie die Erlösfunktion E und die Preis-Absatzfunktion p.
8. Gegeben sei die Gewinnfunktion $G(x) = -6x^2 + 240x - 400$ und die Kostenfunktion $K(x) = 10x + \sqrt{2x} + 400$. Bestimmen Sie die Erlösfunktion E und die Preis-Absatzfunktion p.

Bestimmen Sie für die jeweiligen Preis-Absatz- und Kostenfunktionen die folgenden Funktionen, Größen und Intervalle.

a) die Erlösfunktion E,

b) die Gewinnfunktion G,

c) die Fixkosten K_f,

d) die variablen Kosten $K_v(x)$,

e) den gesamten Deckungsbeitrag G_D,

f) die Stückkosten k,

g) den Stückgewinn g,

h) den Absatz bei dem der maximale Gewinn erzielt wird,

i) den maximalen Gewinn,

j) das Intervall mit nicht-negativer Gewinnerwartung.

9. Gegeben sei die Preis-Absatz-Funktion $p(x) = -\frac{1}{3}x + 200$ und die Kostenfunktion $K(x) = 180x + 108$.

10. Gegeben sei die Preis-Absatz-Funktion $p(x) = -\frac{1}{5}x + 95$ und die Kostenfunktion $K(x) = 57x + 900$.

11. Gegeben sei die Preis-Absatz-Funktion $p(x) = -5x + \frac{50}{\sqrt{x}} + 150$ und die Kostenfunktion $K(x) = 50\sqrt{x} + 625$.

12. Gegeben sei die Preis-Absatz-Funktion $p(x) = -x + \frac{12\ln(x+1)}{x} + 30$ und die Kostenfunktion $K(x) = 12\ln(x+1) + 125$.

2

Folgen und Reihen

Agenda. Folgen spielen in den Wirtschaftswissenschaften eine wichtige Rolle und bilden die Grundlage für die Theorie der *Zeitreihen*. Das Lernziel dieses Kapitels ist das Verständnis von Folgen, der Art und Weise sie zu beschreiben: *rekursiv* und *explizit*, und einige wichtige Typen von Folgen kennenzulernen. Die Betrachtung von Summen über eine gewisse Anzahl von Folgengliedern ergibt sich aus einfachen ökonomischen Fragestellungen und führt so auf natürliche Weise zum Konzept der *Reihen*.

Mit Folgen von Zahlen haben wir nahezu täglich zu tun. Viele Statistiken basieren auf einer Folge von Zahlen: beispielsweise Tageshöchsttemperaturen, tägliche Niederschlagsmengen, tägliche Aktienkurse, die quartalsweise Arbeitslosenquote, die jährlichen Kontostände von Giro- und Rentenkonto usw. Betrachten wir beispielsweise die Folge der maximalen Tagestemperatur in Berlin beginnend am 1.1.2011: 3.9°, 1.8°, -0.5°, 0.1°, -2.1°, 4.1°, 7.2°, 9.4°, 9.4°,... Diese geht theoretisch unendlich weiter, wenn wir einmal die endliche Lebensdauer unseres Planeten vernachlässigen.

2.1 Folgen

Eine *Folge* ist eine unendlich lange Liste $a_0, a_1, a_2, a_3, \ldots$ von reellen Zahlen, also eine Abbildung $a : \mathbb{N} \to \mathbb{R}$. Dabei nutzen wir die *Indexschreibweise* a_i für $a(i)$. i ist dabei der *Index* von a_i. Die einzelnen Elemente a_i nennen wir *Folgenglieder*. Im Beispiel der maximalen Tagestemperatur wäre also $a_0 = 3.9$, $a_1 = 1.8$, $a_2 = -0.5$ usw.

Wir erlauben Folgen auch mit einem anderen ganzzahligen Index zu beginnen, das heißt wir lassen auch Folgen vom Typ $a_{-3}, a_{-2}, a_{-1}, \ldots$ oder $b_7, b_8, b_9, \ldots$ zu. Als abkürzende Schreibweise für eine Folge $a_n, a_{n+1}, a_{n+2}, \ldots$ schreiben wir $(a_k)_{k \geq n}$.

Wir können Folgen auch *explizit* mittels ihres Index vollständig definieren. Beispielsweise

$$a_k = 3 \cdot k + 5 \text{ für } k \geq 0.$$

Das ergibt also die Folge $5, 8, 11, 14, 17, 20, \ldots$. Oder wir definieren

$$b_k = 7 \cdot 2^k \text{ für } k \geq 0.$$

Damit erhalten wir die Folge $7, 14, 28, 56, 112, 224, \ldots$.

Arithmetische Folgen

Die Folge $(a_k)_{k \geq 0}$ gegeben durch $a_k = 3 \cdot k + 5$ für $k \geq 0$ hat die Eigenschaft, dass die Differenz $a_{k+1} - a_k$ zweier aufeinander folgender Folgenglieder konstant ist. Folgen mit dieser Eigenschaft nennen wir *arithmetisch*. Im Beispiel der Folge $a_k = 3 \cdot k + 5$ beträgt die Differenz

$$a_{k+1} - a_k = 3(k+1) + 5 - (3k+5) = 3.$$

Ist $(a_k)_{k \geq 0}$ eine arithmetische Folge mit $a_{k+1} - a_k = d$, so gilt

$$a_k = d \cdot k + a_0 \text{ für alle } k \geq 0.$$

Lineare Verzinsung

Betrachten wir ein Startkapital von x_0. Dieses soll mit dem Zinssatz i *einfach bzw. linear* verzinst werden. Das heißt, dass als Berechnungsgrundlage immer das Startkapital herangezogen wird. Es kommen also jeweils zum Jahresende die Zinsen $i \cdot x_0$ hinzu und es ergibt sich die arithmetische Folge

$$x_n = x_0 + n \cdot i \cdot x_0.$$

Rekursives und explizites Bildungsgesetz

Bei der Beschreibung von Folgen unterscheidet man zwischen rekursiven und expliziten Bildungsgesetzen. Wir haben gesehen, dass eine arithmetische Folge vollständig durch den Wert von a_0 und das *rekursive Bildungsgesetz*

$$a_{k+1} = a_k + d \text{ für alle } k \geq 0$$

gegeben ist. Startet man mit a_0, so berechnet sich a_1 durch $a_1 = a_0 + d$. Anschließend lässt sich $a_2 = a_1 + d$ bestimmen und so weiter.

Im Gegensatz dazu handelt es sich bei einem *expliziten Bildungsgesetz* um eine Vorschrift zur Berechnung eines beliebigen Folgengliedes ohne alle vorherigen kennen zu müssen. Im Falle der arithmetischen Folgen also um die Vorschrift

$$a_k = d \cdot k + a_0 \text{ für alle } k \geq 0.$$

Es sei bemerkt, dass für viele Folgen weder ein rekursives noch ein explizites Bildungsgesetz existiert.

Geometrische Folgen

Die Folge $(b_k)_{k\geq 0}$ gegeben durch $b_k = 7 \cdot 2^k$ für $k \geq 0$ hat die Eigenschaft, dass der Quotient $\frac{b_{k+1}}{b_k}$ zweier aufeinander folgender Folgenglieder gleich einem konstanten Wert q – in diesem Fall $q = 2$ – ist. Folgen mit dieser Eigenschaft nennen wir *geometrisch*. Ist allgemein $(b_k)_{k\geq 0}$ eine geometrische Folge mit $\frac{b_{k+1}}{b_k} = q$, so gilt das rekursive Bildungsgesetz

$$b_{k+1} = q \cdot b_k \text{ für alle } k \geq 0.$$

Als explizites Bildungsgesetz erhalten wir in diesem Fall

$$b_k = b_0 \cdot q^k \text{ für alle } k \geq 0.$$

Zinseszins

Ein prominentes Beispiel ist das des Zinseszins wie bereits auf Seite 18 diskutiert. Der Kontostand eines jährlich mit dem festen Zinssatz i verzinsten Startkapitals von x_0 berechnet sich im Jahre n durch:

$$x_n = x_0(1 + i)^n.$$

Dies ist eine geometrische Folge mit dem *Zinsfaktor* $q = 1 + i$.

2.2 Partialsummen

Gelegentlich summieren wir die Glieder einer Folge sukzessive auf und erhalten so eine neue Folge: die Folge der Partialsummen. Wenn beispielsweise a_k den Gewinn eines Unternehmens im k-ten Jahr seit seines Bestehens angibt, so entspricht die Summe $a_0 + a_1 + \cdots + a_n$ den bis zum einschließlich n-ten Jahr erwirtschafteten Gesamtgewinn.

Die n-te *Partialsumme* s_n einer Folge $(a_k)_{k\geq 0}$ ist gegeben durch die Summe

$$s_n = a_0 + a_1 + \cdots + a_n.$$

Wir erhalten also eine neue Folge $(s_n)_{n\geq 0}$. Können wir für diese Folge wieder eine Abbildungsvorschrift finden, die es erlaubt, das n-te Folgenglied s_n direkt zu bestimmen ohne die Summe $a_0 + a_1 + \cdots + a_n$ ausrechnen zu müssen? In einigen einfachen Fällen können wir dies, insbesondere für arithmetische und geometrische Folgen.

Summenschreibweise

Ist $(a_k)_{k\geq 0}$ eine Folge, so schreiben wir für die n-te Partialsumme

$$s_n = \sum_{k=0}^{n} a_k = a_0 + a_1 + \cdots + a_n.$$

Das Symbol $\sum_{k=0}^{n} a_k$ lesen wir als "die Summe von k gleich 0 bis n über a_k".

Partialsummen von arithmetischen Folgen

Betrachten wir zunächst die vielleicht einfachste nicht-triviale arithmetische Folge gegeben durch $a_k = k$ für $k \geq 0$, also die Folge $0, 1, 2, 3, \ldots$. Die n-te Partialsumme s_n ist also die Summe

$$s_n = 0 + 1 + 2 + \cdots + n.$$

Diese Summe können wir mit Hilfe eines Tricks bestimmen. Stellen wir uns ein Schachbrett mit $n \times n$ Feldern vor. Stellen wir einen Turm an den Anfang der ersten Zeile, zwei Türme an den Anfang der zweiten Zeile bis hin zu n Türmen in der n-ten Zeile, so entspricht die Partialsumme s_n doch der Gesamtzahl der Türme auf dem Schachbrett. Betrachten wir eine anzahlmäßig identische Aufstellung an der Diagonalen gespiegelt, so sehen wir durch Summenbildung wie in Abbildung 2.1 gezeigt, dass $2s_n = n^2 + n$, also

$$s_n = \frac{n^2 + n}{2} = \frac{n(n+1)}{2}$$

gilt.

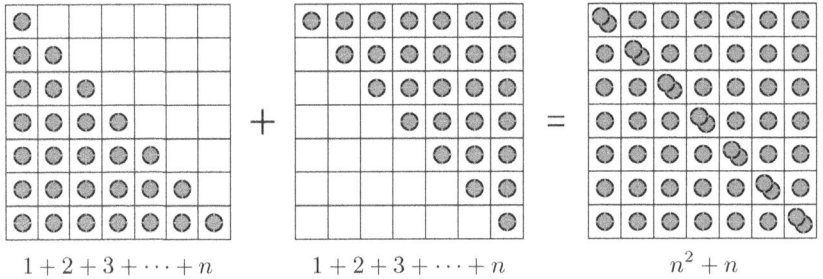

$$1 + 2 + 3 + \cdots + n \qquad 1 + 2 + 3 + \cdots + n \qquad n^2 + n$$

Abb. 2.1. Türme auf einem Schachbrett zeigen $2s_n = n^2 + n$.

Wenden wir uns nun einer allgemeinen arithmetischen Folge $a_k = d \cdot k + a_0$ zu. In diesem Fall ergibt sich

$$\begin{aligned}
s_n &= a_0 + a_1 + \cdots + a_n \\
&= (d \cdot 0 + a_0) + (d \cdot 1 + a_0) + \cdots + (d \cdot n + a_0) \\
&= d \cdot (0 + 1 + \cdots + n) + (n+1)a_0 \\
&= d \cdot \frac{n(n+1)}{2} + (n+1)a_0 \\
&= (n+1)\left(\frac{d \cdot n}{2} + a_0\right).
\end{aligned}$$

Beispiel

Schauen wir uns dies in einem Beispiel an. Sei $a_k = 3 \cdot k + 5$ für $k \geq 0$. Dann beginnt die Folge $(a_k)_{k \geq 0}$ offenbar mit $5, 8, 11, 14, \ldots$ und die Folge der Partialsummen $(s_n)_{n \geq 0}$ demnach mit $5, 13, 24, 38, \ldots$. Vergleichen wir dies mit den Werten

$$s_n = (n+1)\left(\frac{3 \cdot n}{2} + 5\right).$$

Es ergibt sich

$$s_0 = (0+1)\left(\frac{3 \cdot 0}{2} + 5\right) = 5,$$

$$s_1 = (1+1)\left(\frac{3 \cdot 1}{2} + 5\right) = 13,$$

$$s_2 = (2+1)\left(\frac{3 \cdot 2}{2} + 5\right) = 24,$$

$$s_3 = (3+1)\left(\frac{3 \cdot 3}{2} + 5\right) = 38.$$

Linearer Gewinnzuwachs

Beschreibt die Folge $(a_k)_{k \geq 0}$ den Gewinn eines Unternehmens und gehen wir davon aus, dass der Gewinn jährlich um den Wert d zunimmt, so beträgt der insgesamt erwirtschaftete Gewinn bis zum einschließlich n-ten Jahr

$$s_n = a_0 + a_1 + \cdots + a_n = (n+1)\left(\frac{d \cdot n}{2} + a_0\right).$$

Eine kleine Rechnung ergibt

$$\begin{aligned} s_n = (n+1)\left(\frac{d \cdot n}{2} + a_0\right) &= \frac{n+1}{2}(d \cdot n + 2a_0) \\ &= \frac{n+1}{2}(d \cdot n + a_0 + a_0) \\ &= \frac{n+1}{2}(a_n + a_0). \end{aligned}$$

Eine Formel, die gelegentlich nützlich sein kann, wenn der Gewinn a_0 zu Beginn und a_n nach n Jahren bekannt ist, ohne dass aber d bekannt ist.

Betrachten wir ein Beispiel: Ein kleines Familienunternehmen habe im Gründungsjahr 2000 einen Gewinn von $a_0 = 75\,000$ Euro erwirtschaftet. Im Jahr 2010 betrage der Gewinn bereits $a_{10} = 135\,000$ Euro. Unter der Annahme eines linearen Gewinnzuwachses wurde in diesem Zeitraum demnach ein Gesamtgewinn von

$$s_{10} = \frac{10+1}{2}(135\,000 + 75\,000) = 1\,155\,000$$

Euro erwirtschaftet.

Partialsummen von Quadratzahlen

Wir haben gesehen, dass

$$\sum_{k=1}^{n} k = 1 + 2 + 3 + \cdots + n = \frac{n(n+1)}{2}$$

gilt. Für die Summe der ersten n Quadratzahlen gibt es die vergleichbar einfache Formel:

$$\sum_{k=1}^{n} k^2 = 1^2 + 2^2 + 3^2 + \cdots + n^2 = \frac{n(n+1)(2n+1)}{6},$$

welche ebenfalls durch geschickte mehrfache Anordnung der Zahlen $1^2, 2^2, 3^2, \ldots, n^2$ hergeleitet werden kann.

Partialsummen von geometrischen Folgen

Sei $a_k = a \cdot q^k$ für $k \geq 0$ und $q \neq 1$ gegeben, wobei $a = a_0$ gilt. Betrachten wir die Partialsumme s_n:

$$\begin{aligned}
s_n &= a_0 + a_1 + a_2 + \cdots + a_{n-1} + a_n \\
&= a \cdot q^0 + a \cdot q^1 + a \cdot q^2 + \cdots + a \cdot q^{n-1} + a \cdot q^n \\
&= a \cdot \left(q^0 + q^1 + q^2 + \cdots + q^{n-1} + q^n \right).
\end{aligned}$$

Nun machen wir die einfache Beobachtung, dass dieser Ausdruck die meisten Terme gemein hat mit $q \cdot s_n$:

$$\begin{aligned}
q \cdot s_n &= q \cdot a \cdot \left(q^0 + q^1 + q^2 + \cdots + q^{n-1} + q^n \right) \\
&= a \cdot \left(q^1 + q^2 + q^3 + \cdots + q^n + q^{n+1} \right).
\end{aligned}$$

Das heißt, die Differenz $q \cdot s_n - s_n$ ist

$$\begin{aligned}
q \cdot s_n - s_n &= a \cdot \left(q^1 + q^2 + q^3 + \cdots + q^n + q^{n+1} \right) \\
&\quad - a \cdot \left(q^0 + q^1 + q^2 + \cdots + q^{n-1} + q^n \right) \\
&= a \cdot \left(q^{n+1} - q^0 \right) \\
&= a \cdot \left(q^{n+1} - 1 \right).
\end{aligned}$$

Wir erhalten also mit Hilfe von $q \cdot s_n - s_n = s_n \cdot (q - 1)$:

$$s_n = a \cdot \frac{q^{n+1} - 1}{q - 1}.$$

Schauen wir uns dies am einfachen Beispiel der Folge $a_k = 2^k$ für $k \geq 0$ an. In diesem Fall ist also $a = a_0 = 1$ und $q = 2$. Die Folge $(a_k)_{k \geq 0}$ beginnt dann mit $1, 2, 4, 8, 16, 32, \ldots$ und die Folge der Partialsummen entsprechend mit $1, 3, 7, 15, 31, 63, \ldots$ Vergleichen wir dies mit

$$s_n = a \cdot \frac{q^{n+1} - 1}{q - 1} = \frac{2^{n+1} - 1}{2 - 1} = 2^{n+1} - 1,$$

so erhalten wir $s_0 = 2^1 - 1 = 1$, $s_1 = 2^2 - 1 = 3$, $s_2 = 2^3 - 1 = 7$ usw.

Aggregierter Zinseszins

Fragen wir uns, wieviel Zinsen auf einem Festgeldkonto nach n Jahren insgesamt hinzugekommen sind, so ist dies in natürlicher Weise eine Partialsummenfrage. Wir wissen, dass der Kontostand im Jahr n durch

$$x_n = x_0(1 + i)^n$$

gegeben ist. Für das Jahr n fallen also Zinsen in Höhe von

$$z_n = i \cdot x_n = i \cdot x_0(1 + i)^n$$

für alle $n \geq 0$ an. Die ist eine geometrische Folge. Nach n Jahren, also im Jahr $n + 1$ ergibt sich für den bis dahin aggregierten Zinseszins also die Partialsumme

$$s_n = z_0 + z_1 + \cdots + z_n = i \cdot x_0 \frac{(1 + i)^{n+1} - 1}{(1 + i) - 1}$$

$$= i \cdot x_0 \frac{(1 + i)^{n+1} - 1}{i} = x_0(1 + i)^{n+1} - x_0 = x_{n+1} - x_0.$$

Es stellt sich also – wenig überraschend – heraus, dass die Partialsumme genau dem Kontostand im Jahr $n+1$ abzüglich des initialen Kontostandes entspricht.

Geometrischer Gewinnzuwachs

Beschreibt die Folge $(a_k)_{k \geq 0}$ den Gewinn eines Unternehmens und gehen wir davon aus, dass der Gewinn jährlich um einen gewissen Prozentsatz i steigt, also mit dem Faktor $q = 1 + i$ zunimmt, so beträgt der insgesamt erwirtschaftete Gewinn bis zum einschließlich n-ten Jahr

$$s_n = a_0 + a_1 + \cdots + a_n = a_0 \cdot \frac{q^{n+1} - 1}{q - 1}.$$

2.3 Reihen

Das Paradoxon von Zenon

Wir beginnen das Thema Reihen mit dem Paradoxon von Achilles und der Schildkröte, welches von dem griechischen Philosophen Zenon (ca. 490 v.Chr.

- ca. 430 v.Chr.) stammt. Er beschäftigte sich mit Fragen des Kontinuums und der Teilbarkeit, insbesondere im Zusammenhang mit dem Verhältnis von Raum, Zeit und Bewegung. Das Paradoxon besagt, dass der schnelle Läufer Achilles eine Schildkröte bei einem Rennen niemals einholen könne, sofern ihr ein Vorsprung gewährt werde. Sein Argument beruht darauf, dass Achilles ja zunächst die Strecke zurücklegen müsse, die als Vorsprung gewährt wurde. In dieser Zeit hat die Schildkröte aber bereits einen neuen Vorsprung erlaufen, der wiederum erst einmal von Achilles zurückgelegt werden müsse usw. Das heißt, Zenon kann die Schildkröte niemals einholen.

Versuchen wir dies mathematisch zu fassen. Sagen wir der Einfachheit halber, dass Achilles sich mit 1 m/s und die Schildkröte mit $\frac{1}{2}$ m/s fortbewegt. Ferner habe die Schildkröte einen Vorsprung von 1 m. Berechnen wir die Zeit, die Achilles jeweils braucht, um den letzten Vorsprung einzuholen. Zu Beginn braucht Achilles $a_0 = 1$ Sekunde, um den Startvorsprung der Schildkröte von 1 m einzuholen. In der Zeit bewegt sich die Schildkröte um einen halben Meter fort. Dies ist also ihr neuer Vorsprung. Achilles benötigt nun $a_1 = \frac{1}{2}$ s, um diesen Vorsprung einzuholen. In dieser Zeit ist die Schildkröte $\frac{1}{4}$ m weiter gelaufen. Die Zeiten, die Achilles benötigt, um die folgenden Vorsprünge der Schildkröte einzuholen sind also $a_2 = \frac{1}{4}$ s, $a_3 = \frac{1}{8}$ s usw. Wir haben es also mit der geometrischen Folge $a_k = (\frac{1}{2})^k$ zu tun. Die Zeit, die Achilles für $n+1$ Schritte benötigt, ist also die Partialsumme

$$s_n = a_0 + a_1 + a_2 + \cdots + a_n = 1 + \frac{1}{2} + \frac{1}{4} + \cdots + (\frac{1}{2})^n.$$

Zenons Paradoxon beruht nun auf der Annahme, dass diese Summe mit steigendem n unbeschränkt wächst – da ja immer wieder etwas positives hinzuaddiert wird – und Achilles dementsprechend die Schildkröte nicht in endlicher Zeit einholen kann.

Wir haben aber indes berechnet, welchen Wert die Summe s_n hat:

$$s_n = \frac{(\frac{1}{2})^{n+1} - 1}{(\frac{1}{2}) - 1}.$$

Nun wird für große n der Bruch $(\frac{1}{2})^n = \frac{1}{2^n}$ immer kleiner und im *Grenzwert* erhalten wir für die unendliche Summe

$$a_0 + a_1 + a_2 + a_3 + \cdots = \frac{0 - 1}{\frac{1}{2} - 1} = 2.$$

Mit anderen Worten holt Achilles die Schildkröte in 2 Sekunden ein. Das ist wohl richtig, denn in dieser Zeit legt Achilles zwei Meter zurück und die Schildkröte einen Meter. Zusammen mit dem Vorsprung der Schildkröte befinden sich nach 2 Sekunden also beide auf Meter 2 der Rennbahn.

Unendliche Reihen

Sei $(a_k)_{k \geq 0}$ eine Folge. Wir bezeichnen die dazugehörige Folge der Partialsummen $(s_n)_{n \geq 0}$ auch als *unendliche Reihe*. Strebt die Folge $(s_n)_{n \geq 0}$ gegen einen Wert s, so schreiben wir auch

$$\sum_{k=0}^{\infty} a_k = s.$$

Wir sagen, dass die unendliche Reihe *konvergiert*.

Wir kennen ein prominentes Beispiel einer konvergenten Reihe: sei q eine Zahl zwischen -1 und 1, d.h. es gilt $-1 < q < 1$ und a beliebig. Dann gilt für die Partialsummen der Folge $a_k = a \cdot q^k$:

$$s_n = a \cdot \frac{q^{n+1} - 1}{q - 1}.$$

Für große n wird q^{n+1} wieder beliebig klein und wir erhalten

$$\sum_{k=0}^{\infty} a_k = \sum_{k=0}^{\infty} a \cdot q^k = \frac{a}{1 - q}.$$

2.4 Aufgaben

Lösungen finden sich ab Seite 211.

1. Die Folge $\frac{2}{9}, \frac{2}{3}, 2, 6, 18, \ldots$
   - ◯ ist arithmetisch.
   - ◯ ist geometrisch.
   - ◯ folgt dem expliziten Bildungsgesetz $a_k = 3 \cdot k + \frac{2}{9}$.
   - ◯ folgt dem expliziten Bildungsgesetz $a_k = \frac{2}{9} 3^k$.
2. Die Bildungsvorschrift $a_k = \frac{1}{4} k + \frac{1}{2}$, $k \geq 0$,
   - ◯ definiert eine arithmetische Folge.
   - ◯ definiert eine geometrische Folge.
   - ◯ ist ein explizites Bildungsgesetz.
   - ◯ ist ein rekursives Bildungsgesetz.
3. Gegeben seien die Folgen $(a_n)_{n \geq 0}$ mit den ersten Folgengliedern

$$\frac{25}{16}, \frac{5}{4}, 1, \frac{4}{5}, \frac{16}{25}, \frac{64}{125} \cdots$$

und $(b_n)_{n \geq 0}$ mit den ersten Folgengliedern

$$-4.2, -2.4, -0.6, 1.2, 3, \ldots$$

und $(c_n)_{n \geq 0}$ mit den ersten Folgengliedern

$$-\frac{49}{9}, \frac{7}{3}, -1, \frac{3}{7}, -\frac{9}{49}, \frac{27}{343}, \ldots$$

Angenommen es handelt sich jeweils um arithmetische oder geometrische Folgen.

a) Welche Folge ist arithmetisch und welche Folge ist geometrisch?

b) Geben Sie das jeweilige rekursive Bildungsgesetz an.

c) Geben Sie das jeweilige explizite Bildungsgesetz an.

d) Welches Monotonieverhalten gemäß der Definition auf Seite 28 weisen die jeweiligen Folgen auf?

4. Angenommen der Kontostand eines Bankkontos betrüge im Ausgangsjahr $x_0 = 1000$ Euro und nach 12 Jahren linearer Verzinsung $x_{12} = 1360$ Euro. Wie groß war der Zinssatz i?

5. Angenommen der Kontostand eines Bankkontos betrüge im Ausgangsjahr $x_0 = 1000$ Euro und nach 12 Jahren Verzinsung mit Zinseszins $x_{12} = 1360$ Euro. Wie groß war der (durchschnittliche) Zinssatz i?

6. Ein Konto mit einem Ausgangskontostand von $x_0 = 1300$ Euro werde mit einem festen Zinssatz von $i = 3.5\%$ linear verzinst. Nach wieviel Jahren beträgt der Kontostand mindestens den Wert von 2000 Euro?

7. Ein Konto mit einem Ausgangskontostand von $x_0 = 1300$ Euro werde mit einem festen Zinssatz von $i = 3.5\%$ mit Zinseszins verzinst. Nach wieviel Jahren beträgt der Kontostand mindestens den Wert von 2000 Euro?

8. Ein Unternehmen verzeichnete im Jahr 1995 einen Gewinn von 1.4 Millionen Euro. Bei linearem Gewinnzuwachs stieg der Gewinn bis zum Jahr 2010 auf 2 910 500 Euro an. Wie groß war der Gesamtgewinn über diesen Zeitraum?

9. Ein Unternehmen verzeichnete im Jahr 1995 einen Gewinn von 1.4 Millionen Euro. Der Gewinn stieg jährlich um einen festen prozentualen Satz bis auf 2 910 500 Euro im Jahr 2010 an. Um wieviel Prozent stieg der Gewinn jährlich? Wie groß war der Gesamtgewinn über diesen Zeitraum?

10. Angenommen Sie besitzen einen Bootssteg, an dem sie einzelne Plätze zu einer jährlichen Pacht von 250 Euro verpachten. Eine Pächterin möchte ihren Platz gerne kaufen. Unter der Annahme, dass Sie die Miete in der Zukunft nicht erhöhen und Sie auf Dauer $i = 2\%$ Zinsen am Markt bekommen, wieviel muss die Pächterin wenigstens bieten, um Sie von der Idee zu überzeugen?

3

Differentialrechnung

Agenda. Es geht um den Begriff der Ableitung und das approximative Verhalten der Tangente. Es werden die Grundlagen der Differentialrechnung gelegt und Ableitungsregeln diskutiert. Während es bei der Ableitung um das absolute Änderungsverhalten einer Funktion geht, ist in der Ökonomie in vielen Fällen die Kenntnis der relativen Änderung von Bedeutung. Dies führt uns zum Begriff der Elastizität, welche wir als eine ökonomische Anwendung der Differentialrechnung diskutieren werden.

Die Differentialrechnung beschäftigt sich mit dem Änderungsverhalten von Funktionen. Wir interessieren uns für ein Maß, das uns Auskunft über das Änderungsverhalten einer Funktion gibt. Es geht mit anderen Worten um die Fragestellung: Um wieviel ändert sich eine Funktion f, wenn das Argument x um den Wert Δx erhöht wird?

Also eine Fragestellung in der Art unserer Eingangsfrage nach dem approximativen Verhalten: Um wieviel ändert sich der Gewinn bei einer Erhöhung des Absatzes von aktuell 100 um den Wert 1? Die exakte Antwort lässt sich einfach ausrechnen:

$$G(101) - G(100) = 16516.5 - 16416 = 100.5.$$

3.1 Die Ableitung einer Funktion an einer Stelle

Allgemein geht es also um die Argumente x und $x + \Delta x$ und die zugehörigen Funktionswerte $f(x)$ und $f(x + \Delta x)$. Wir sind aber weniger an der exakten Differenz $f(x + \Delta x) - f(x)$ interessiert, als vielmehr an einer Funktion, die uns in Abhängigkeit von x näherungsweise angibt, wie groß die Differenz $f(x + \Delta x) - f(x)$ ist.

Ohne Sekanten keine Tangente

Schauen wir uns für eine stetige Funktion f doch zunächst die Punktepaare $(x, f(x))$ und $(x + \Delta x, f(x + \Delta x))$ im Graphen der Funktion f an. Diese beiden

Punkte definieren eine Gerade, die mit *Sekante* bezeichnet wird. Ihre Steigung berechnet sich mit Hilfe des Steigungsdreiecks zu

$$\frac{f(x + \Delta x) - f(x)}{x + \Delta x - x} = \frac{f(x + \Delta x) - f(x)}{\Delta x}.$$

Dieser Quotient wird *Differenzenquotient* genannt.

Abbildung 3.1 zeigt die Sekante in grau.

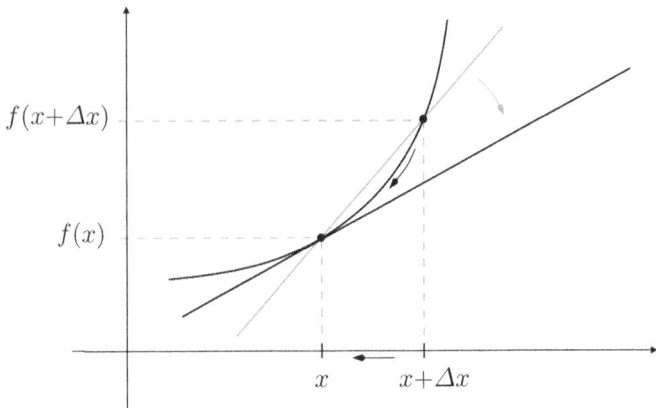

Abb. 3.1. Sekante und Tangente.

Sekanten von Geraden

Die am einfachsten zu bestimmenden Sekanten sind die einer Geraden. Ist eine Geradenfunktion $f(x) = mx + n$ gegeben, so stimmt jede Sekante dieser Geraden mit dieser Geraden überein, da eine Gerade durch zwei Punkte eindeutig bestimmt ist. Insbesondere ist die Steigung jeder Sekante identisch mit der Steigung der Geraden f selbst, also m.

Sekanten der Normalparabel

Im Beispiel der *Normalparabel* $f(x) = x^2$ erhalten wir für den Differenzenquotienten:

$$\frac{f(x + \Delta x) - f(x)}{\Delta x} = \frac{(x + \Delta x)^2 - x^2}{\Delta x} = \frac{x^2 + 2x\Delta x + \Delta x^2 - x^2}{\Delta x}$$

$$= \frac{\Delta x(2x + \Delta x)}{\Delta x} = 2x + \Delta x.$$

Im Falle der Normalparabel hat die Sekante durch die Punkte $(x, f(x))$ und $(x + \Delta x, f(x + \Delta x))$ also die Steigung $2x + \Delta x$.

Die Ableitung

Wenn wir Δx verkleinern, so nähert sich der Punkt $(x + \Delta x, f(x + \Delta x))$ dem Punkt $(x, f(x))$ und die Sekante nähert sich mit etwas Glück einer fixen Gerade an. Dieser Prozess ist durch die Pfeile in Abbildung 3.1 angedeutet. Landet man unabhängig davon, wie Δx schrumpft, in diesem glücklichen Fall und erhalten immer dieselbe Gerade, so nennen wir die Funktion f an der Stelle x differenzierbar und nennen diese Gerade *Tangente der Funktion f an der Stelle x*. Die Steigung der Tangente ist dann der Grenzwert der Differenzenquotienten für Δx gegen Null. Wir nennen diese Steigung die *Ableitung von f an der Stelle x* und schreiben für diese auch $f'(x)$. Alternativ wird man auch auf die Schreibweise $\frac{df}{dx}(x)$ treffen, die den Begriff *Differentialquotient* als Grenzwert der Differenzenquotienten als Synonym für den Begriff Ableitung rechtfertigt.

Die Funktion f' nennen wir die *erste Ableitung von f*. Leiten wir diese Funktion wieder ab, so erhalten wir (sofern sie existiert) die *zweite Ableitung* f'' usw. Da zu viele Striche irgendwann unübersichtlich werden, wird die *n-te Ableitung* mit $f^{(n)}$ notiert.

Grenzwertprozesse und ihre Notation

Ist f an der Stelle x differenzierbar, so streben die Differenzenquotienten nach Definition gegen den festen Wert $f'(x)$, wenn Δx gegen Null strebt. Wir schreiben hierfür

$$\frac{f(x + \Delta x) - f(x)}{\Delta x} \longrightarrow f'(x) \quad \text{für} \quad \Delta x \to 0.$$

Ableitung einer Geraden

Ist eine Gerade $f(x) = mx + n$ gegeben, so haben alle Sekanten die Steigung m und somit hat auch jeder Grenzwert den Wert m. Mit anderen Worten hat die Ableitung an jeder Stelle den Wert m. Es gilt also $f'(x) = m$.

Ableitung der Normalparabel

Im Falle der Normalparabel konvergiert die Sekantensteigung $2x + \Delta x$ für Δx gegen 0 offenbar gegen den Wert $2x$. Es gilt also $f'(x) = 2x$.

Monome höheren Grades

Machen wir für alle interessierten Leser einen kleinen Ausflug für die Bestimmung der Ableitung von Monomen höheren Grades. Und zwar mit Hilfe der *binomischen Formel*:

$$(x + y)^n = \binom{n}{n} x^n y^0 + \binom{n}{n-1} x^{n-1} y^1 + \binom{n}{n-2} x^{n-2} y^2 + \cdots$$
$$+ \binom{n}{2} x^2 y^{n-2} + \binom{n}{1} x^1 y^{n-1} + \binom{n}{0} x^0 y^n,$$

wobei

$$\binom{n}{k} = \frac{n \cdot (n-1) \cdot \cdots \cdot (n-k+1)}{k \cdot (k-1) \cdot \cdots \cdot 3 \cdot 2 \cdot 1}$$

der *Binomialkoeffizient* ist. Für diesen sagt man "n über k" oder sprechender auf englisch "n choose k". Denn $\binom{n}{k}$ gibt an, auf wieviele Weisen man k Elemente aus einer Menge von n Elementen auswählen kann.

Betrachten wir also das Monom $f : \mathbb{R} \to \mathbb{R}$ gegeben durch $f(x) = x^n$. Der Differenzenquotient mit der abkürzenden Schreibweise $h = \Delta x$ berechnet sich zu

$$\frac{f(x+h) - f(x)}{h} = \frac{(x+h)^n - x^n}{h}$$

$$= \frac{\binom{n}{n} x^n h^0 + \binom{n}{n-1} x^{n-1} h^1 + \binom{n}{n-2} x^{n-2} h^2 + \cdots + \binom{n}{1} x^1 h^{n-1} + \binom{n}{0} x^0 h^n - x^n}{h}$$

$$= \frac{x^n + h \left(\binom{n}{n-1} x^{n-1} + \binom{n}{n-2} x^{n-2} h^1 + \cdots + \binom{n}{1} x^1 h^{n-2} + \binom{n}{0} x^0 h^{n-1} \right) - x^n}{h}$$

$$= \binom{n}{n-1} x^{n-1} + \binom{n}{n-2} x^{n-2} h^1 + \cdots + \binom{n}{1} x^1 h^{n-2} + \binom{n}{0} x^0 h^{n-1}.$$

Alle bis auf den ersten Summanden haben einen Faktor h. Wenn h gegen 0 schrumpft, erhalten wir also für die Ableitung der Funktion $f(x) = x^n$:

$$f'(x) = \binom{n}{n-1} x^{n-1} = n x^{n-1}.$$

Die Ableitung der Exponentialfunktion

Die Ableitung der Exponentialfunktion $f : \mathbb{R} \to \mathbb{R}$ mit $f(x) = e^x$ ist die Funktion $f'(x) = e^x$. Dafür betrachten wir den Differenzenquotienten

$$\frac{f(x+h) - f(x)}{h} = \frac{e^{x+h} - e^x}{h}$$

$$= \frac{e^x e^h - e^x}{h}$$

$$= e^x \frac{e^h - 1}{h}$$

$$= e^x \frac{\frac{h}{1!} + \frac{h^2}{2!} + \frac{h^3}{3!} + \cdots}{h}$$

$$= e^x \left(1 + \frac{h}{2!} + \frac{h^2}{3!} + \cdots \right).$$

Lassen wir h gegen 0 schrumpfen, so verbleibt nur e^x.

3.2 Aufgaben

Lösungen finden sich ab Seite 213.

1. Sei f an der Stelle x differenzierbar. Der Differenzenquotient

$$\frac{f(x + \Delta x) - f(x)}{\Delta x}$$

   ○ gibt die Steigung der Funktion f an.
   ○ gibt die Steigung einer Sekante an.
   ○ gibt die Steigung der Tangente an.
   ○ nähert die Steigung der Tangente an.

2. Eine Funktion f heißt differenzierbar an der Stelle x, wenn
   ○ f eine Parabel ist.
   ○ die Sekantensteigungen gegen den gleichen Wert streben, wann immer Δx gegen 0 strebt.
   ○ die Tangente an der Stelle x eine positive Steigung hat.
   ○ die Sekanten sich für Δx gegen 0 immer ein und derselben Geraden annähern.

3. Bestimmen Sie mit Hilfe des Differenzenquotienten die Ableitung der Funktion $f(x) = x^2 + 10$.

4. Bestimmen Sie mit Hilfe des Differenzenquotienten die Ableitung der Funktion $f(x) = -3x^2$.

5. Bestimmen Sie mit Hilfe des Differenzenquotienten die Ableitung der Funktion $f(x) = -2x^2 - 3x + 5$.

6. Bestimmen Sie die Sekantensteigungen der Briefportofunktion von Seite 3 an der Stelle $x = 10$. Ist die Portofunktion an der Stelle $x = 10$ differenzierbar?

7. Bestimmen Sie die Sekantensteigungen der Briefportofunktion von Seite 3 an der Stelle $x = 20$. Ist die Portofunktion an der Stelle $x = 20$ differenzierbar?

8. Bestimmen Sie die Sekantensteigungen der Betragsfunktion an der Stelle $x = 0$. Ist die Betragsfunktion an der Stelle $x = 0$ differenzierbar?

3.3 Ableitungsregeln

Wir betrachten reellwertige differenzierbare Funktionen $f : D \to \mathbb{R}$, die durch gewisse Operationen aus einer oder mehreren anderen Funktionen hervorgegangen sind. Wir möchten gerne mit Hilfe der Ableitungen der ursprünglichen Funktionen die Ableitung von f ermitteln. Jede der folgenden "Regeln" ist zu beweisen und tatsächlich jeweils ein Satz.

Multiplikation mit einer Konstanten: Faktorregel

Ist $k \in \mathbb{R}$ eine Konstante, so ist die Ableitung der Funktion $f(x) = k{\cdot}g(x)$ gegeben mit Hilfe der *Faktorregel* durch

$$f'(x) = k{\cdot}g'(x).$$

Betrachten wir als Beispiel die Funktion $f(x) = 7x^4$. In diesem Fall ist $k = 7$ und $g(x) = x^4$. Wir erhalten also $f'(x) = 7{\cdot}4x^3 = 28x^3$.

Summen von Funktionen: Summenregel

Ist $f(x) = f_1(x) + \cdots + f_n(x)$ Summe von n Funktionen $f_1, \ldots, f_n$, so ergibt sich mit Hilfe der *Summenregel*

$$f'(x) = f_1'(x) + \cdots + f_n'(x).$$

Zum Beispiel lässt sich die Ableitung von $f(x) = 7x^4 + x^5$ bestimmen durch die Summe der Ableitungen von $f_1(x) = 7x^4$ und $f_2(x) = x^5$. Wir erhalten $f'(x) = f_1'(x) + f_2'(x) = 28x^3 + 5x^4$.

Produkt zweier Funktionen: Produktregel

Ist $f(x) = u(x){\cdot}v(x)$ das Produkt von zwei Funktionen u und v, so berechnet sich die Ableitung mit Hilfe der *Produktregel* zu

$$f'(x) = u'(x) \cdot v(x) + u(x) \cdot v'(x).$$

Als Beispiel betrachten wir $f(x) = x \cdot e^x$ mit den einzelnen Funktionen $u(x) = x$ und $v(x) = e^x$. Dann ist $u'(x) = 1x^0 = 1$ und $v'(x) = e^x$ und somit $f'(x) = 1 \cdot e^x + x\, e^x = e^x(1 + x)$.

Als weiteres Beispiel einer Anwendung der Produktregel lässt sich mit einem kleinen Trick auch die Ableitung der Wurzelfunktion $u(x) = \sqrt{x}$ berechnen. Wir setzen dafür $f(x) = u(x) \cdot u(x) = (\sqrt{x})^2 = x$. Dann ist offenbar

$$1 = f'(x) = u'(x) \cdot u(x) + u(x) \cdot u'(x) = 2u(x) \cdot u'(x).$$

Stellt man nach $u'(x)$ um, so erhält man also

$$u'(x) = \frac{1}{2u(x)} = \frac{1}{2\sqrt{x}}.$$

Quotient zweier Funktionen: Quotientenregel

Ist $f(x) = \frac{u(x)}{v(x)}$ der Quotient von zwei Funktionen u und v, so berechnet sich die Ableitung mit Hilfe der *Quotientenregel* zu

$$f'(x) = \frac{u'(x)v(x) - u(x)v'(x)}{v(x)^2}.$$

Als Beispiel berechnen wir die Ableitung der Funktion $f(x) = \frac{1}{x^n} = x^{-n}$. In diesem Fall ist $u(x) = 1$ und $v(x) = x^n$. Wir erhalten

$$f'(x) = \frac{0 \cdot x^n - 1 \cdot n \cdot x^{n-1}}{x^{2n}} = \frac{-n}{x^{n+1}} = -nx^{-n-1}.$$

Verkettung zweier Funktionen: Kettenregel

Wir kommen zur sogenannten *Kettenregel* für die Verkettung zweier Funktionen, also einer Funktion der Gestalt $f(x) = (h \circ g)(x) = h(g(x))$. Man bezeichnet h als *äußere* und g als *innere* Funktion. Dann gilt

$$f'(x) = h'(g(x)) \cdot g'(x).$$

Die Ableitung f' ist also das Produkt der *äußeren Ableitung* $h'(g(x))$ und der *inneren Ableitung* $g'(x)$.

Als erstes Beispiel betrachten wir die Funktion $f(x) = (4x^3 - 2)^{10}$. Sie ist die Verkettung der Funktionen $g(x) = 4x^3 - 2$ und $h(y) = y^{10}$. Dann ist

$$f'(x) = 10(g(x))^9 \cdot g'(x) = 10(4x^3 - 2)^9 \cdot 4 \cdot 3 \cdot x^2 = 120(4x^3 - 2)^9.$$

Ableitung der Umkehrfunktion

Wir können die Kettenregel auch zur Ableitung der Umkehrfunktion nutzen. Angenommen die Funktion $f(x)$ ist gegeben und die Umkehrfunktion $g(y)$ existiere. An einer bestimmten Stelle $y = f(x)$ wollen wir die Ableitung $g'(y)$ bestimmen. Dies können wir tun, ohne die Umkehrfunktion g selbst zu kennen. Dafür betrachten wir zunächst die Verkettungsfunktion $h(x) = g(f(x)) = x$. Dann gilt mit Hilfe der Kettenregel:

$$1 = h'(x) = g'(f(x)) \cdot f'(x),$$

also mit $y = f(x)$ und $x = g(y)$:

$$g'(y) = \frac{1}{f'(x)} = \frac{1}{f'(g(y))}.$$

Berechnen wir als Beispiel die Ableitung der Funktion $g(y) = \ln y$ als Umkehrfunktion von $f(x) = e^x$. Wir setzen wieder $y = f(x) = e^x$ und erhalten:

$$g'(y) = \frac{1}{f'(x)} = \frac{1}{e^x} = \frac{1}{f(x)} = \frac{1}{y}.$$

Mit diesem Wissen berechnen wir als eine weitere Anwendung der Kettenregel die Ableitung der Funktion $f(x) = x^\alpha$ für ein beliebiges α. Es ist zunächst $f(x) = e^{\alpha \ln x}$, also ist f die Verkettung der Funktionen $g(x) = \alpha \ln x$ und $h(y) = e^y$. Es gilt also $g'(x) = \alpha \cdot \frac{1}{x}$ und $h'(y) = e^y$ und damit $f'(x) = e^{\alpha \ln x} \cdot \alpha \cdot \frac{1}{x} = \alpha x^\alpha \cdot \frac{1}{x} = \alpha x^{\alpha-1}$.

Logarithmische Ableitung

Hier geht es letztlich nur um die Anwendung der Kettenregel für den speziellen Fall der Verkettung mit dem natürlichen Logarithmus. In einigen Fällen führt dies schnell zu Ableitungen von gewissen Potenzfunktionen wie auch von komplizierten Produkten und Quotienten.

Betrachten wir also für eine reellwertige differenzierbare Funktion $f : D \to \mathbb{R}$ (mit positivem Wertebereich) die Verkettung $g(x) = \ln f(x)$. Mit Hilfe der Kettenregel erhalten wir:

$$g'(x) = \frac{1}{f(x)} \cdot f'(x).$$

Dieser Quotient wird als *logarithmische Ableitung* bezeichnet. Umgestellt erhalten wir

$$f'(x) = f(x) \cdot g'(x).$$

Wenn also die Ableitung von g einfacher zu berechnen ist, als die von f, so bietet diese Formel eine gute Hilfe.

Schauen wir uns ein Beispiel an, welches wir gerade eben schon einmal betrachtet haben: $f(x) = x^\alpha$. Dann ist $g(x) = \ln x^\alpha = \alpha \cdot \ln x$. Und wir erhalten $g'(x) = \alpha \cdot \frac{1}{x}$ und somit

$$f'(x) = f(x) \cdot g'(x) = x^\alpha \cdot \alpha \cdot \frac{1}{x} = \alpha \cdot x^{\alpha-1}.$$

Tabelle einiger Ableitungen

Einige wichtige Ableitungen, die wir zu weiten Teilen bereits berechnet haben sind in Tabelle 3.1 gezeigt. c und α stehen hier für beliebige Konstanten.

Die Berechnung der Ableitung der Funktion $f(x) = \tan x = \frac{\sin x}{\cos x}$ ist eine einfache Anwendung der Regel für Quotienten:

$$f'(x) = \frac{\cos x \cdot \cos x - \sin x \cdot (-\sin x)}{\cos^2 x} = \frac{\sin^2 x + \cos^2 x}{\cos^2 x} = \frac{1}{\cos^2 x},$$

wobei $\sin^2 x + \cos^2 x = 1$ direkt aus dem Satz von Pythagoras folgt.

$f(x)$	$f'(x)$
c	0
x^α	$\alpha x^{\alpha-1}$
e^x	e^x
$\ln x$	$\frac{1}{x}$
$\sin x$	$\cos x$
$\cos x$	$-\sin x$
$\tan x$	$\frac{1}{\cos^2 x}$

Tabelle 3.1. Einige wichtige Ableitungen.

3.4 Aufgaben

Lösungen finden sich ab Seite 215.

1. Die Ableitung der Funktion $f(x) = x^2 \cdot g(x)$ ist
   ○ $f'(x) = 2x \cdot g(x)$.
   ○ $f'(x) = 2x + g'(x)$.
   ○ $f'(x) = 2x \cdot g(x) + x^2 \cdot g'(x)$.
   ○ $f'(x) = x^2 \cdot g'(x)$.

2. Die Ableitung der Funktion $f(x) = \frac{g(x)}{x^2}$ ist
   ○ $f'(x) = \frac{g'(x)}{2x}$.
   ○ $f'(x) = \frac{g'(x)}{x^2}$.
   ○ $f'(x) = \frac{g'(x) \cdot x^2 - g(x) \cdot 2x}{x^2}$.
   ○ $f'(x) = \frac{g'(x) \cdot x^2 - g(x) \cdot 2x}{x^4}$.

3. Die Ableitung der Funktion $f(x) = (\frac{1}{2}g(x))^2$ ist
   ○ $f'(x) = g(x) \cdot g'(x)$.
   ○ $f'(x) = \frac{1}{2}g(x)g'(x)$.
   ○ $f'(x) = (\frac{1}{2}g'(x))^2$.
   ○ $f'(x) = g'(x)$.

4. Bestimmen Sie die erste Ableitung der folgenden Funktionen.
   a) $f(x) = 3x^4 - 2x^3 + 10$
   b) $g(x) = 4x^{\frac{5}{4}} + 6x^{\frac{2}{3}} - 5(x + 2)$
   c) $h(y) = 4y^2 \, e^{5y} + 3y$
   d) $k(p) = -p^{-3} \ln(cp)$
   e) $z(x) = x \cdot \sin(x)$
   f) $r(\alpha) = \sin(\alpha) \cos(\alpha)$

5. Bestimmen Sie die erste Ableitung der folgenden Funktionen.
   a)
   $$f(x) = \frac{4ax^2}{7x^5}$$

b)

$$x(p) = \frac{4p^2}{7\,e^p}$$

c)

$$K(x) = \frac{21x^2}{7x^5 + c}$$

d)

$$\varepsilon(x) = \frac{21x^2}{7\,e^x + 1}$$

6. Bestimmen Sie die erste Ableitung der folgenden Funktionen.
   a) $f(x) = (x^5 - 6x^2)^3$
   b) $g(x) = \sqrt{x^3 + 5x}$
   c) $h(y) = 3e^{\sin(\alpha y)}$
   d) $k(r) = e^{2r \ln r}$

7. Bestimmen Sie die Ableitung der Funktion $g : [0, \infty) \to \mathbb{R}$ mit $g(y) = \sqrt[n]{y}$ auf Grundlage der Definition als Umkehrfunktion der Funktion $f(x) = x^n$.

8. Betrachten Sie die Funktion $f(x) = 2x^5 - 4x^4 + 6x^3 - 2x^2 + 5x - 16$. Bestimmen Sie $f'(2)$. Ist dieser Wert ungleich Null, so existiert offenbar die Umkehrfunktion g von f in einer Umgebung von $x = 2$. Wie groß ist die Ableitung $g'(y)$ für $y = f(2)$?

9. Bestimmen Sie die erste Ableitung der folgenden Funktionen mit Hilfe der logarithmischen Ableitung.
   a)

   $$f(x) = \frac{(x^3 - 5x)^2}{\sqrt[3]{4x^5 + 3x} \cdot (2x^4 + 15)^5},$$

   b) $g(x) = x^{2x^2 + 1}$,
   c) $h(x) = a(2b + x)^{3x + 16c}$, wobei a, b, c reelle Zahlen sind.

Ableitung ökonomischer Funktionen

Für die Ableitung ökonomischer Funktionen werden eigene Begrifflichkeiten verwendet. Beispielsweise wird die erste Ableitung einer Gewinnfunktion mit *Grenzgewinnfunktion* bezeichnet. Beispielsweise erhalten wir für die Gewinnfunktion

$$G(x) = -\frac{3}{2}x^2 + 402x - 8784$$

von Seite 1 die Grenzgewinnfunktion

$$G'(x) = -3x + 402.$$

Bei einem bestimmten Produktionsstand x wird der Wert $G'(x)$ dann mit *Grenzgewinn* bezeichnet. Auf die genauere Bedeutung des Grenzgewinns werden wir im nächsten Abschnitt eingehen.

Die Terminologie überträgt sich entsprechend auf andere ökonomische Funktionen. So nennen wir die Ableitung einer Erlösfunktion *Grenzerlösfunktion*, die Ableitung einer Kostenfunktion *Grenzkostenfunktion*, usw. An einer bestimmten Stelle ausgewertet erhalten wir ebenfalls in Entsprechung den *Grenzerlös*, die *Grenzkosten*, usw.

Tangentengleichung

Wollen wir die Geradengleichung einer Tangente durch den Punkt $(x_0, f(x_0))$ einer differenzierbaren Funktion f bestimmen, so betrachten wir zunächst ein Steigungsdreieck auf der Tangente, welches durch den Punkt $(x_0, f(x_0))$ und einen beliebigen weiteren Punkt (x, y) auf der Tangente gegeben ist. Es gilt dann mit Hilfe des entsprechenden Steigungsdreiecks aufgrund der Definition von $f'(x_0)$ wie in Abbildung 3.2 gezeigt:

$$f'(x_0) = \frac{y - f(x_0)}{x - x_0}.$$

Somit erhalten wir als Tangentengleichung

$$y = f(x_0) + f'(x_0)(x - x_0).$$

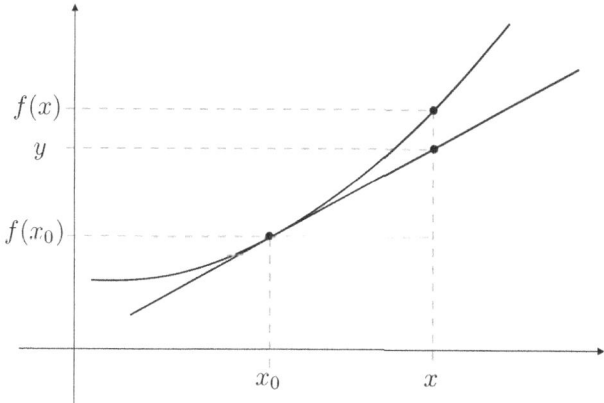

Abb. 3.2. Steigungsdreieck für die Tangentengleichung.

Das näherungsweise Änderungsverhalten einer Funktion

Da die Tangente an einer Stelle x_0 die beste lineare Näherung für die Funktion selbst ist, können wir also die Tangentengleichung zur Näherung der Funktion

f in der Umgebung der Stelle x_0 nutzen. Für x in der Nähe von x_0 gilt die Näherungsformel:

$$f(x) \approx f(x_0) + f'(x_0)(x - x_0).$$

Setzen wir $\Delta x = x - x_0$, so gilt also $x = x_0 + \Delta x$ und wir erhalten für kleine Werte von Δx:

$$f(x_0 + \Delta x) \approx f(x_0) + f'(x_0)\Delta x,$$

beziehungsweise für die absolute Änderung des Funktionswerts:

$$f(x_0 + \Delta x) - f(x_0) \approx f'(x_0) \cdot \Delta x.$$

Insbesondere sehen wir für $\Delta x = 1$, dass $f(x_0 + 1) - f(x_0) \approx f'(x_0)$ gilt. Wir können also sagen, dass $f'(x_0)$ näherungsweise angibt, um wieviel sich die Funktion f ändert, wenn das Argument x_0 um 1 erhöht wird.

Dies beantwortet nun auch die zu Beginn des ersten Kapitels gestellte Frage. Der Grenzgewinn an der Stelle $x = 100$ beträgt

$$G'(100) = -3 \cdot 100 + 402 = 102.$$

Entsprechend erhalten wir die Näherung

$$G(101) - G(100) \approx G'(100) = 102.$$

Verglichen mit dem tatsächlichen Wert $G(101) - G(100) = 100.5$ eine recht gute Näherung.

Beispiel

Wir betrachten die Funktion $f(x) = \sqrt{x}$ an der Stelle $x_0 = 100$. Es ist $f'(x) = \frac{1}{2\sqrt{x}}$ und es gilt

$$f(101) \approx f(100) + f'(100)(101 - 100) = 10 + \frac{1}{20} = 10.05.$$

Verglichen mit dem tatsächlichen Wert $f(101) = \sqrt{101} = 10.049875...$ eine sehr gute Näherung.

Wie gut ist die lineare Näherung?

Wie gut die Näherung einer Funktion f mittels der Tangente bei x_0 ist, hängt - wie ein kurzer Blick auf Abbildung 3.2 zeigt - von der *Krümmung* der Funktion f in der Umgebung von x_0 ab. Diese steht in engem Zusammenhang mit der zweiten Ableitung der Funktion f. Beliebig genaue Näherungen lassen sich mit Hilfe der Taylorentwicklung realisieren, die wir auf Seite 72 ansprechen werden.

Für ökonomische Funktionen kann jedoch davon ausgegangen werden, dass bei genügend großen Stückzahlen, der Grenzerlös, die Grenzkosten, der Grenzgewinn, etc. eine recht gute Näherung für die exakten Werte darstellen.

Relative Änderung

Kommen wir noch einmal auf die logarithmische Ableitung einer Funktion f an der Stelle x zurück:

$$\frac{d(\ln \circ f)}{dx}(x) = (\ln \circ f)'(x) = \frac{f'(x)}{f(x)}.$$

Wir betrachten also die Änderungsrate der Funktion f relativ zur Größe des Funktionswertes. Diese relative Sichtweise ist in vielen Zusammenhängen von Bedeutung und auch von Vorteil. Insbesondere ist sie unabhängig von der Skalierung. Mit unseren Überlegungen über die Näherungsgleichung

$$f'(x) \approx f(x+1) - f(x)$$

erhalten wir, dass

$$\frac{f'(x)}{f(x)} \approx \frac{f(x+1) - f(x)}{f(x)}.$$

Wir könnten also auch sagen: Die logarithmische Ableitung der Funktion f an der Stelle x gibt die näherungsweise relative Änderung von f an, wenn das Argument um 1 erhöht wird.

3.5 Aufgaben

Lösungen finden sich ab Seite 216.

1. Der Funktionswert $f(x_0 + \Delta x)$ lässt sich für kleine Werte von Δx annähern durch:
   - ○ $f(x_0) + \Delta x \cdot (f(x_0 + \Delta x) - f(x_0))$,
   - ○ $\Delta x \cdot f'(x_0)$,
   - ○ $f(x_0) + \Delta x \cdot f'(x_0)$,
   - ○ $f(x_0) + (\Delta x)^2 \cdot f'(x_0)$.

2. Betrachten Sie die Funktion $f : \mathbb{R} \to \mathbb{R}$ gegeben durch $f(x) = 4x^{\frac{3}{2}} + 2x + 10$ an der Stelle $x_0 = 16$.
   a) Bestimmen Sie die Tangentengleichung der Tangente an die Funktion f an der Stelle x_0.
   b) Um wieviel ändert sich der Funktionswert von f an der Stelle x_0 näherungsweise, wenn das Argument um 1 erhöht wird?
   c) Wie groß ist die relative Änderung näherungsweise bei einer Erhöhung des Arguments um 1?

3. Betrachten Sie die Funktion $g : \mathbb{R} \to \mathbb{R}$ gegeben durch $g(x) = \sqrt{x^2 - 3x + 10}$ an der Stelle $x_0 = 9$.
   a) Bestimmen Sie die Tangentengleichung der Tangente an die Funktion g an der Stelle x_0.

b) Um wieviel ändert sich der Funktionswert von g an der Stelle x_0 näherungsweise, wenn das Argument um 1 erhöht wird?

c) Wie groß ist die relative Änderung näherungsweise bei einer Erhöhung des Arguments um 1?

4. Gegeben sei die Kostenfunktion $K(x) = 50\sqrt{x} + 625$. Wie groß sind die Grenzkosten bei einem Produktionsniveau von $x_0 = 144$?

5. Gegeben sei die Kostenfunktion $K(x) = 30\frac{x^2+2x+10}{x} + 200$. Wie groß sind die Grenzkosten bei einem Produktionsniveau von $x_0 = 20$? Bei welchem Produktionsniveau betragen die Grenzkosten 27 Geldeinheiten?

6. Gegeben sei die Gewinnfunktion $G(x) = -x^2 + 100x - 1600$. Wie groß ist der Grenzgewinn bei

a) einem Produktionsniveau von $x_0 = 40$?

b) einem Produktionsniveau von $x_1 = 50$?

c) einem Produktionsniveau von $x_2 = 60$?

Interpretieren Sie die Ergebnisse. Wie groß ist jeweils die näherungsweise relative Änderung? Bei welchem Produktionsniveau liegt der Grenzgewinn bei 10 Geldeinheiten?

3.6 Mehr Spaß mit geometrischer Anschauung

In Anbetracht der Tatsache, dass eine im Punkt x differenzierbare Funktion f an der Stelle $(x, f(x))$ durch die Tangente an diesem Punkt linear approximiert wird, sehen wir zunächst:

▷   gilt $f'(x) > 0$, so ist f in einer Umgebung von x streng monoton steigend,

▷   gilt $f'(x) < 0$, so ist f in einer Umgebung von x streng monoton fallend.

Übertragen wir diese Interpretation auf die zweite Ableitung, so erhalten wir wie in 3.3 versinnbildlicht:

▷   gilt $f''(x) > 0$, so nimmt die Tangentensteigung von f in einer Umgebung von x streng monoton zu,

▷   gilt $f''(x) < 0$, so nimmt die Tangentensteigung von f in einer Umgebung von x streng monoton ab.

Anschaulich gesprochen bedeutet $f''(x) > 0$ also, dass der Graph der Funktion mit zunehmendem x eine Bewegung gegen den Uhrzeigersinn beschreibt oder salopp gesagt eine Linkskurve beschreibt. Wir sprechen in diesem Fall auch davon, dass der Graph der Funktion *konvex* ist.

Entsprechend bedeutet $f''(x) < 0$, dass der Graph der Funktion eine Bewegung im Uhrzeigersinn beschreibt, beziehungsweise eine Rechtskurve beschreibt. Wir sagen auch, der Graph der Funktion ist *konkav*.

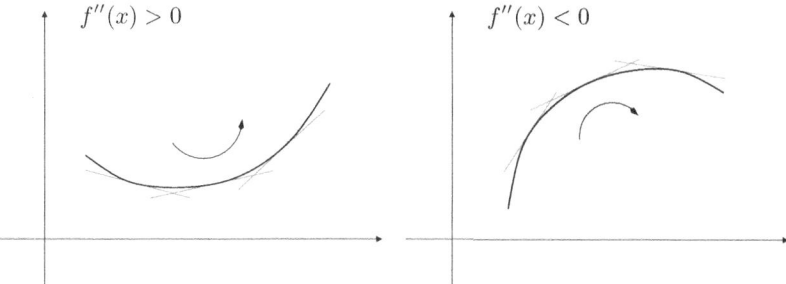

Abb. 3.3. Der Graph einer konvexen und einer konkaven Funktion.

Lokale Extremstellen

Eine Stelle x_0 aus dem Definitionsbereich D heißt *lokales Minimum (bzw. Maximum) von f*, falls für alle x in einer Umgebung von x_0 die Ungleichung $f(x_0) \leq f(x)$ (bzw. $f(x_0) \geq f(x)$) gilt. Stellen, an denen ein lokales Minimum oder Maximum vorliegt, nennen wir allgemein auch *lokale Extremstellen*.

Angesichts unserer obigen Interpretation über das Verhalten der ersten Ableitung erhalten wir die folgende *notwendige Bedingung*: Ist x_0 eine lokale Extremstelle von f, so gilt $f'(x_0) = 0$.

Diese Bedingung ist nicht hinreichend, um festzustellen, ob eine lokale Extremstelle vorliegt. Ein Beispiel dafür ist die Funktion $f(x) = x^3$. Es gilt $f'(0) = 3 \cdot 0^2 = 0$, aber $f(-x) < f(0) = 0 < f(x)$ für alle $x > 0$.

Offenbar ist eine *hinreichende Bedingung* für die Existenz eines lokalen Extremums, zusätzlich zu $f'(x_0) = 0$ zu verlangen, dass die Kurve an dieser Stelle konvex oder konkav ist. Ist $f'(x_0) = 0$, so liegt bei x_0 ein lokales Extremum vor, falls zusätzlich $f''(x_0) \neq 0$ gilt. Genauer ausgedrückt liegt ein

▷ lokales Minimum vor, falls $f''(x_0) > 0$, und ein
▷ lokales Maximum vor, falls $f''(x_0) < 0$ gilt,

wie aus Abbildung 3.3 hervorgeht.

Sehr einfaches Beispiel

Als Beispiel diskutieren wir die Funktion $f : \mathbb{R} \to \mathbb{R}$ gegeben durch

$$f(x) = \frac{1}{3}x^3 - x = \frac{1}{3}x(x^2 - 3),$$

die in Abbildung 3.4 skizziert ist. Da $f(-x) = -f(x)$ gilt, ist f punktsymmetrisch zum Ursprung. Die Nullstellen von f liegen offenbar bei $x = 0$ und $x = \pm\sqrt{3}$. Für die ersten drei Ableitungen erhalten wir $f'(x) = x^2 - 1$, $f''(x) = 2x$ und $f'''(x) = 2$. Wir erhalten die Kandidaten $x = \pm 1$ für lokale Extremstellen und sehen mittels $f''(-1) = -2$ und $f''(+1) = +2$, dass an der Stelle $x = -1$ ein lokales Maximum und an der Stelle $x = +1$ ein lokales Minimum vorliegt.

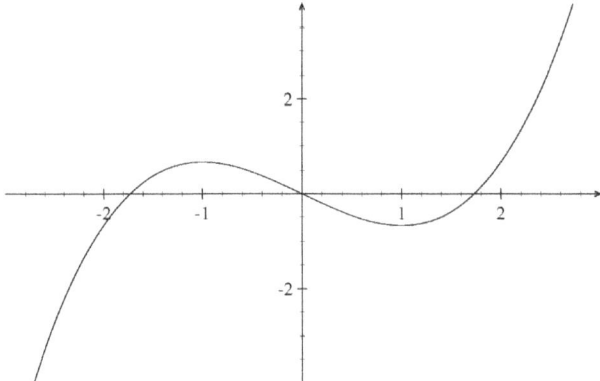

Abb. 3.4. Der Graph der Funktion $f(x) = \frac{1}{3}x^3 - x$.

Notwendig und Hinreichend?

Es besteht möglicherweise die Frage nach dem Unterschied dieser Begriffe.

Diese Begriffe beschreiben alltagssprachlich Sachverhalte im Zusammenhang mit einer *Implikation*. Wir sagen A *impliziert* B, wenn aus der Tatsache dass A gültig ist, folgt, dass auch B gültig sein muss. Mit anderen Worten, die Kenntnis der Gültigkeit von A ist *hinreichend* für die Gültigkeit von B. Und wenn A gültig ist, so muss *notwendigerweise* auch B gültig sein. Ohne in die Tiefen der Logik einzusteigen schreiben wir gerne $A \Rightarrow B$ für diesen Sachverhalt.

Beispielsweise ist ein Abitur *hinreichend* für den Besitz einer Hochschulzugangsberechtigung. Wer ein Abitur hat, besitzt *notwendigerweise* auch eine Hochschulzugangsberechtigung.

Im Falle der Existenz von lokalen Extremstellen haben wir also folgende Implikationen:

$$f'(x_0) = 0 \text{ und } f''(x_0) \neq 0 \Rightarrow \text{lokale Extremstelle bei } x_0 \Rightarrow f'(x_0) = 0.$$

Umkehrschluss

Auch in Tageszeitungen und der Politik ist oft vom Umkehrschluss zu lesen und zu hören. In der Mathematik sprechen wir auch von der *Kontraposition*. Sehr oft wird dieser Begriff falsch verwendet.

Angenommen es gilt die Implikation $A \Rightarrow B$. Beim Umkehrschluss geht es um die Frage, welche Implikation für die *Negationen* $\neg A$ und $\neg B$ gilt. In der Tat dreht sich dann das Implikationssymbol um: $\neg B \Rightarrow \neg A$.

Für das vorherige Beispiel lautet der Umkehrschluss: Wer keine Hochschulzugangberechtigung hat, besitzt auch kein Abitur. Offenbar falsch wäre hingegen die Aussage: Wer kein Abitur hat, besitzt auch keine Hochschulzugangsberechtigung.

Oder um ein Beispiel aus der Politik zum Thema Datenschutz zu nehmen. Offensichtlich ist die folgende Implikation wahr: "Wer keine Angst davor hat, von staatlicher Seite überwacht zu werden, der hat auch nichts zu verbergen."

Der zulässige Umkehrschluß ist der folgende: "Wer etwas zu verbergen hat, muss sich vor staatlicher Überwachung fürchten." Politiker hingegen verwenden gerne den nicht gültigen Umkehrschluß: "Wer nichts zu verbergen hat, der muss sich auch nicht vor staatlicher Überwachung fürchten."

Wende- und Sattelstellen

Vollführt eine Kurve an einer Stelle x_0 eine Änderung von einer Rechts- in eine Linkskurve oder umgekehrt wie in Abbildung 3.5 dargestellt, so sprechen wir von einer *Wendestelle*. Es ist an einer solchen notwendigerweise $f''(x_0) = 0$. Ein hinreichendes Kriterium ist erfüllt, wenn an der Stelle zusätzlich $f'''(x_0) \neq 0$ gegeben ist. Falls $f'''(x_0) > 0$ gilt, so wechselt $f''(x)$ an der Stelle x_0 offenbar das Vorzeichen von negativ zu positiv und wir haben demnach eine *konkav-konvexe* Wendestelle. Im Falle $f'''(x_0) < 0$ liegt entsprechend eine *konvex-konkave* Wendestelle vor.

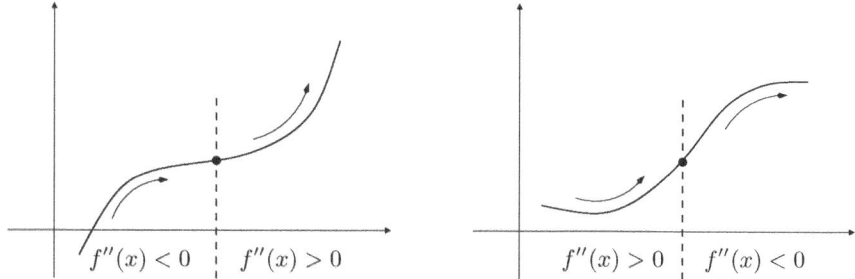

Abb. 3.5. Eine konkav-konvexe und eine konvex-konkave Wendestelle.

Ein Beispiel einer Funktion mit $f''(x_0) = 0$, bei der an der Stelle x_0 keine Wendestelle vorliegt, ist die Funktion $f(x) = x^4$ mit $x_0 = 0$.

Ist an einer Wendestelle x_0 zusätzlich die erste Ableitung gleich Null, so sprechen wir von einer *Sattelstelle*.

Stelle versus Punkt

Wenn wir von einer *Extremstelle, Wendestelle* oder *Sattelstelle* einer Funktion f reden, so meinen wir den Wert des Arguments x an dem f die entsprechende Eigenschaft aufweist. Mit *Extrempunkt, Wendepunkt* beziehungsweise *Sattelpunkt* bezeichnen wir hingegen den Punkt (x, y) in der (x, y)-Ebene, so dass f an der Stelle x entsprechend eine *Extremstelle, Wendestelle* beziehungsweise *Sattelstelle* aufweist und $y = f(x)$ gilt.

Sehr einfaches Beispiel - Fortführung

Wir führen das sehr einfache Beispiel von Seite 69 fort. Wegen $f''(x) = 2x$ ist $x = 0$ der einzige Kandidat für eine Wendestelle. Mit $f'''(0) = 2$ sehen wir, dass es sich in der Tat um eine konkav-konvexe Wendestelle handelt.

Einfaches Beispiel

Als weiteres Beispiel diskutieren wir die Funktion $f : \mathbb{R} \to \mathbb{R}$ mit $f(x) = \frac{x^2}{1+x^2}$. Da $f(-x) = f(x)$ gilt, ist f symmetrisch zur y-Achse. Bei $x = 0$ liegt offenbar die einzige Nullstelle vor.

Ferner ergibt sich für die ersten drei Ableitungen

$$f'(x) = \frac{2x(1+x^2) - x^2 \cdot 2x}{(1+x^2)^2} = \frac{2x}{(1+x^2)^2},$$

$$f''(x) = \frac{2(1+x^2)^2 - 2x \cdot 2(1+x^2) \cdot 2x}{(1+x^2)^4} = \frac{2 - 6x^2}{(1+x^2)^3},$$

$$f'''(x) = \frac{-12x(1+x^2)^3 - (2 - 6x^2)3(1+x^2)2 \cdot 2x}{(1+x^2)^6}$$

$$= \frac{-12x(1+x^2) - (2 - 6x^2)3 \cdot 2x}{(1+x^2)^4} = \frac{24x(x^2 - 1)}{(1+x^2)^4}.$$

Die einzige Nullstelle von f' liegt bei $x = 0$ vor und an dieser Stelle gilt $f''(0) = 2 > 0$. Bei $x = 0$ liegt also ein lokales Minimum vor.

Die Nullstellen von f'' liegen bei $x = \pm\sqrt[2]{\frac{1}{3}}$ und es ist $f'''(+\sqrt[2]{\frac{1}{3}}) < 0$ und $f'''(-\sqrt[2]{\frac{1}{3}}) > 0$. Somit liegt an der Stelle $+\sqrt[2]{\frac{1}{3}}$ eine konkav-konvexe und an der Stelle $-\sqrt[2]{\frac{1}{3}}$ eine konvex-konkave Wendestelle von f vor.

Ferner strebt für x gegen $+\infty$ oder $-\infty$ die Funktion f gegen den Wert 1, was sich gut an folgender Rechnung sehen lässt.

$$f(x) = \frac{x^2}{1 + x^2} = \frac{x^2}{x^2(\frac{1}{x^2} + 1)} = \frac{1}{\frac{1}{x^2} + 1},$$

wobei $\frac{1}{x^2}$ für x gegen $+\infty$ oder $-\infty$ gegen 0 strebt. Mit den vorliegenden Informationen lässt sich die Funktion f nun sehr gut skizzieren wie in Abbildung 3.6 gezeigt.

Die Taylorentwicklung einer Funktion

Ist f eine n mal differenzierbare Funktion, so lässt sich f mit Hilfe eines Polynoms – dem *Taylorpolynom* – vom Grad n approximieren:

$$f(x + h) \approx f(x) + f'(x) \cdot h + \frac{f''(x)}{2!} \cdot h^2 + \frac{f'''(x)}{3!} \cdot h^3 + \cdots + \frac{f^{(n)}(x)}{n!} \cdot h^n,$$

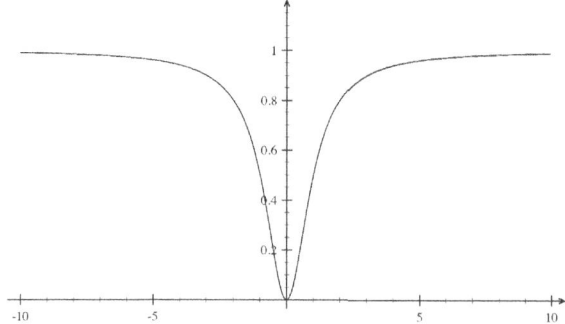

Abb. 3.6. Der Graph der Funktion f gegeben durch $f(x) = \frac{x^2}{1+x^2}$.

wobei die Approximation mit steigendem n immer genauer wird.

Betrachten wir beispielsweise die Sinusfunktion $f(x) = \sin x$. Zunächst gilt

$$f^{(n)}(x) = \begin{cases} +\sin x, & \text{falls } n \text{ von der Gestalt } n = 4k \text{ ist,} \\ +\cos x, & \text{falls } n \text{ von der Gestalt } n = 4k+1 \text{ ist,} \\ -\sin x, & \text{falls } n \text{ von der Gestalt } n = 4k+2 \text{ ist,} \\ -\cos x, & \text{falls } n \text{ von der Gestalt } n = 4k+3 \text{ ist.} \end{cases}$$

Für das Taylorpolynom vom Grad 7 an der Stelle $x = 0$ erhalten wir somit beispielsweise

$$\sin h \approx 0 + 1 \cdot h + \frac{0}{2!} \cdot h^2 + \frac{-1}{3!} \cdot h^3 + \frac{0}{4!} \cdot h^4 + \frac{+1}{5!} \cdot h^5 + \frac{0}{6!} \cdot h^6 + \frac{-1}{7!} \cdot h^7$$
$$= h - \frac{1}{6}h^3 + \frac{1}{120}h^5 - \frac{1}{5040}h^7$$

Die Sinusfunktion und das Näherungspolynom vom Grad 7 sind in Abbildung 3.7 abgebildet.

3.7 Aufgaben

Lösungen finden sich ab Seite 217.

1. Angenommen es gelte $f''(x_0) < 0$ an einer Stelle x_0. Dann gilt:
   ○ Die Funktion f fällt monoton bei x_0.
   ○ Die Funktion f' fällt monoton bei x_0.
   ○ Die Funktion f hat bei x_0 eine positive Steigung.
   ○ Die Tangentensteigungen von f nehmen bei x_0 mit zunehmendem x-Wert ab.
2. Für die Existenz eines lokalen Maximums an der Stelle x_0

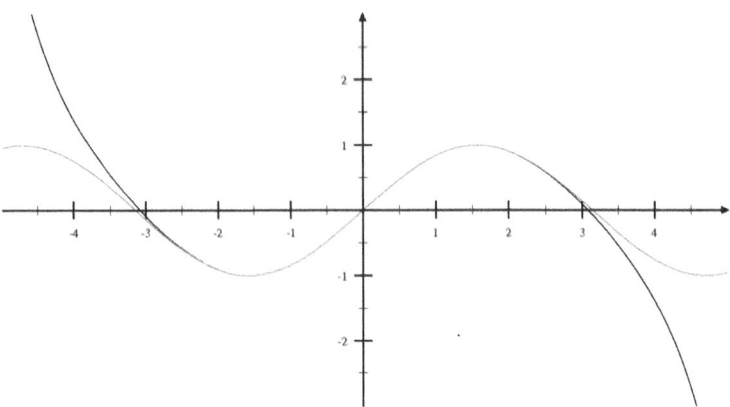

Abb. 3.7. Die Sinuskurve in grau und das Taylorpolynom in schwarz.

  ◯ ist $f'(x_0) = 0$ eine hinreichende Bedingung.
  ◯ ist $f'(x_0) = 0$ eine notwendige Bedingung.
  ◯ ist $f'(x_0) = 0$ und $f''(x_0) > 0$ eine hinreichende Bedingung.
  ◯ ist $f'(x_0) = 0$ und $f''(x_0) < 0$ eine hinreichende Bedingung.
3. Der Umkehrschluß der Aussage "Wenn es geregnet hat, dann ist die Straße nass." lautet
  ◯ "Wenn es nicht geregnet hat, dann ist die Straße auch nicht nass."
  ◯ "Wenn die Straße nicht nass ist, dann hat es auch nicht geregnet."
4. Der Umkehrschluß der Aussage "Wer regelmäßig an den Tutorien teilnimmt und sich dort auch rege beteiligt, der besteht die Klausur." lautet
  ◯ "Wer regelmäßig an den Tutorien teilnimmt und sich dort nicht rege beteiligt, der besteht die Klausur nicht."
  ◯ "Wer nicht regelmäßig an den Tutorien teilnimmt und sich dort aber rege beteiligt, der besteht die Klausur nicht."
  ◯ "Wer die Klausur nicht bestanden hat, der hat nicht regelmäßig an den Tutorien teilgenommen oder sich an diesen nicht rege beteiligt."
  ◯ "Wer die Klausur nicht bestanden hat, der hat nicht regelmäßig an den Tutorien teilgenommen und sich an diesen nicht rege beteiligt."

Die Kurvendiskussion einer Funktion f umfasst im Allgemeinen die folgenden Punkte:

▷ Untersuchung von Symmetrieverhalten.
▷ Bestimmung der Nullstellen.
▷ Bestimmung lokaler Extrema.
▷ Bestimmung von Wende- und Sattelstellen.

▷ Bestimmung des Verhaltens der Funktion an den Rändern des Definitions-
   bereiches und im Unendlichen.
▷ Eine Tabelle weiterer Funktionswerte.
▷ Skizzieren der Funktion f.
▷ Bestimmung des Wertebereichs.

5. Diskutieren Sie die Funktion $f : \mathbb{R} \to \mathbb{R}$ gegeben durch

$$f(x) = x^4 - 8x^2 + 16.$$

6. Diskutieren Sie die Funktion $g : \mathbb{R} \setminus \{-1, +1\} \to \mathbb{R}$ gegeben durch

$$g(x) = \frac{2x^3 + 3x}{x^2 - 1}.$$

7. Gegeben sei die Funktion $h : \mathbb{R} \to \mathbb{R}$ durch $h(x) = e^x - x - 1$.
   a) Besitzt h lokale Extremstellen?
   b) In welchen Bereichen steigt und fällt die Funktion h streng monoton?
   c) Welches Krümmungsverhalten weist h auf?
8. Betrachten Sie die Kostenfunktion $K(x) = 2x^3 - 30x^2 + 180x + 200$ auf
   dem Definitionsbereich $D = [0, 10]$.
   a) Besitzt die Kostenfunktion im Definitionsbereich lokale Extremstellen?
   b) Welches Monotonieverhalten zeigt die Funktion im Definitionsbereich?
   c) Bestimmen Sie Wendestellen der Kostenfunktion im Definitionsbe-
      reich.
   d) Mit welchen Kosten ist maximal zu rechnen?
   e) Bestimmen Sie die variablen und die Stückkosten.
   f) Bestimmen Sie das Betriebsminimum.
9. Betrachten Sie eine allgemeine Kostenfunktion dritten Grades $K(x) =$
   $\frac{1}{3}x^3 + ax^2 + bx + c$. Formulieren Sie Bedingungen an a, b, c, die garantieren,
   dass K eine streng monoton steigende Kostenfunktion ist.
10. Betrachten Sie eine Produktionsfunktion dritten Grades von der Form
    $x(r) = r^3 + ar^2 + br$. Formulieren Sie Bedingungen an a und b, die
    garantieren, dass x eine ertragsgesetzliche Produktionsfunktion auf dem
    Intervall $[0, \infty)$ ist.
11. Es sei die Kostenfunktion $K(x) = \frac{1}{3}x^3 - 6x^2 + 40x + 100$ gegeben. Der
    Stückpreis eines produzierten Gutes betrage $p = 29$.
    a) Bestimmen Sie die Gewinnfunktion G.
    b) Bestimmen Sie das Gewinnmaximum.
    c) An welcher Stelle erreichen die Grenzkosten ihr Minimum? Wie groß
       sind diese Grenzkosten?
12. Gegeben sind die Kostenfunktion $K(x) = 200 + 5x + \ln(2x)$ und die Preis-
    absatzfunktion $p(x) = 125 - 3x + \frac{\ln(2x)}{x}$. Bestimmen Sie den maximalen
    Gewinn und den maximalen Durchschnittsgewinn. Vergleichen Sie den
    maximalen Durchschnittsgewinn mit dem Durchschnittsgewinn beim Ge-
    winnmaximum.

13. Bestimmen Sie das Taylorpolynom vom Grad 6 an der Stelle $x = 0$ für die Funktion $f(x) = \cos(x)$.

3.8 Elastizität

Erinnern wir uns an unsere Interpretation der Ableitung einer Funktion f an einer Stelle x im Sinne des approximativen Verhaltens: $f'(x)$ gibt näherungsweise an, um wieviel sich die Funktion f ändert, wenn das Argument x um 1 erhöht wird. Hierbei handelt es sich also um absolute Werte. Bei der Elastizität geht es um eine sehr verwandte Fragestellung, nämlich um eine Näherung für das relative Änderungsverhalten einer Funktion. Genauer suchen wir zu einer gegebenen Funktion f eine Funktion $\varepsilon_f(x)$, die angibt, um wieviel *Prozent* sich die Funktion f ändert, wenn das Argument x um 1 *Prozent* erhöht wird.

Die Elastizität der Nachfrage

Betrachten wir zum Beispiel die bereits betrachtete lineare Nachfragefunktion $x(p) = -\frac{2}{3}p + 300$ mit dem Definitionsbereich $D = [0, 450]$ und der konstanten Ableitung $x'(p) = -\frac{2}{3}$. Bei einem Preis von beispielsweise $p_0 = 90$ beträgt die Nachfrage $x_0 = x(90) = 240$. Erhöhen wir den Preis um 1 Prozent, so erhalten wir den Preis $p_1 = p_0 \cdot 1.01 = 90.9$. Für diesen Preis beträgt die Nachfrage $x_1 = x(90.9) = 239.4$. Die relative Änderung der Nachfrage beträgt also

$$\frac{x_1 - x_0}{x_0} = \frac{-0.6}{240} = -0.0025 = -0.25\%.$$

Die Nachfrage geht bei einem Preisniveau von $p_0 = 90$ also um 0.25 Prozent zurück, wenn der Preis um 1 Prozent steigt.

Nun schauen wir uns die Situation für einen Ausgangspreis von $p_0 = 390$ an. Wir haben $x_0 = x(390) = 40$, $p_1 = p_0 \cdot 1.01 = 393.9$ und $x_1 = x(393.9) = 37.4$. Die relative Änderung der Nachfrage beträgt also

$$\frac{x_1 - x_0}{x_0} = \frac{-2.6}{40} = -0.065 = -6.5\%,$$

eine vom Betrag her deutlich höhere prozentuale Nachfrageänderung im Vergleich zu der vorher betrachteten Situation.

Bogenelastizität

Schauen wir die Situation noch einmal grundsätzlicher an. Im Allgemeinen betrachten wir eine Funktion $f : D \to \mathbb{R}$ an einer Stelle x_0. Erhöht sich das Argument auf x_1, so beträgt die relative Änderung des Arguments

$$\frac{x_1 - x_0}{x_0}.$$

Die relative Änderung der Funktion f beträgt

$$\frac{f(x_1) - f(x_0)}{f(x_0)}.$$

Fragen wir uns also nach der relativen Änderung von f pro Prozentpunkt der Änderung des Arguments, so erhalten wir den Bruch

$$\frac{\frac{f(x_1)-f(x_0)}{f(x_0)}}{\frac{x_1-x_0}{x_0}} = \frac{f(x_1) - f(x_0)}{x_1 - x_0} \cdot \frac{x_0}{f(x_0)}.$$

Dieser Ausdruck wird als *Bogenelastizität* bezeichnet.

Elastizität

Offenbar ist der erste Quotient $\frac{f(x_1)-f(x_0)}{x_1-x_0}$ in der Bogenelastizität ein Differenzenquotient. Betrachten wir also Änderungen $x_1 - x_0$, bei denen x_1 gegen x_0 tendiert, so strebt dieser Quotient gegen die Ableitung $f'(x_0)$. Wir erhalten also den Ausdruck

$$\varepsilon_f(x_0) = f'(x_0) \cdot \frac{x_0}{f(x_0)},$$

der als *Elastizität der Funktion f bezüglich des Arguments x_0* bezeichnet wird. Die Funktion ε_f wird entsprechend als *Elastizitätsfunktion* bezeichnet.

Fassen wir noch einmal zusammen: der Wert $\varepsilon_f(x)$ der Elastizitätsfunktion gibt, bei einer Erhöhung des Arguments x um ein Prozent, einen Näherungswert für die prozentuale Änderung des Funktionswertes $f(x)$ an.

Begrifflichkeiten

Für die Werte der Elastizitätsfunktion in bestimmten Bereichen haben sich Begrifflichkeiten etabliert, die wir kurz benennen möchten.

▷ Ist $\varepsilon_f(x_0) = 0$, so ist f bei x_0 *vollkommen unelastisch*.
▷ Liegt $\varepsilon_f(x_0)$ vom Betrage her zwischen 0 und 1, so ist f bei x_0 *unelastisch*.
▷ Ist $\varepsilon_f(x_0) = \pm 1$, so ist f bei x_0 *proportional elastisch*. Eine Änderung des Arguments um ein Prozent führt zu einer einprozentigen Änderung des Funktionswertes.
▷ Ist $\varepsilon_f(x_0)$ vom Betrage her größer als 1, so ist f bei x_0 *elastisch*.
▷ Nähert sich $\varepsilon_f(x)$ plus oder minus unendlich, wenn x gegen x_0 strebt, so ist f bei x_0 *vollkommen elastisch*.

Zurück zur Nachfrage

Kommen wir auf das bereits betrachtete Beispiel der linearen Nachfragefunktion $x(p) = -\frac{2}{3}p + 300$ zurück. Die Elastizitätsfunktion der Nachfrage bezüglich des Preises ist

$$\varepsilon_x(p) = x'(p) \cdot \frac{p}{x(p)} = \frac{-\frac{2}{3}p}{-\frac{2}{3}p + 300} = \frac{p}{p - 450}.$$

Berechnen wir die Werte der Funktion an den Stellen $p = 90$ und $p = 390$, so erhalten wir

$$\varepsilon_x(90) = \frac{90}{-360} = -0.25$$

und

$$\varepsilon_x(390) = \frac{390}{-60} = -6.5.$$

Die Werte stimmen in diesem Fall also mit den zuvor berechneten exakt überein. *Beachte, dass die Elastizitätsfunktion bereits die Prozentpunkte angibt.* Das Ergebnis muss nicht mehr in Prozent umgerechnet werden.

Wir sehen ferner, dass bei $p = 0$ die Nachfrage vollkommen unelastisch, und bei $p = 450$ die Frage vollkommen elastisch ist, da $\varepsilon_x(p) \to -\infty$ für $p \to 450$. Für proportionale Elastizität muss

$$\varepsilon_x(p) = \frac{p}{p - 450} = -1$$

gelten und diese liegt beim Preis $p = 225$ vor. Somit ist die Nachfrage unelastisch im Intervall $(0, 225)$ und elastisch im Intervall $(225, 450)$.

Elastizität mit der logarithmischen Brille

Mit Hilfe des Konzepts der logarithmischen Ableitung ergibt sich für die Ableitung der Funktion $\ln f(x)$ nach $\ln(x)$:

$$\frac{d\ln f(x)}{d\ln x} = \frac{\frac{d\ln f(x)}{dx}}{\frac{d\ln x}{dx}} = \frac{\frac{f'(x)}{f(x)}}{\frac{1}{x}} = f'(x) \cdot \frac{x}{f(x)} = \varepsilon_f(x).$$

In einigen Fällen ist dies praktisch zur Berechnung der Elastizität. Haben wir es beispielsweise mit der Funktion $f(x) = c \cdot x^\alpha$ zu tun, so gilt $\ln f(x) = \ln c + \alpha \ln x$ und wir erhalten für die Elastizität von f:

$$\varepsilon_f(x) = \frac{d\ln f(x)}{d\ln x} = \alpha.$$

Rechenregeln für die Elastizität

Analog zu den Ableitungsregeln gelten ein paar einfache Regeln für die Elastizität.

▷ Für alle reellen Zahlen α ungleich Null gilt:

$$\varepsilon_{\alpha f}(x) = \alpha f'(x)\frac{x}{\alpha f(x)} = \varepsilon_f(x).$$

▷ Sind f und g Funktionen, so gilt:

$$\varepsilon_{f \cdot g}(x) = (f'(x)g(x) + f(x)g'(x))\,\frac{x}{f(x) \cdot g(x)} = \varepsilon_f(x) + \varepsilon_g(x).$$

▷ Sind f und g Funktionen, $g(x) \neq 0$ im Definitionsbereich, so gilt:

$$\varepsilon_{\frac{f}{g}}(x) = \frac{f'(x)g(x) - f(x)g'(x)}{(g(x))^2} \cdot \frac{x}{\frac{f(x)}{g(x)}} = \varepsilon_f(x) - \varepsilon_g(x).$$

▷ Sind f und g Funktionen, so folgt mit Hilfe der Identität $f'(x)x = \varepsilon_f(x)f(x)$:

$$\varepsilon_{f+g}(x) = (f'(x) + g'(x))\frac{x}{f(x) + g(x)} = \frac{\varepsilon_f(x) \cdot f(x) + \varepsilon_g(x) \cdot g(x)}{f(x) + g(x)}.$$

Elastizität der Umkehrfunktion

In unserem Beispiel haben wir uns mit der Elastizität $\varepsilon_x(p)$ der Nachfrage in Abhängigkeit des Preises beschäftigt. Selbstverständlich können wir auch die Elastizität $\varepsilon_p(x)$ des Preises in Abhängigkeit der Nachfrage betrachten. Da $x(p)$ und $p(x)$ Umkehrfunktionen voneinander sind, stellt sich die Frage, wie die Elastizitätsfunktionen miteinander zusammen hängen.

Wir betrachten dies allgemein: seien f und g Umkehrfunktionen voneinander. Aus $y(f(x)) = x$ folgt mit der Kettenregel $g'(f(x))f'(x) = 1$. Setzen wir $y = f(x)$, so folgt $g(y) = g(f(x)) = x$ und wir erhalten:

$$\varepsilon_f(x) = f'(x)\frac{x}{f(x)} = \frac{1}{g'(f(x))} \cdot \frac{x}{f(x)} = \frac{1}{g'(y)} \cdot \frac{g(y)}{y} = \frac{1}{\varepsilon_g(y)}.$$

Kommen wir zu unserem Beispiel zurück. Zunächst hatten wir

$$\varepsilon_x(p) = \frac{p}{p - 450}.$$

Für $\varepsilon_p(x)$ erhalten wir:

$$\varepsilon_p(x) = p'(x)\frac{x}{p(x)} = -\frac{3}{2} \cdot \frac{x}{-\frac{3}{2}x + 450} = \frac{x}{x - 300}.$$

Für $p = 90$ haben wir $x(90) = 240$. Wir hatten bereits berechnet, dass $\varepsilon_x(90) = -0.25$ gilt. Berechnen wir nun

$$\varepsilon_p(240) = \frac{240}{-60} = -4$$

und es stellt sich in der Tat heraus

$$\varepsilon_x(90) = -0.25 = \frac{1}{-4} = \frac{1}{\varepsilon_p(240)}.$$

3.9 Aufgaben

Lösungen finden sich ab Seite 220.

1. Angenommen es gelte für die Elastizität einer Nachfragefunktion $\varepsilon_x(80) = -0.3$. Dann sinkt die Nachfrage näherungsweise
   ○ um 1%, wenn der Preis von 80 um 30% erhöht wird.
   ○ um 1%, wenn der Preis von 80 um 0.3% erhöht wird.
   ○ um 30%, wenn der Preis von 80 um ein Prozent erhöht wird.
   ○ um 0.3%, wenn der Preis von 80 um ein Prozent erhöht wird.
2. Angenommen es gelte für die Elastizität einer Nachfragefunktion $3\varepsilon_x(100) = -1.1$. Dann sinkt die Nachfrage näherungsweise
   ○ um 1.1%, wenn der Preis von 100 um 1% erhöht wird.
   ○ um 1.1%, wenn der Preis von 100 um 3% erhöht wird.
   ○ um 3%, wenn der Preis von 100 um 1.1% erhöht wird.
   ○ um 3%, wenn der Preis von 100 um 110% erhöht wird.
3. Angenommen es gelte für die Elastizität einer Kostenfunktion $2\varepsilon_K(145) = -2$. Dann ist die Kostenfunktion bei einem Produktionsniveau von $x = 145$
   ○ elastisch.
   ○ vollkommen elastisch.
   ○ unelastisch.
   ○ proportional elastisch.
4. Bestimmen Sie für die folgenden Funktionen die Elastizitätsfunktion. Nutzen Sie dabei, wenn möglich, für die Elastizität geltende Rechenregeln.
   a) $f(x) = 20x^2$
   b) $g(x) = -13\sin x$
   c) $h(x) = 35x^2 \sin x$
   d) $j(x) = 35\frac{x^2}{\sin x}$
   e) $k(x) = x \cdot e^x$
   f) $l(x) = 35\frac{x^2}{\sin x} + x \cdot e^x$
5. Bestimmen Sie die Elastizitätsfunktion der Funktion $f : \mathbb{R} \to \mathbb{R}$ gegeben durch $f(x) = 4x^{\frac{3}{2}} + 2x + 10$. Wie groß ist die Elastizität bei $x_0 = 16$?
6. Bestimmen Sie die Elastizitätsfunktion der Funktion $g(x) = \sqrt{x^2 - 3x + 10}$. Wie groß ist die Elastizität bei $x_0 = 9$?

7. Gegeben sei die Preisfunktion $p(x)$ mit der Funktionsvorschrift

$$p(x) = \frac{200 - 4x}{20 + x}.$$

   a) Bestimmen Sie die Elastizitätsfunktionen des Preises und der Nachfrage.

   b) Wenn bei einem Ausgangspreis von $p_0 = 6$ der Preis um 2 Prozent gesenkt wird, um wieviel ändert sich dann näherungsweise die Nachfrage?

   c) Bei welchem Preisniveau führt eine zweiprozentige Steigerung des Preises zu einem Nachfragerückgang von näherungsweise einem Prozent?

8. Gegeben sei die Preisfunktion $p(x)$ mit der Funktionsvorschrift

$$p(x) = \frac{600 - 2x}{15 + 3x}.$$

   a) Bestimmen Sie die Elastizitätsfunktionen des Preises und der Nachfrage.

   b) Wenn bei einem Ausgangspreis von $p_0 = 10$ der Preis um 3 Prozent erhöht wird, um wieviel ändert sich dann näherungsweise die Nachfrage?

   c) Bei welchem Preisniveau führt ein einprozentiger Rückgang des Preises zu einer Nachfragesteigerung von näherungsweise einem Prozent?

4

Integralrechnung

Agenda. Anhand eines Mittelwertbildungsprozesses motivieren wir den Begriff des Integrals. Das Integral dient zur Bestimmung des Flächeninhalts zwischen der Abszisse und dem Graph einer Funktion auf einem gegebenen Intervall. Wir besprechen den Zusammenhang zwischen Differential- und Integralrechnung in Form des Hauptsatzes der Differential- und Integralrechnung. Als Anwendung diskutieren wir den Gini-Koeffizienten als Maß für Einkommens- und Vermögensungleichheit und auch als Maß für Marktkonzentration.

4.1 Mittelwerte über ein zeitliches Kontinuum

Betrachten wir den Aktienkurs der Schuh & Leder AG im Verlaufe eines Handelstages. Angenommen der Handelstag war turbulent und wir sind am durchschnittlichen Kurs, am *(Tages-)Mittelwert* des Kurses interessiert. Wir haben es also mit einem Mittelungsprozess über einen Zeitraum von einem Handelstag zu tun.

Wir identifizieren der Einfachheit halber den Zeitraum des Handelstages mit dem Intervall $[0, 1]$. Der Aktienkurs zur Zeit $t \in [0, 1]$ sei durch $S(t)$ repräsentiert. Beispielsweise gibt $S(0) = 8$ den Kurs zu Beginn des Handelstages, $S(0.5) = 9.25$ den Kurs zur Mitte des Handelstages und $S(1) = 9.75$ den Kurs zum Handelsschluss wieder. Der gesamte Tagesverlauf des Kurses ist in Abbildung 4.1 dargestellt.

Eine erste Näherung

Als erste Näherung für einen Tagesmittelwert mag der Wert $S(0) = 8$ herangezogen werden. Wir können diesen mittels eines *Säulendiagramms* repräsentieren, siehe Abbildung 4.2. Da die Säule die Breite 1 hat, entspricht die Fläche der Säule der ersten Näherung mit dem Wert 8. Ein Blick auf den Verlauf des Kurses über den gesamten Handelstag zeigt jedoch, dass der Wert 8 einen zu niedrigen Wert repräsentiert.

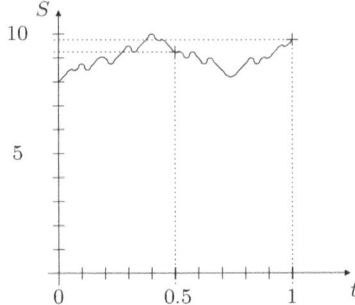

Abb. 4.1. Der Kursverlauf der Schuh & Leder AG-Aktie im Verlaufe eines Handelstages.

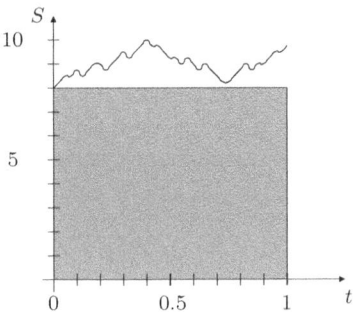

Abb. 4.2. Das Säulendiagramm, welches die erste Näherung repräsentiert.

Eine zweite Näherung

Um eine bessere Näherung für den Tagesmittelwert zu erhalten, sollten wir mehrere Werte in Betracht ziehen. In einem ersten Schritt halbieren wir das Zeitintervall und betrachten die Werte $t_0 = 0$ zum Handelsbeginn und $t_1 = 0.5$ zur Tagesmitte und bilden das *arithmetische Mittel* aus diesen beiden Werten:

$$\frac{1}{2}\left(S(t_0) + S(t_1)\right) = \frac{1}{2}\left(S(0) + S(0.5)\right) = \frac{1}{2}\left(8 + 9.25\right) = 8.625.$$

Die zweite Näherung ist in Abbildung 4.3 wiederum mittels eines Säulendiagramms dargestellt. Da in diesem Fall die Breite der Säulen entsprechend den Wert 0.5 betragen, entspricht die zweite Näherung auch hier der Gesamtfläche der Säulen.

Eine dritte Näherung

Je mehr Werte wir in Betracht ziehen, desto besser wird sicherlich unsere Näherung. Teilen wir also den Handelstag in zehn Teile und bilden das arithmetische Mittel über die Werte $S(0), S(0.1), S(0.2), \ldots, S(0.9)$:

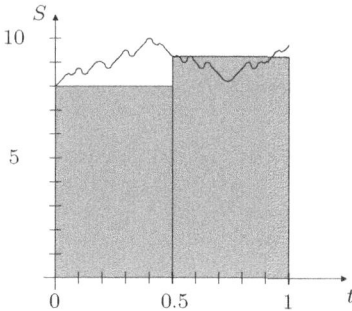

Abb. 4.3. Das Säulendiagramm, welches die zweite Näherung repräsentiert.

$$\frac{1}{10}\,(8+8.75+9+9.5+10+9.25+9+8.5+8.75+9) = \frac{1}{10}89.75 = 8.975.$$

Mit Hilfe der Summenschreibweise, haben wir also mit den Zeiten $t_0 = 0, t_1 = 0.1, \ldots, t_9 = 0.9$

$$\frac{1}{10}(S(t_0) + S(t_1) + \cdots + S(t_9)) = \sum_{i=0}^{9} S(t_i)\frac{1}{10}$$

berechnet. Die Summanden $S(t_0)\frac{1}{10}, S(t_1)\frac{1}{10}, \ldots, S(t_9)\frac{1}{10}$ entsprechen dabei wieder den Flächen der Säulen des zugehörigen Säulendiagramms, siehe Abbildung 4.4. Die Gesamtfläche entspricht also der Summe und somit wieder

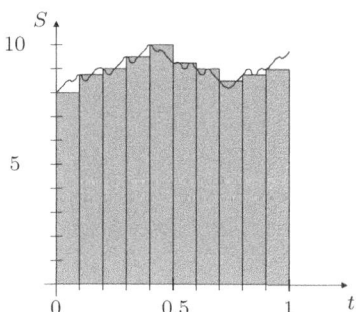

Abb. 4.4. Das Säulendiagramm, welches die dritte Näherung repräsentiert.

dem neuen Näherungswert.

Eine vierte Näherung

Teilen wir dieses Mal den Handelstag in zwanzig Teile und mitteln über die Werte $S(0), S(0.05), S(0.1), S(0.15), \ldots, S(0.9), S(0.95)$:

$$\frac{1}{20}(8+8.5+8.75+8.75+9+9+9.5+9.5+10+9.75+9.25+9$$

$$+9+9+8.5+8.258.75+8.75+9+9.5) = \frac{1}{20}179.75 = 8.9875.$$

Mit Hilfe der Summenschreibweise haben wir also mit den Zeiten $t_0 = 0, t_1 = 0.05, t_2 = 0.1, \ldots, t_{19} = 0.95$

$$\frac{1}{20}(S(t_0) + S(t_1) + \cdots + S(t_{19})) = \sum_{i=0}^{19} S(t_i)\frac{1}{20}$$

berechnet. Die Summanden $S(t_0)\frac{1}{20}, S(t_1)\frac{1}{20}, \ldots, S(t_{19})\frac{1}{20}$ entsprechen dabei wieder den Flächen der Säulen des zugehörigen Säulendiagramms, siehe Abbildung 4.5. Die Gesamtfläche entspricht also der Summe und somit wieder

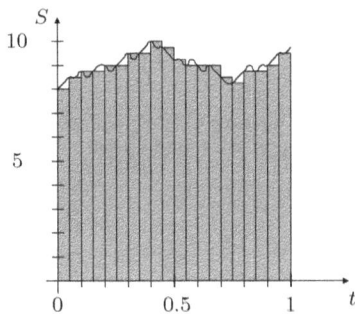

Abb. 4.5. Das Säulendiagramm, welches die vierte Näherung repräsentiert.

dem neuen Näherungswert.

Eine fünfte Näherung

Eine weitere Unterteilung in 40 gleich große Zeitintervalle führt auf eine Näherung für den Mittelwert von 8.99375. Das entsprechende Säulendiagramm ist in Abbildung 4.6 gezeigt.

Die Fläche unter dem Graphen des Aktienkurses

Es zeichnet sich ab, dass weitere Verfeinerungen des Intervalls zu genaueren Ergebnissen führen. Für das Säulendiagramm zeigt sich, dass wir die Fläche zwischen der Zeitachse und dem Graph des Aktienkurses (siehe Abbildung 4.7) immer genauer annähern. Die Näherungen des Tagesmittelwertes werden mit zunehmender Verfeinerung der Unterteilung immer genauer und immer mehr Nachkommastellen der Näherung bleiben konstant.

Mittels des Aktienkursbeispiels auf dem Zeitintervall $[0, 1]$ haben wir die folgenden Beobachtungen gemacht:

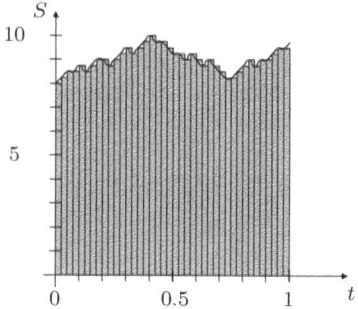

Abb. 4.6. Das Säulendiagramm, welches die vierte Näherung repräsentiert.

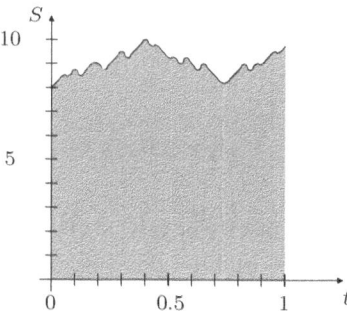

Abb. 4.7. Die Fläche unter dem Graph des Aktienkurses.

▷ Der Tagesmittelwert kann mit Hilfe von Verfeinerungen des Zeitintervalls angenähert werden und die Näherungswerte sind durch die Fläche der zugehörigen Säulendiagramme gegeben.

▷ Die Fläche zwischen Zeitachse und Graph ist der Tagesmittelwert.

Wir nennen diese Fläche das *Integral der Funktion S über dem Intervall* $[0, 1]$ und schreiben dafür

$$\int_0^1 S(t)dt.$$

4.2 Das Integral

Wir wollen den Begriff des Integrals nun allgemein für Funktionen $f : [a, b] \to \mathbb{R}$ einführen. Anschaulich entspricht das *Integral*

$$\int_a^b f(x)dx$$

der Fläche zwischen der Abszisse und dem Graph der Funktion, wobei die Flächenstücke mit negativen y-Werten negativ eingehen.

Denken wir an den im vorigen Abschnitt beschriebenen Verfeinerungsprozess des Intervalls $[a, b]$, so lässt sich das Integral als der Wert definieren, den die Flächen der Säulendiagramme – die sogenannten *Riemann-Summen* – annähern. Für (stückweise) stetige Funktionen existiert dieses (Riemannsche) Integral immer.

Für eine Unterteilung in n Intervalle mit $x_0 = a < x_1 < \cdots < x_{n-1} < x_n = b$ beträgt die (mit Vorzeichen behaftete) Fläche des zugehörigen Säulendiagramms:

$$\sum_{i=0}^{n-1} f(x_i)(x_{i+1} - x_i).$$

Für die Breite $x_{i+1} - x_i$ der i.-en Säule schreibt man gerne $\Delta(x_i)$ und man erhält demnach den Ausdruck

$$\sum_{i=0}^{n-1} f(x_i)\Delta(x_i).$$

Für immer feiner werdende Unterteilungen, also solche bei denen $\max \Delta(x_i)$ beliebig klein wird, nähert die Summe das Integral an und dies erklärt die Notation

$$\int_a^b f(x)dx.$$

Dabei wird das Summensymbol $\sum$ durch das Integralzeichen $\int$ und $\Delta(x_i)$ durch dx ersetzt. Es stellt sich nun die Frage, wie man für eine gegebene Funktion $f : [a, b] \to \mathbb{R}$ das Integral

$$\int_a^b f(x)dx$$

berechnet. Zunächst schauen wir uns dafür ein paar sehr einfache Beispiele an.

Das Integral einer konstanten Funktion

Betrachten wir die konstante Funktion $f(x) = s \in \mathbb{R}$. Offensichtlich ist das Integral durch

$$\int_a^b f(x)dx = \int_a^b sdx = s \cdot (b - a)$$

gegeben, vergleiche Abbildung 4.8.

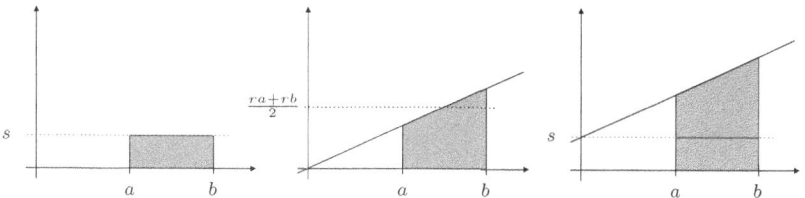

Abb. 4.8. Das Integral einer konstanten Funktion, einer Ursprungsgeraden und einer Geraden.

Das Integral einer Geradenfunktion

Betrachten wir zunächst eine Ursprungsgerade $f(x) = rx$, so gilt offenbar

$$\int_a^b f(x)dx = \int_a^b rxdx = \frac{ra + rb}{2} \cdot (b - a) = \frac{r}{2}(b^2 - a^2).$$

Mit diesem Wert für eine Ursprungsgerade erhalten wir also für eine beliebige Gerade $f(x) = rx + s$:

$$\int_a^b f(x)dx = \int_a^b (rx + s)dx = \frac{r}{2}(b^2 - a^2) + s(b - a).$$

Die Integralfunktion

Ähnlich wie bei der Differentialrechnung wollen wir begreifen, wie die zu integrierende Funktion und das Integral zusammenhängen. Dafür wollen wir verstehen, wie sich das Integral ändert, wenn wir den Bereich über den integriert wird, variieren. Sei $f : D \to \mathbb{R}$ eine auf einem Intervall D definierte (stückweise) stetige Funktion. Wir betrachten für ein beliebiges $x_0 \in D$ die *Integralfunktion* $F : D \to \mathbb{R}$ definiert durch:

$$F(x) = \int_{x_0}^x f(t)dt,$$

wobei wir unter dem Integral $f(t)dt$ schreiben, da die Variable x schon als Argument von F genutzt wird.

Wenn wir in der Lage sind, die Funktion F in Abhängigkeit der Funktion f zu bestimmen, so können wir für jedes Paar $a, b \in D$ mit $a < b$ auch das Integral $\int_a^b f(t)dt$ mittels

$$\int_a^b f(t)dt = \int_{x_0}^b f(t)dt - \int_{x_0}^a f(t)dt = F(b) - F(a)$$

bestimmen. Dies ist in Abbildung 4.9 für den Fall $x_0 < a$ illustriert. Der Fall $x_0 > a$ verläuft analog, wobei wir hierfür die Konvention

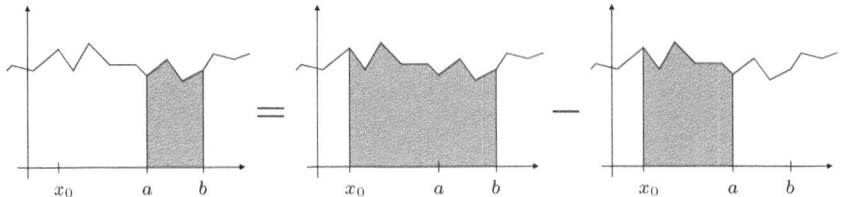

Abb. 4.9. Die Berechnung von $\int_a^b f(t)dt$ mittels der Integralfunktion F.

$$\int_a^b f(t)dt = -\int_b^a f(t)dt$$

benötigen.

Die Integralfunktion einfacher Monome

Beginnen wir mit dem Monom $f(x) = x^0 = 1$ und wählen der Einfachheit halber $x_0 = 0$, dann erhalten wir nach obiger Rechnung:

$$F(x) = \int_0^x f(t)dt = \int_0^x 1 dt = x.$$

Für das Monom $f(x) = x^1 = x$ erhalten wir ebenfalls mittels der obigen Rechnung:

$$F(x) = \int_0^x f(t)dt = \int_0^x t dt = \frac{1}{2}x^2.$$

Wenden wir uns nun dem Monom $f(x) = x^2$ zu. Wir berechnen die Integralfunktion

$$F(x) = \int_0^x f(t)dt = \int_0^x t^2 dt$$

mittels der Riemann-Summe

$$\sum_{i=0}^{n-1} f(x_i)\Delta(x_i),$$

wobei wir die Unterteilung des Intervalls $[0, x]$ in n gleichbreite Intervalle der Breite $\Delta(x_i) = \frac{x}{n}$ wählen und somit $x_i = \frac{ix}{n}$ gilt. Damit erhalten wir

$$\sum_{i=0}^{n-1} f(x_i)\Delta(x_i) = \sum_{i=0}^{n-1} \left(\frac{ix}{n}\right)^2 \frac{x}{n} = \frac{x^3}{n^3} \sum_{i=0}^{n-1} i^2.$$

Mit Hilfe der auf Seite 50 genannten Formel erhalten wir

$$\frac{x^3}{n^3}\sum_{i=0}^{n-1}i^2 = \frac{x^3}{n^3}\cdot\frac{(n-1)((n-1)+1)(2(n-1)+1)}{6} = \frac{(n-1)n(2n-1)}{6n^3}x^3.$$

Da der Term

$$\frac{(n-1)n(2n-1)}{6n^3}x^3 = \frac{2n^3-3n^2+n}{6n^3}x^3 = \left(\frac{1}{3}-\frac{1}{2n}+\frac{1}{6n^2}\right)x^3$$

für n gegen unendlich offenbar gegen $\frac{1}{3}x^3$ strebt, erhalten wir also insgesamt für die Integralfunktion des Monoms $f(x) = x^2$ die Funktion

$$F(x) = \int_0^x f(t)dt = \int_0^x t^2 dt = \frac{1}{3}x^3.$$

Vergleichen wir die Monomfunktionen $1, x, x^2$ mit ihren Integralfunktionen in Tabelle 4.2, so fällt unschwer auf, dass jeweils $F'(x) = f(x)$ gilt. Dies ist in

$f(x)$	$F(x)$
1	x
x	$\frac{1}{2}x^2$
x^2	$\frac{1}{3}x^3$

Tabelle 4.1. Monome und ihre Integralfunktion.

der Tat ein allgemeines Phänomen, welchem wir etwas mehr Aufmerksamkeit widmen wollen.

Stammfunktionen und der erste Hauptsatz der Differential- und Integralrechnung

Eine auf einem Intervall I definierte differenzierbare Funktion F heißt *Stammfunktion von* $f : I \to \mathbb{R}$, falls $F'(x) = f(x)$ auf I gilt. In den obigen Beispielen ist also jeweils die Integralfunktion F eine Stammfunktion von f. Dies ist immer der Fall, wie der *erste Hauptsatz der Differential- und Integralrechnung* besagt: Es sei $f : [a,b] \to \mathbb{R}$ eine stetige Funktion und

$$F(x) = \int_{x_0}^x f(t)dt$$

eine Integralfunktion von f. Dann ist F differenzierbar und es gilt $F'(x) = f(x)$ für alle x.

Beispiele und das unbestimmte Integral

Betrachten wir die quadratische Funktion $f(x) = 3x^2 - 2x + 5$ auf $\mathbb{R}$. Dann ist $F_1(x) = x^3 - x^2 + 5x$ eine Stammfunktion von f. Ebenso ist aber auch $F_2(x) = x^3 - x^2 + 5x + 26$ eine Stammfunktion von f. Grundsätzlich gilt, dass je zwei Stammfunktionen F_1 und F_2 derselben Funktion f sich nur durch eine Konstante unterscheiden, d.h. es gilt $F_1(x) - F_2(x) = c$ für ein $c \in \mathbb{R}$. Die Menge aller Stammfunktionen einer Funktion $f : I \to \mathbb{R}$ nennen wir das *unbestimmte Integral von f*:

$$\int f(x)dx = \{F : I \to \mathbb{R} | F' = f\}.$$

Für das vorherige Beispiel gilt also

$$\int f(x)dx = \int (3x^2 - 2x + 5)dx = \{x^3 - x^2 + 5x + c : c \in \mathbb{R}\}.$$

Vereinfachend schreibt man statt dieser Menge von Stammfunktionen gerne lediglich

$$\int (3x^2 - 2x + 5)dx = x^3 - x^2 + 5x + c.$$

Die folgende Tabelle 4.2 gibt einige weitere Beispiele von Funktionen f und jeweils einer Stammfunktionen F.

f	F
0	c
x^α	$\frac{1}{\alpha+1}x^{\alpha+1}$
$e^{\alpha x}$	$\frac{1}{\alpha}e^{\alpha x}$
$\frac{1}{x}$	$\ln|x|$
$\sin x$	$-\cos x$
$\cos x$	$\sin x$
$\tan x$	$-\ln|\cos x|$

Tabelle 4.2. Funktionen f mit Stammfunktion F.

In all diesen Fällen gilt $F' = f$, wie man leicht nachrechnet. Als kleine weitere Übung wollen wir eine Stammfunktion der Betragsfunktion $f(x) = |x|$ bestimmen. Dafür stellen wir f folgendermaßen dar:

$$f(x) = \begin{cases} +x, & \text{falls } x \geq 0 \\ -x, & \text{falls } x < 0. \end{cases}$$

Entsprechend ist die folgende Funktion eine Stammfunktion der Betragsfunktion f:

$$F(x) = \begin{cases} +\frac{1}{2}x^2, & \text{falls } x \geq 0 \\ -\frac{1}{2}x^2, & \text{falls } x < 0. \end{cases}$$

Der zweite Hauptsatz der Differential- und Integralrechnung

Im Allgemeinen ist nicht jede Stammfunktion eine Integralfunktion, aber die Kenntnis einer Stammfunktion ist ausreichend zur Berechnung des Integrals über einem Intervall, wie der folgende *zweite Hauptsatz der Differential- und Integralrechnung* besagt: Es sei $f : [a, b] \to \mathbb{R}$ eine stetige Funktion und F eine beliebige Stammfunktion von f gegeben. Dann gilt:

$$\int_a^b f(t)dt = F(b) - F(a).$$

Schreibweise

Abkürzend schreibt man für den Term $F(b) - F(a)$ auch gerne

$$\int_a^b f(t)dt = F(b) - F(a) = F(x)\Big|_a^b.$$

Verallgemeinerungen

Die beiden Hauptsätze der Differential- und Integralrechnung behalten im Wesentlichen ihre Gültigkeit, auch wenn die Funktion f nur stückweise stetig ist. Für den ersten Hauptsatz gilt dann, dass $F'(x) = f(x)$ für all die x gilt, an denen f keine Sprungstelle besitzt. An den Sprungstellen entsprechen die links- und rechtsseitigen Ableitungen von F' den entsprechenden Grenzwerten von f. Der zweite Hauptsatz behält in dieser Situation ebenfalls seine Gültigkeit, sofern man sich auf stetige Stammfunktionen beschränkt.

Ein Beispiel für eine solche Situation beschreiben wir auf Seite 101 bei der Beschreibung der Lorenzkurve als Integralfunktion.

Beispiele

Berechnen wir als erstes Beispiel

$$\int_1^2 f(x)dx = \int_1^2 (3x^2 - 2x + 5)dx$$

Wir haben bereits gesehen, dass

$$F(x) = x^3 - x^2 + 5x$$

eine Stammfunktion von f ist und somit

$$\int_1^2 f(x)dx = \int_1^2 (3x^2 - 2x + 5)dx = (x^3 - x^2 + 5x)\Big|_1^2$$
$$= 2^3 - 2^2 + 5 \cdot 2 - (1^3 - 1^2 + 5 \cdot 1) = 9.$$

Als zweites berechnen wir

$$\int_0^1 e^{3x}dx = \frac{1}{3}e^{3x}\Big|_0^1 = \frac{1}{3}e^3 - \frac{1}{3}e^0 = \frac{1}{3}(e^3 - 1).$$

Und als drittes Beispiel betrachten wir

$$\int_0^{\frac{\pi}{2}} \sin(x)dx = -\cos(x)\Big|_0^{\frac{\pi}{2}} = -\cos(\frac{\pi}{2}) - (-\cos(0)) = -0 - (-1) = +1.$$

4.3 Aufgaben

Lösungen finden sich ab Seite 222.

1. Der Mittelwert einer stetigen Funktion $f : [0,1] \to \mathbb{R}$ kann bestimmt werden mit Hilfe
   - ○ der Ableitung von f.
   - ○ der Flächeninhalte von Säulendiagrammen und durch zunehmende Verfeinerung.
   - ○ des arithmetischen Mittels $\frac{1}{2}(f(0) + f(0.5))$.
   - ○ des Integrals $\int_0^1 f(t)dt$.

2. Sei $f : [a,b] \to [0,\infty)$. Das Integral $\int_a^b f(t)dt$ entspricht
   - ○ dem Flächeninhalt zwischen Abszisse und Funktionsgraph auf dem Intervall $[a,b]$.
   - ○ dem Flächeninhalt zwischen Ordinate und Funktionsgraph auf dem Intervall $[a,b]$.
   - ○ dem Grenzwert von Riemann-Summen $\sum_{i=0}^{n-1} f(x_i)\Delta(x_i)$, wobei $\max \Delta(x_i)$ beliebig groß wird.
   - ○ dem Grenzwert von Riemann-Summen $\sum_{i=0}^{n-1} f(x_i)\Delta(x_i)$, wobei $\max \Delta(x_i)$ beliebig klein wird.

3. Sei $f : [a,b] \to \mathbb{R}$ und F eine Stammfunktion von f. Das Integral $\int_a^b f(t)dt$ entspricht
   - ○ dem Integral $\int_b^a f(t)dt$.
   - ○ dem Integral $\int_a^b f(x)dx$.
   - ○ dem Wert $F(b) - F(a)$.
   - ○ dem Integral $\int_a^b F(t)dt$.

4. Es sei $g(x) = 3x^2 + 6x - 8$. Dann ist
   - ○ G definiert durch $G(x) = x^3 + 3x^2 - 8x$ eine Stammfunktion von g.
   - ○ G definiert durch $G(x) = x^3 + 3x^2 - 8x + 85$ eine Stammfunktion von g.
   - ○ g eine Stammfunktion der Funktion γ, wobei γ durch $\gamma(x) = 6x + 6$ gegeben ist.
   - ○ g eine Stammfunktion der Funktion γ, wobei γ durch $\gamma(x) = 6x+6+85$ gegeben ist.

5. Bestimmen Sie Stammfunktionen für die folgenden Funktionen:
   a) $f(x) = -3x^4 + 2x^3 - 8x^2 + \frac{1}{2}x + 5$.
   b) $g(x) = 2x^5 - \frac{1}{5}x^3 + 3x^2 + \frac{1}{5}$.
   c) $h(x) = \cos(2x)$.
   d) $e(s) = \sqrt{s+1}$.

6. Bestimmen Sie Stammfunktionen für die folgenden Funktionen:
   a) $f(x) = 3\sin(x) - 2\cos(x) + 5$.
   b) $g(x) = e^{4x+2}$.
   c) $h(x) = \sqrt[3]{x^5}$.
   d) $e(s) = e^s + s \cdot e^s$.

7. Betrachten Sie die Funktion f gegeben durch:

$$f(x) = \begin{cases} x+1, & \text{falls } x \leq -1, \\ 0, & \text{falls } -1 < x \leq 0, \\ x^2, & \text{falls } x > 0. \end{cases}$$

Finden Sie eine Stammfunktion von f und skizzieren Sie die Funktionsgraphen von f und F.

8. Bestimmen Sie die folgenden Integrale:
   a) $\int_1^3 (\frac{1}{3}x^4 - 2x^3 + 3)dx$.
   b) $\int_{-1}^{+1} (e^x - x + 1)dx$.
   c) $\int_0^1 \sin(\pi x)dx$.
   d) $\int_{-\frac{1}{2}}^{+\frac{1}{2}} \sin(\pi x)dx$.

9. Bestimmen Sie die folgenden Integrale:
   a) $\int_{-2}^{+3} |x|dx$.
   b) $\int_0^1 (ax^2 + bx + c)dx$.
   c) $\int_0^a (x^2 + 2x + 1)dx$.
   d) $\int_0^{\frac{\pi}{2}} (2x\sin(x) + x^2\cos(x))dx$.

10. Bestimmen Sie den Mittelwert der Funktion $S : [0, 10] \to \mathbb{R}$ gegeben durch

$$S(t) = \frac{1}{5}t^3 - \frac{1}{2}t^2 + \frac{1}{5}t + 5.$$

4.4 Integrationsregeln

Ausschließlich durch *einfaches Hinsehen* gelingt es nicht immer, zu einer gegebenen Funktion f eine Stammfunktion F zu finden. Analog zur Differentiation gibt es daher Regeln, die bei der Berechnung einer Stammfunktion bzw. eines Integrals herangezogen werden können.

Multiplikation mit einer Konstanten: Faktorregel

Ist $k \in \mathbb{R}$ eine Konstante, so berechnet sich das unbestimmte Integral der Funktion $k{\cdot}f(x)$ mit Hilfe der *Faktorregel*:

$$\int k{\cdot}f(x)dx = k \cdot \int f(x)dx.$$

Betrachten wir als Beispiel die Funktion $7x^4$. In diesem Fall ist $k = 7$ und $f(x) = x^4$. Wir erhalten also

$$\int 7x^4 dx = 7 \cdot \int x^4 dx = 7 \cdot \frac{1}{5}x^5 + c.$$

Summen von Funktionen: Summenregel

Ist $f_1(x) + \cdots + f_n(x)$ eine Summe von n Funktionen, so ergibt sich mit Hilfe der *Summenregel*

$$\int (f_1(x) + \cdots + f_n(x))dx = \int f_1(x)dx + \int f_2(x)dx + \cdots + \int f_n(x)dx.$$

Zum Beispiel lässt sich das unbestimmte Integral von $f(x) = 7x^4 + x^5$ bestimmen durch die Summe der unbestimmten Integrale von $f_1(x) = 7x^4$ und $f_2(x) = x^5$. Wir erhalten

$$\int f(x)dx = \int (f_1(x) + f_2(x))dx = \int f_1(x)dx + \int f_2(x)dx$$

$$= \frac{7}{5}x^5 + c_1 + \frac{1}{6}x^6 + c_2 = \frac{7}{5}x^5 + \frac{1}{6}x^6 + c,$$

wobei c_1, c_2 und somit auch $c = c_1 + c_2$ beliebige Konstanten sind.

Partielle Integration

Erinnern wir uns an die Produktregel der Differentiation von Seite 60 für den Fall, dass $f(x) = u(x) \cdot v(x)$ das Produkt von zwei Funktionen u und v ist. In diesem Fall galt die Produktregel

$$f'(x) = u'(x) \cdot v(x) + u(x) \cdot v'(x).$$

Daraus leitet sich die Regel für die *partielle Integration* her:

$$\int u(x)v'(x)dx = u(x) \cdot v(x) - \int u'(x)v(x)dx.$$

Als Beispiel betrachten wir die Funktion $x \cdot e^{2x}$, deren unbestimmtes Integral mit den Faktoren $u(x) = x$ und $v'(x) = e^{2x}$ wir bestimmen wollen. Wir berechnen $u'(x) = 1$ und wählen die Stammfunktion $v(x) = \frac{1}{2}e^{2x}$. Somit erhalten wir

$$\int (x \cdot e^{2x})dx = x \cdot \frac{1}{2}e^{2x} - \int (1 \cdot \frac{1}{2}e^{2x})dx$$

$$= x \cdot \frac{1}{2}e^{2x} - (\frac{1}{4}e^{2x} + c) = \frac{1}{2}e^{2x}(x - \frac{1}{2}) - c,$$

wobei c eine beliebige reelle Konstante ist.

Partielle Integration bietet sich zunächst einmal an, sobald ein Produkt von zwei Funktionen vorliegt, mit der Eigenschaft, dass von einem Faktor eine Stammfunktion bekannt ist und die Ableitung des anderen Faktors bekannt (und oft – aber nicht notwendigerweise – von einfacherem Typ) ist. Die Reihenfolge der Faktoren spielt dabei selbstverständlich keine Rolle. Dies sollte im Hinterkopf behalten werden für die möglichen Zuordnungen von u und v'.

Integration durch Substitution

Wie wir bereits bei der Kettenregel für die Differentiation auf Seite 61 gesehen haben, sind in einigen Fällen Verknüpfungen einer Funktion mit einer weiteren, leichter zu handhaben als die ursprüngliche Funktion selbst. Im Falle der Integration behilft man sich mit Funktionen, die das Intervall, über welches integriert wird, – anschaulich gesprochen – neu parametrisieren. In einem solchen Fall gilt die folgende *Substitutionsregel*

$$\int_{\varphi(a)}^{\varphi(b)} f(x)dx = \int_a^b f(\varphi(t)) \cdot \varphi'(t)dt,$$

wobei $\varphi : [a,b] \to \mathbb{R}$ eine stetig differenzierbare Funktion ist.

Betrachten wir als Beispiel das Integral

$$\int_0^1 f(x)dx = \int_0^1 x(x+1)^{\frac{1}{2}}dx.$$

Zunächst ist unklar, wie wir mit dem Term $(x+1)^{\frac{1}{2}}$ umgehen sollen. Wir nutzen also genau diesen Term zur Reparametrisierung des Intervalls, indem wir $t = (x+1)^{\frac{1}{2}}$ setzen, die Intervallränder $x = 0$ und $x = 1$ einsetzen

$$x = 0 \Rightarrow t = (0+1)^{\frac{1}{2}} = 1$$

$$x = 1 \Rightarrow t = (1+1)^{\frac{1}{2}} = \sqrt{2}$$

und nach x umformen: $x = t^2 - 1$. Diese Funktion nutzen wir zur Variablen-transformation:

$$\varphi : [1, \sqrt{2}] \longrightarrow \mathbb{R}$$
$$t \longmapsto t^2 - 1.$$

Dann gilt nach der Substitutionsregel:

$$\int_0^1 f(x)dx = \int_{\varphi(1)}^{\varphi(\sqrt{2})} f(x)dx = \int_1^{\sqrt{2}} f(\varphi(t)) \cdot \varphi'(t)dt$$

$$= \int_1^{\sqrt{2}} f(t^2 - 1) \cdot 2t \, dt = \int_1^{\sqrt{2}} (t^2 - 1) \cdot t \cdot 2t \, dt$$

$$= 2\int_1^{\sqrt{2}} (t^4 - t^2)dt = 2(\frac{1}{5}t^5 - \frac{1}{3}t^3)\Big|_1^{\sqrt{2}}$$

$$= 2\left(\left(\frac{1}{5}\sqrt{2}^5 - \frac{1}{3}\sqrt{2}^3\right) - \left(\frac{1}{5} - \frac{1}{3}\right)\right) = \frac{4}{15}(\sqrt{2} + 1).$$

In diesem Beispiel war $F(t) = 2(\frac{1}{5}t^5 - \frac{1}{3}t^3)$ eine Stammfunktion von $f(\varphi(t)) \cdot \varphi'(t) = 2(t^4 - t^2)$. Wie erhalten wir daraus eine Stammfunktion von $f(x)$? Indem wir in der Stammfunktion die Variable t wieder durch $t = \varphi^{-1}(x) = (x + 1)^{\frac{1}{2}}$ ersetzen. Wir erhalten also

$$F(\varphi^{-1}(x)) = 2(\frac{1}{5}(\varphi^{-1}(x))^5 - \frac{1}{3}(\varphi^{-1}(x))^3)$$

$$= 2(\frac{1}{5}((x + 1)^{\frac{1}{2}})^5 - \frac{1}{3}((x + 1)^{\frac{1}{2}})^3)$$

$$= \frac{2}{5}(x + 1)^{\frac{5}{2}} - \frac{2}{3}(x + 1)^{\frac{3}{2}}$$

als Stammfunktion von $f(x) = x(x + 1)^{\frac{1}{2}}$.

4.5 Aufgaben

Lösungen finden sich ab Seite 224.

1. Partielle Integration bietet sich an, wenn die zu integrierende Funktion
   ○ ein Produkt zweier Funktionen ist, wobei für keinen der Faktoren eine Stammfunktion bekannt ist.
   ○ ein Produkt zweier Funktionen ist, wobei für einen der Faktoren eine Stammfunktion bekannt ist.
   ○ ein Produkt zweier Funktionen ist, deren Reihenfolge nicht vertauscht werden kann.
   ○ ein Produkt zweier Funktionen ist, deren Reihenfolge vertauscht werden kann.

2. Welche der folgenden Formeln geben die Regel der partiellen Integration korrekt wieder?

$\bigcirc$ $\int u(x)v(x)dx = u'(x) \cdot v(x) - \int u(x)v'(x)dx$.

$\bigcirc$ $\int u'(x)v(x)dx = u(x) \cdot v'(x) - \int u(x)v(x)dx$.

$\bigcirc$ $\int u'(x)v(x)dx = u(x) \cdot v(x) - \int u(x)v'(x)dx$.

$\bigcirc$ $\int u(x)v'(x)dx = u(x) \cdot v(x) - \int u'(x)v(x)dx$.

3. Bei Anwendung der Substitutionsregel für eine zu integrierende Funktion $f(x)$
   $\bigcirc$ ersetzen wir typischerweise einen komplizierten Ausdruck in x durch eine neue Variable t.
   $\bigcirc$ müssen wir das Intervall, über welches integriert wird, anpassen.
   $\bigcirc$ bleibt das Intervall, über welches integriert wird, dasselbe.
   $\bigcirc$ ist es nicht möglich eine Stammfunktion für f zu finden.

4. Finden Sie mit Hilfe der partiellen Integration eine Stammfunktion für die folgenden Funktionen:
   a) $f(x) = x \cdot \cos(x)$.
   b) $g(x) = \sin(x)\cos(x)$.
   c) $h(x) = \ln(x)$. Tipp: Betrachten Sie das Produkt $h(x) = 1 \cdot \ln(x)$.

5. Bestimmen Sie mit Hilfe der partiellen Integration die folgenden Integrale:
   a) $\int_{-1}^{+1} x \cdot e^x \, dx$.
   b) $\int_{-1}^{+1} x^2 \cdot e^x \, dx$.
   c) $\int_0^\pi \sin^2(x)dx$.

6. Bestimmen Sie mit Hilfe der Substitutionsregel die folgenden Integrale:
   a) $\int_0^2 e^{\sqrt{x}} \, dx$.
   b) $\int_1^5 x^2(2x-1)^{\frac{3}{2}}dx$.
   c) $\int_0^{\frac{\pi}{2}} \cos(5x)\sin^6(5x)dx$

7. Finden Sie mit Hilfe der Substitutionsregel eine Stammfunktion für die folgenden Funktionen
   a) $f(x) = \frac{x^3}{(x^2-1)^3}$.
   b) $g(x) = x\,e^{x^2+5}$.
   c) $h(x) = \frac{\ln(x)}{x^2}$.

8. Angenommen die Grenzkostenfunktion einer Lederproduktionsfirma sei $K'(x) = \frac{1}{4}x^3 + \frac{20}{x+1}$ und die Fixkosten betragen $K_f = 3500$ Euro. Bestimmen Sie die Kostenfunktion K.

4.6 Ein Maß für Ungleichverteilung: Der Gini-Koeffizient

Als Anwendung der Integralrechnung wollen wir den Gini-Koeffizienten als ein Maß für Ungleichverteilung diskutieren. In der Statistik ist es üblich, einer großen Menge von Daten einzelne Parameter – das arithmetische Mittel ist ein prominentes Beispiel – zuzuordnen, die der Beschreibung und dem Verständnis der Daten dienen. Der Gini-Koeffizient ist ebenfalls ein solcher Parameter. Dabei sollte man sich stets bewusst sein, dass die Komplexität eines großen Datensatzes nicht von einem einzelnen Parameter abgebildet werden kann. Insofern dient der Gini-Koeffizient als möglicher Indikator und primär zum Vergleich von Ungleichverteilung im zeitlichen Verlauf oder in verschiedenen Ländern oder Märkten.

Dabei kann es sich um sehr unterschiedliche Arten von Ungleichverteilung handeln: die ungleiche Verteilung von Einkommen (oder Vermögen) unter der Gesamtbevölkerung oder die ungleiche Verteilung von Marktanteilen unter allen Marktteilnehmern eines bestimmten Marktes am gesamten Marktvolumen, zum Beispiel für den Zeitungs-, den Suchmaschinenmarkt oder den Markt der Schuhdiscounter. Im Falle der Ungleichheit von Marktanteilen spricht man auch von einem Maß für die *Marktkonzentration*. Man beachte, dass für jede dieser Diskussionen sehr genaue Definitionen von Einkommen, Vermögen, Marktanteil etc. notwendig sind. In vielen Fällen sind diese Daten sehr schwer genau zu ermitteln.

Die Lorenzkurve

Die Grundlage für die Messung der Ungleichheit mittels des Gini-Koeffizienten ist die *Lorenzkurve*. Sie wurde 1905 von Max Otto Lorenz zur Messung von Ungleichheit betrachtet. Wir beschreiben sie für den Fall der Einkommensverteilung der 28.3 Millionen Steuerpflichtigen in Deutschland im Jahre 2003.

Die Lorenzkurve L gibt Antwort auf Fragen von folgendem Typ. Betrachten wir die zehn Prozent der Bevölkerung mit den geringsten Einkommen. Wie groß ist der Anteil der Einkommen dieser Bevölkerungsgruppe zusammengenommen am Gesamteinkommen? In Deutschland lag dieser Anteil im Jahr 2003 bei 0.88 Prozent. Wir erhalten demnach $L(10\%) = 0.88\%$ beziehungsweise $L(0.1) = 0.0088$. Die gesamte Lorenzkurve für das Jahr 2003 ist in Abbildung 4.10 gezeigt.

Eine vergleichbare Frage können wir für jeden beliebigen Prozentsatz der Bevölkerung stellen und erhalten jeweils einen Prozentsatz am Gesamteinkommen als Antwort. Genauer gesagt: ist $x = \frac{p}{100}$, so gibt $L(x)$ an, wie groß der prozentuale Anteil am Gesamteinkommen der einkommensschwächsten p Prozent ist. Im Allgemeinen handelt es sich bei der Lorenzkurve um eine stetige Abbildung $L : [0, 1] \to \mathbb{R}$. Offensichtlich gilt für jede Lorenzkurve

▷ $L(0)=0$, denn 0% der Bevölkerung haben zusammen 0% Anteil am Gesamteinkommen und

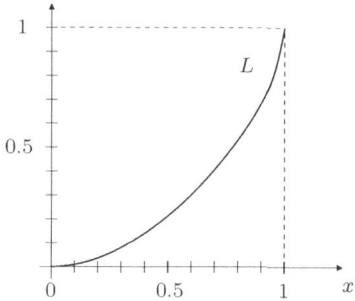

Abb. 4.10. Die Lorenzkurve der Einkommensverteilung in Deutschland in 2003.

▷ $L(1)=1$, denn 100% der Bevölkerung haben zusammen 100% Anteil am Gesamteinkommen.

Ferner sind Lorenzkurven konvexe Abbildungen im dem Sinne, dass die erste Ableitung der Lorenzkurve eine monoton steigende Funktion ist.

Bemerkung: Die Lorenzkurve als Integralfunktion

Angenommen wir haben es mit n steuerpflichtigen Bürgern beziehungsweise mit n Marktteilnehmern zu tun. Wir teilen das Einheitsintervall $[0,1]$ in n gleichbreite Intervalle $[\frac{i-1}{n}, \frac{i}{n}]$ für $i = 1, \ldots, n$ und ordnen die prozentualen Anteile der einzelnen Bürger (Marktteilnehmer) am Einkommen (Marktvolumen) monoton steigend $e_1 \leq e_2 \leq \cdots \leq e_n$. Die Verteilung der Einkommen stellt sich dann mittels der folgenden *Treppenfunktion* dar:

$$E : [0,1] \longrightarrow \mathbb{R}$$

$$x \longmapsto e_i, \text{ wobei } i \text{ derart, dass } x \in \left[\frac{i-1}{n}, \frac{i}{n}\right)$$

und $E(1) = e_n$ gewählt wird. Dann errechnet sich die Lorenzkurve L als folgende Integralfunktion:

$$L(x) = n \cdot \int_0^x E(t)dt.$$

Abbildung 4.11 veranschaulicht die Konstruktion. Die jeweiligen Rechteckflächen im Graphen von E haben die Werte $\frac{e_1}{n}, \frac{e_2}{n}, \ldots, \frac{e_n}{n}$. Dies erklärt den Faktor n in der Integraldarstellung von L. Ferner erklärt sich insbesondere die Konvexität der Lorenzkurve, da $L'(x) = n \cdot E(x)$ per definitionem eine monoton steigende Funktion ist.

Szenarien von Ungleichheit und die Lorenzkurve

Um ein Gefühl für die Lorenzkurve und das Maß der Ungleichheit, welches aus ihr hervorgeht, zu bekommen, schauen wir uns neben dem bereits diskutierten Beispiel aus Abbildung 4.10 zwei weitere Szenarien an.

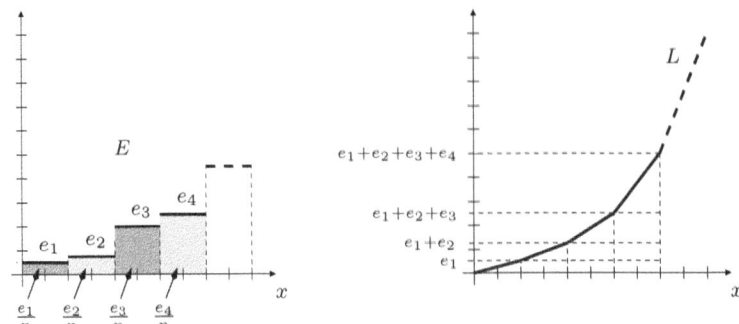

Abb. 4.11. Die Lorenzkurve L als Integral der Einkommensstreppenfunktion E.

Gleichverteilung

Angenommen die Einkommen aller Bürger sind identisch, so gilt offenbar $L(x) = x$ für alle x. Abbildung 4.12 zeigt diesen Fall.

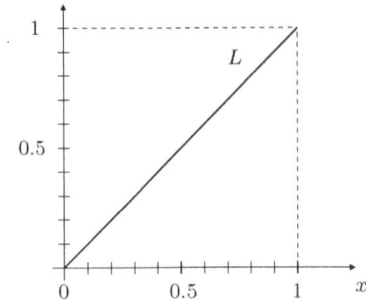

Abb. 4.12. Die Lorenzkurve gleichverteilter Einkommen.

Absolute Ungleichverteilung

Der (nicht realistische) Extremfall besteht offenbar darin, dass alle Bürger kein Einkommen haben, bis auf einen einzelnen Bürger, der das gesamte Einkommen auf sich vereinigt. In diesem Fall gilt also für die prozentualen Anteile am Gesamteinkommen $e_1 = e_2 = \cdots = e_{n-1} = 0$ und $e_n = 1$. Die Treppenfunktion der prozentualen Einkommen und die entsprechende Lorenzkurve sind in Abbildung 4.13 illustriert.

Der normierte Gini-Koeffizient

Vergleichen wir die drei Szenarien zwischen Gleichverteilung, der Verteilung in Deutschland in 2003 und der absoluten Ungleichverteilung, so sehen wir,

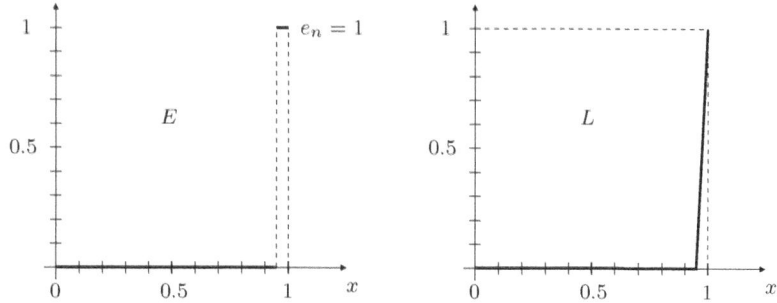

Abb. 4.13. Die Treppenfunktion der prozentualen Einkommen und die Lorenzkurve absolut ungleichverteilter Einkommen für $n = 20$.

wie in Abbildung 4.14 gezeigt, dass mit steigender Ungleichheit die Fläche zwischen der Diagonale und der Lorenzkurve zunimmt. Diese Beobachtung nutzen wir zur Definition des Gini-Koeffizienten, der naturgemäß für einen Index das Maß der Ungleichheit mit einem Wert zwischen 0 und 1 angibt.

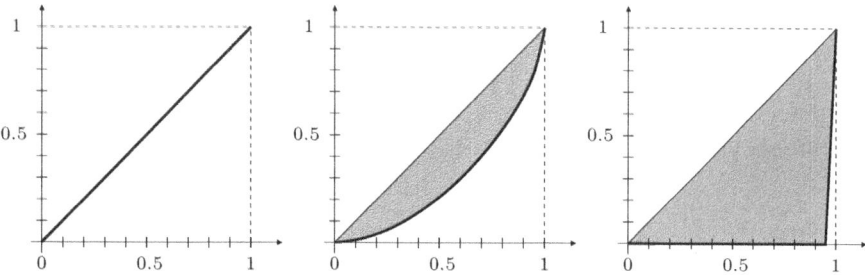

Abb. 4.14. Die drei Szenarien zwischen Gleich- und absoluter Ungleichverteilung.

Wir definieren den *(normierten) Gini-Koeffizienten* als den Quotienten von der Fläche zwischen der Diagonalen und der Lorenzkurve und der maximal möglichen Fläche. Die maximal mögliche Fläche beträgt offenbar $\frac{1}{2}\frac{n-1}{n}$.

Für die Fläche unter der Lorenzkurve, also $\int_0^1 L(x)dx$, erhalten wir mittels Abbildung 4.15:

$$\frac{1}{n}\left(\frac{e_1}{2} + \left(e_1 + \frac{e_2}{2}\right) + \left(e_1 + e_2 + \frac{e_3}{2}\right) + \cdots + \left(e_1 + e_2 + \cdots + e_{n-1} + \frac{e_n}{2}\right)\right)$$

$$= \frac{1}{n}\left(\frac{1}{2}(e_1 + \cdots + e_n) + e_1 + (e_1 + e_2) + \cdots + (e_1 + e_2 + \cdots + e_{n-1})\right)$$

$$= \frac{1}{n}\left(\frac{1}{2} + e_1 + (e_1 + e_2) + \cdots + (e_1 + e_2 + \cdots + e_{n-1})\right)$$

$$= \frac{1}{n}\left(\frac{1}{2} + (V - 1)\right),$$

wobei wir

$$V = e_1 + (e_1 + e_2) + \cdots + (e_1 + e_2 + \cdots + e_n)$$

für die Summe der kumulierten Werte $e_1, e_2, \ldots, e_n$ gesetzt haben. Für den

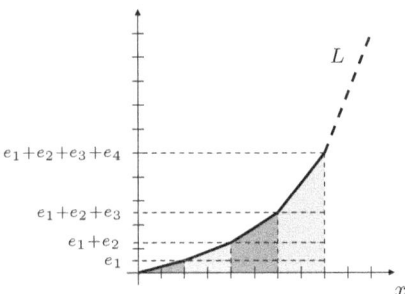

Abb. 4.15. Schematische Darstellung der Trapezflächen unter der Lorenzkurve.

Gini-Koeffizienten erhalten wir also

$$\frac{2n}{n-1}\left(\frac{1}{2} - \frac{1}{n}\left(\frac{1}{2} + V - 1\right)\right) = \frac{n - 2\left(\frac{1}{2} + V - 1\right)}{n-1} = \frac{n - 2V + 1}{n-1}$$

und fassen zusammen

$$G = \frac{n - 2V + 1}{n-1}.$$

Zur Berechnung von G benötigen wir also die Werte n und V.

Beispiel: Lebensmitteldiscounter in Deutschland im Jahr 2013

Laut einer Erhebung waren die Marktanteile der führenden Unternehmen im Lebensmitteldiscount in Deutschland im Jahr 2013 wie in Tabelle 4.3 verteilt.

Zur Berechnung der Marktkonzentration mittels des normierten Gini-Koeffizienten setzen wir $n = 6$ und ordnen zunächst die prozentualen Marktanteile monoton steigend:

$$e_1 = 0.036 \leq e_2 = 0.042 \leq e_3 = 0.104 \leq e_4 = 0.180 \leq e_5 = 0.258 \leq e_6 = 0.380.$$

Als nächstes berechnen wir die kumulierten Werte $e_1 + \cdots + e_i$ für $i = 1, \ldots, n$ und deren Gesamtsumme V wie in Tabelle 4.4 gezeigt.

Aufgrund von Tabelle 4.4 erhalten wir die Lorenzkurve wie in Abbildung 4.16 abgebildet.

Für die Berechnung des Gini-Koeffizienten ist die Abbildung nicht notwendig, sie stellt den Sachverhalt allerdings übersichtlich dar. Für den normierten Gini-Koeffizienten erhalten wir schließlich

Unternehmen	prozentualer Marktanteil
Aldi-Gruppe	38.0%
Lidl	25.8%
Netto	18.0%
Penny	10.4%
Norma	4.2%
Andere	3.6%

Tabelle 4.3. Marktanteile der führenden Unternehmen im Lebensmitteldiscount in Deutschland im Jahr 2013.

e_i	kumulierte Werte
0.036	0.036
0.042	0.036+0.042=0.078
0.104	0.078+0.104=0.182
0.180	0.182+0.180=0.362
0.258	0.362+0.258=0.620
0.380	0.620+0.380=1.000
1.000	$V = 2.278$

Tabelle 4.4. Kumulierte Marktanteile und deren Summe V.

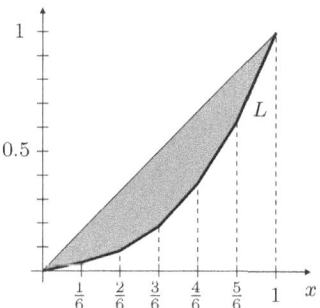

Abb. 4.16. Die Lorenzkurve für das Lebensmitteldiscount-Geschäft.

$$G = \frac{n - 2V + 1}{n - 1} = \frac{6 - 2 \cdot 2.278 + 1}{6 - 1} = 0.4888.$$

Man beachte, dass wir "Andere" mangels genauerer Informationen als ein einzelnes Unternehmen aufgefasst haben. Tatsächlich handelt es sich aber wahrscheinlich um mehrere kleine Unternehmen, die zusammen einen Marktanteil von 3.6% haben. Für eine weitere Diskussion verweisen wir auf Aufgabe 5 auf Seite 107.

Der einfache Gini-Koeffizient

Für große Werte von n – wie in unserem Beispiel der Einkommensverteilung aller 28.3 Millionen steuerpflichtigen Bürger Deutschlands – ist die Berechnung von V müßig und wir nähern die maximal mögliche Fläche $\frac{1}{2}\frac{n-1}{n}$ durch den Wert $\frac{1}{2}$ an. Auf diese Weise erhalten wir den *(einfachen) Gini-Koeffizienten*

$$G^* = \frac{\frac{1}{2} - \int_0^1 L(t)dt}{\frac{1}{2}} = 1 - 2\int_0^1 L(t)dt = \frac{n - 2V + 1}{n}.$$

Die Integraldarstellung hat den Reiz, dass wir den Gini-Koeffizienten nun auch für eine beliebig gegebene Lorenzkurve berechnen können.

Die Einkommensungleichheit in Deutschland im Jahr 2003

Eine recht gute polynomiale Approximation der Lorenzkurve der Einkommensverteilung in Deutschland im Jahr 2003 ist durch

$$L(x) = 0.9435x^3 - 0.2796x^2 + 0.3021x$$

gegeben. Approximationen dieser Art erhält man im Rahmen einer *Regressionsanalyse*, die fester Bestandteil eines Statistik-Grundkurses sind. Wir wollen diese Approximation der Lorenzkurve nutzen, um den Gini-Koeffizienten G^* zu berechnen:

$$G^* = 1 - 2\int_0^1 L(t)dt = 1 - 2\left(\frac{1}{4}0.9435x^4 - \frac{1}{3}0.2796x^3 + \frac{1}{2}0.3021x^2\right)\Big|_0^1$$

$$= 1 - 2\left(\frac{1}{4}0.9435 - \frac{1}{3}0.2796 + \frac{1}{2}0.3021\right) = 0.41255.$$

Ein Wert, der für eine *soziale Marktwirtschaft* inakzeptabel ist. Die Vermögensverteilung in Deutschland hingegen ist sogar verheerend. Da negatives Vermögen in Form von Schulden möglich ist, haben wir uns bei der Einführung des Gini-Koeffizienten auf Einkommen konzentriert, um die Diskussion nicht mit technischen Hürden zu belasten. Im Jahr 2012 lag der Gini-Koeffizient für die Vermögensungleichheit in Deutschland bei 0.78. Im europäischen Vergleich der höchste und im und internationalen Vergleich ebenfalls ein sehr hoher Wert. Um zu verdeutlichen wie drastisch die Lage ist: Die vermögensärmere Hälfte der Bevölkerung in Deutschland hatte laut dem Monatsbericht der deutschen Bundesbank vom März 2016 einen Anteil von 2.5% am gesamten Nettovermögen, die oberen 10% haben einen Anteil von knapp 60%.

4.7 Aufgaben

Lösungen finden sich ab Seite 228.

1. Sei L eine Lorenzkurve für die Marktanteile von Lebensmitteldiscountern. Der Wert $L(x)$ gibt wieder
   ○ wieviel Prozent der Discounter einen Marktanteil von mindestens x haben.
   ○ wieviel Prozent der Discounter einen Marktanteil von höchstens x haben.
   ○ wie groß der Marktanteil der p Prozent der marktschwächsten Discounter ist, wobei $p = 100x$.
   ○ wie groß der Marktanteil der p Prozent der marktstärksten Discounter ist, wobei $p = 100x$.

2. Sei L eine Lorenzkurve für die Marktanteile von Lebensmitteldiscountern. Die Konzentration am Markt (also die Ungleichverteilung der Marktanteile) ist besonders groß,
   ○ wenn die Lorenzkurve konkav ist.
   ○ wenn die Lorenzkurve auf der Diagonalen verläuft.
   ○ wenn die Fläche zwischen der Diagonalen und der Lorenzkurve besonders klein ist.
   ○ wenn die Fläche zwischen der Diagonalen und der Lorenzkurve besonders groß ist.

3. Angenommen die vermögensreichsten 5% der Bevölkerung haben einen Anteil von 95% am Gesamtvermögen. Dann hat der Gini-Koeffizient einen Wert
   ○ nahe bei null.
   ○ nahe bei 1.
   ○ von mindestens 0.9.
   ○ von höchstens 0.9.

4. Laut einer Erhebung waren die Marktanteile der führenden Suchmaschinen in Deutschland im Jahr 2016 wie in der folgenden Tabelle verteilt.

Unternehmen	prozentualer Marktanteil
Google	94.50%
Bing	4.15%
Yahoo	0.97%
T-Online	0.12%
Ask	0.12%
AOL	0.08%
Yandex	0.06%

Zeichnen Sie die Lorenzkurve und bestimmen Sie den (normierten) Gini-Koeffizienten.

5. Wir widmen uns noch einmal den Marktanteilen der führenden Unternehmen im Lebensmitteldiscount in Deutschland im Jahr 2013 wie ab Seite

104 diskutiert. In Tabelle 4.3 schlugen "Andere" Unternehmen mit 3.6% Marktanteil zu buche. Auf wie viele Unternehmen dieser Anteil entfällt ist uns nicht bekannt. Bestimmen Sie den (normierten) Gini-Koeffizienten unter der Annahme, dass die 3.6% zu gleichen Teilen auf a) drei und b) sechs Unternehmen verteilt sind und diskutieren Sie Ihre Ergebnisse.

6. Laut einer Erhebung waren die Marktanteile der größten Automarken in Deutschland im Juli 2017 gemessen an der Anzahl der Pkw-Neuzulassungen wie in der folgenden Tabelle verteilt.

Unternehmen	prozentualer Marktanteil
Volkswagen	17.5%
Mercedes	10.6%
Audi	9.3%
BMW	7.6%
Ford	7.1%
Opel	6.9%
Skoda	4.9%
Renault	4.0%
Hyundai	3.2%
Seat	2.9%
Fiat	2.5%
Toyota	2.3%
Kia	2.2%
Peugeot	2.0%
Dacia	2.0%
Andere	15.0%

Diskutieren Sie zunächst den Wert von 15.0% für "Andere". Treffen Sie eine sinnvolle Annahme bezüglich der Anzahl von Unternehmen, die unter "Andere" fallen und verteilen sie die 15% in gleichen Teilen auf diese Unternehmen. Zeichnen Sie dann die Lorenzkurve und bestimmen Sie den (normierten) Gini-Koeffizienten.

Lineare Gleichungssysteme und Matrizen

Agenda. In diesem Kapitel soll verstanden werden, wie eine einfache ökonomische Fragestellung auf ein lineares Gleichungssystem führt. Die für effiziente Lösungen solcher Gleichungssysteme notwendige Sprache der Matrizen und deren Operationen sollen erlernt werden.

5.1 Lineare Gleichungssysteme

Viele Probleme aus beispielweise den Bereichen der Produktionsplanung und der Kostenführung führen auf natürliche Weise zu linearen Gleichungssystemen. Beginnen wir mit einem einfachen Beispiel.

Baking bread

Angenommen ein Bäcker bietet Roggen-, Misch- und Helles Brot an. Für die Herstellung eines Roggenbrots verwendet er 500g Sauerteig, 400g Roggenmehl, 150g Wasser, 18g Salz und Gewürze. Für die Herstellung eines Mischbrotes verwendet er 200g Sauerteig, 200g Roggenmehl, 400g Weizenmehl, 300g Wasser, 12g Salz und Gewürze. Schließlich benötigt er für das helle Brot 250g Sauerteig, 500g Weizenmehl, 310g Wasser, 14g Salz, 4g Hefe und Gewürze.

Für den kommenden Backvorgang hat der Bäckermeister 39kg Sauerteig, 24kg Roggenmehl und 28kg Weizenmehl bereitgestellt. Wasser, Salz, Hefe und Gewürze stehen in ausreichender Menge zur Verfügung. Der Lehrling erfährt, dass der Meister heute krank ist und muss nun rekonstruieren, wieviele Brote er vom jeweiligen Typ backen muss, damit die bereitgestellten Zutaten aufgebraucht werden.

Ausgehend von der Fragestellung definiert er zunächst Variablen:

$$x_1 = \text{Anzahl der Roggenbrote}$$
$$x_2 = \text{Anzahl der Mischbrote}$$
$$x_3 = \text{Anzahl der hellen Brote.}$$

Mit diesen Anzahlen beläuft sich der Verbrauch von Sauerteig in Kilogramm auf

$$0.5x_1 + 0.2x_2 + 0.25x_3.$$

Er erhält also aufgrund der bereitstehenden Menge von 39kg Sauerteig die *lineare Gleichung*

$$0.5x_1 + 0.2x_2 + 0.25x_3 = 39$$

Und entsprechend für das Roggenmehl

$$0.4x_1 + 0.2x_2 + 0x_3 = 24$$

und das Weizenmehl

$$0x_1 + 0.4x_2 + 0.5x_3 = 28.$$

Der Lehrling steht also vor dem Problem Werte für x_1, x_2, x_3 zu finden, so dass alle Gleichungen des *linearen Gleichungssystems*

$$0.5x_1 + 0.2x_2 + 0.25x_3 = 39$$
$$0.4x_1 + 0.2x_2 + 0x_3 \quad = 24$$
$$0x_1 + 0.4x_2 + 0.5x_3 \quad = 28$$

simultan erfüllt sind.

Bevor wir uns mit der Lösung linearer Gleichungssysteme beschäftigen, klären wir zunächst einmal die grundlegenden Begriffe. Wir beginnen mit allgemeinen Beispielen für lineare Funktionen.

Bedarfsfunktionen

Angenommen es werden n Produkte - zum Beispiel $n = 3$ verschiedene Brote wie im vorigen Abschnitt - hergestellt. $x_1, \ldots, x_n$ gebe jeweils die Menge der hergestellten Produkte an. Beträgt der Bedarf eines bestimmten Rohstoffes zur Herstellung einer Einheit des i-ten Produkttypes a_i, so ist der Gesamtbedarf an diesem Rohstoff durch die lineare Funktion

$$f(x_1, \ldots, x_n) = a_1x_1 + a_2x_2 + \cdots + a_nx_n$$

gegeben.

Erlösfunktionen

Angenommen es werden n Produkte verkauft. $x_1, \ldots, x_n$ gebe jeweils die Anzahl der verkauften Produkte an. Hat das Produkt vom Typ i den Preis p_i, so ist der Erlös durch die lineare Funktion

$$E(x_1, \ldots, x_n) = p_1x_1 + p_2x_2 + \cdots + p_nx_n$$

gegeben.

Lineare Funktionen

Im Allgemeinen ist eine *lineare Funktion in den Veränderlichen* $x_1, \ldots, x_n$ eine Funktion der Form

$$f(x_1, \ldots, x_n) = a_1 x_1 + \cdots + a_n x_n,$$

wobei $a_1, \ldots, a_n$ beliebige feste reelle Zahlen sind, die wir auch *Koeffizienten* nennen. Beispiele linearer Funktionen sind

$$f(x_1, x_2, x_3) = -2x_1 + 3x_2 - 7x_3 \text{ oder } g(x_1, x_2) = 5x_1 + 3x_2.$$

Selbstverständlich können die Variablen auch anders lauten. Es sind beispielsweise auch

$$f(x, y, z) = 3x - 4y + 2z,$$
$$g(y_1, y_2) = -5y_1 + 30y_2, \text{ und}$$
$$h(u, v, w) = 6u + 8v - 20w$$

lineare Funktionen. All diese Funktionen sind bereits Beispiele für Funktionen in mehreren Veränderlichen. In größerer Allgemeinheit werden wir diese in Kapitel 7 behandeln.

Linear versus affin linear

Eine Funktion der Form

$$f(x_1, \ldots, x_n) = a_0 + a_1 x_1 + \cdots + a_n x_n,$$

die im Gegensatz zu einer linearen Funktion einen konstanten Summanden a_0 besitzt, nennen wir *affin linear*. In diesem Sinne sind unter den Geradenfunktionen $f(x) = a_0 + a_1 x$ nur die Ursprungsgeraden, also diejenigen mit $a_0 = 0$, linear. Aus historischen Gründen wird bei Geradenfunktionen dennoch oft der Begriff *affin* weggelassen und schlicht von linearen Funktionen gesprochen.

Lineare Gleichungen

Eine lineare Gleichung ist nun eine Gleichung der Form $f(x_1, \ldots, x_n) = b$, wobei f eine lineare Funktion und b eine reelle Zahl ist. Beispiele linearer Gleichungen sind

$$-2x_1 + 3x_2 - 7x_3 = -12 \text{ oder } 5x_1 + 3x_2 = 5.$$

Lineare Gleichungssysteme

Ein lineares Gleichungssystem in den Variablen $x_1, \ldots, x_n$ ist gegeben durch eine Familie von $m \geq 1$ linearen Gleichungen

$$f_1(x_1, \ldots, x_n) = b_1$$
$$f_2(x_1, \ldots, x_n) = b_2$$
$$\vdots$$
$$f_m(x_1, \ldots, x_n) = b_m.$$

Die Anzahl der Variablen n und die Anzahl der Gleichungen m können dabei durchaus verschieden sein. Ein Beispiel für ein lineares Gleichungssystem in den $n = 4$ Variablen x_1, x_2, x_3, x_4 mit $m = 3$ Gleichungen wäre

$$2x_1 + 3x_2 - 4x_3 + 5x_4 = 10$$
$$3x_1 - 2x_2 + 2x_3 - 15x_4 = 20 \qquad (*)$$
$$x_1 + x_2 - x_3 + 5x_4 = 30$$

oder in den $n = 3$ Variablen x_1, x_2, x_3 mit $m = 3$ Gleichungen

$$2x_1 + 4x_2 + 6x_3 = 6$$
$$4x_1 + 5x_2 + 8x_3 = 14$$
$$2x_1 - 3x_2 - 4x_3 = 10.$$

Lösungsmenge eines linearen Gleichungssystems

Interessiert sind wir an Belegungen der Variablen eines linearen Gleichungssystems, mit der Eigenschaft, dass alle Gleichungen simultan erfüllt werden. Eine solche Belegung nennen wir eine *Lösung* des linearen Gleichungssystems.

Eine Lösung des obigen linearen Gleichungssystems $(*)$ ist gegeben durch $x_1 = 17$, $x_2 = 61$, $x_3 = 53$ und $x_4 = 1$, wie sich durch Einsetzen leicht bestätigen lässt.

Wie wir die Menge aller Lösungen notieren werden, darauf werden wir im nächsten Abschnitt genauer eingehen. Ein lineares Gleichungssystem kann keine, genau eine oder unendlich viele Lösungen besitzen. Auch dies werden wir im Detail verstehen, sobald wir einen Lösungsalgorithmus diskutieren.

5.2 Aufgaben

Lösungen finden sich ab Seite 230.

1. Welche der folgenden Funktionen sind linear?
   ○ $f(x_1, x_2, x_3) = \sin(5)x_1 - 2x_3 + 3x_1 - 7x_2 + 8x_3,$

○ $g(x_1, x_2, x_3) = 2x_1x_3 - 5x_2 + 3x_3,$
○ $h(x_1, x_2, x_3) = -6(x_1 - x_3) + \pi x_2 + 256x_3,$
○ $k(x_1, x_2, x_3) = 2x_1 + 5x_2 - \sin(x_3),$
○ $E(u, v) = -(2u - 3)^2 + 6v + 4u^2 + 9,$
○ $G(x_1, x_2, x_3) = 16(x_1 - 2x_2),$
○ $U(x, y, z) = -3x + 4y + 2z - 16.$

2. Eine Lampenfirma hat zwei Leuchten im Angebot: Modell "Corona" und Modell "Solar". Für die Herstellung des Modells Corona werden 20 kleine und 3 große Lampenfassungen benötigt. Für die Herstellung des Modells Solar werden 12 kleine und 5 große Lampenfassungen benötigt. Im Lager befinden sich derzeit 580 kleine Fassungen und 135 große Fassungen. Es soll bestimmt werden, wieviele Modelle des jeweiligen Typs hergestellt werden können, wenn alle Fassungen aufgebraucht werden sollen. Stellen Sie ein lineares Gleichungssystem auf, mit dessen Hilfe man diese Frage beantworten kann.

3. Eine Pharmafirma bietet zwei Typen von Grippetabletten an: "Minigrippal" und "Maxigrippal". Die medizinisch wirksamen Bestandteile sind Ibuprofen und Pseudoephedrinhydrochlorid. Eine Tablette Minigrippal enthält 150 mg Ibuprofen und 20 mg Pseudoephedrinhydrochlorid. Eine Tablette Maxigrippal hingegen enthält 200 mg Ibuprofen und 30 mg Pseudoephedrinhydrochlorid. Eine Packung Minigrippal enthält 12 Tabletten, während eine Packung Maxigrippal 10 Tabletten enthält. Stellen Sie ein lineares Gleichungssystem auf, um ermitteln zu können, wieviele Packungen des jeweiligen Typs täglich produziert werden, wenn ein Tagesrohstoffbedarf von 2.8 kg an Ibuprofen und von 390 g Pseudoephedrinhydrochlorid verzeichnet wird.

4. Eine global agierende Firma bietet innovative Nabendynamos für Fahrräder an. Es werden die Modelle "Standard" und "Deluxe" angeboten und sie werden auf dem deutschen und dänischen Markt vertrieben. In Deutschland wird das Modell Standard für einen Händlerpreis von 129 Euro und das Modell Deluxe für 149 Euro angeboten. In Dänemark wird das Modell Standard für einen Händlerpreis von 1000 dänischen Kronen und das Modell Deluxe für 1150 dänische Kronen angeboten. Angenommen es werden monatlich insgesamt 500 Standard-Modelle und 250 Deluxe-Modelle abgesetzt und im letzten Monat wurde auf dem deutschen Markt ein Umsatz von 81 400 Euro und auf dem dänischen Markt ein Umsatz von 157 500 DKK erzielt. Stellen Sie ein lineares Gleichungssystem auf, um ermitteln zu können, wie die Absätze der jeweiligen Modelle auf die beiden Länder verteilt war.

5.3 Matrizen

Die Notation von linearen Gleichungssystemen lässt sich verschlanken, indem man auf die Variablennamen und Gleichheitszeichen verzichtet. Diese Art der

Effizienz führt uns auf das Konzept der Matrizen. All die Operationen, die wir mit Gleichungssystemen durchführen können, lassen sich auf einfache Weise auf Matrizen übertragen. Der Rechenkalkül für Matrizen erleichtert dabei die Übersicht und ebnet den Weg zur Implementation im Computer.

Einführendes Beispiel

Betrachten wir ein einfaches Beispiel eines linearen Gleichungssystems:

$$3x_1 - 7x_2 + x_3 = 4$$
$$-2x_1 + 5x_2 - 7x_3 = 5.$$

Diese Schreibweise beinhaltet sehr viel Ballast. Das Wesentliche sind doch die Koeffizienten der Variablen und die Werte der rechten Seite. Die Koeffizienten sind in der *Koeffizientenmatrix* vereinigt:

$$\begin{bmatrix} 3 & -7 & 1 \\ -2 & 5 & -7 \end{bmatrix}.$$

Die rechte Seite geben wir mit Hilfe des folgenden *Vektors* an:

$$\begin{bmatrix} 4 \\ 5 \end{bmatrix}.$$

Das heißt, die folgende *erweiterte Koeffizientenmatrix* gibt dieselben Informationen wieder, wie das ursprüngliche Gleichungssystem:

$$\left[\begin{array}{ccc|c} 3 & -7 & 1 & 4 \\ -2 & 5 & -7 & 5 \end{array}\right],$$

wobei wir die Indizes der ersten drei Spalten mit den Variablen x_1, x_2, x_3 identifizieren können.

Matrizen

Ein rechteckiges Schema von reellen Zahlen mit m Zeilen und n Spalten nennen wir *Matrix*. Wir können dies allgemein in der Form

$$\begin{bmatrix} a_{11} & a_{12} & \cdots & a_{1n} \\ a_{21} & a_{22} & \cdots & a_{2n} \\ \vdots & & & \vdots \\ a_{m1} & a_{m2} & \cdots & a_{mn} \end{bmatrix}$$

schreiben, wobei wir die Einträge der Matrix in der Form a_{ij} schreiben. Die Variable i ist der *Zeilenindex der Matrix* und nimmt die Werte $1, 2, \ldots, m$ an. Die Variable j ist der *Spaltenindex der Matrix* und nimmt die Werte $1, 2, \ldots, n$

an. Eine solche Matrix mit m Zeilen und n Spalten bezeichnen wir auch kurz als $m \times n$–Matrix (sprich: "m-Kreuz-n-Matrix").

Schauen wir uns beispielsweise die bereits betrachtete Matrix

$$\begin{bmatrix} 3 & -7 & 1 \\ -2 & 5 & -7 \end{bmatrix}.$$

an. Diese Matrix besitzt $m = 2$ Zeilen und $n = 3$ Spalten. Sie ist also eine 2×3-Matrix. Die Einträge sind $a_{11} = 3, a_{12} = -7, a_{13} = 1, a_{21} = -2, a_{22} = 5$ und $a_{23} = -7$.

Quadratische Matrizen

Ist die Anzahl der Zeilen und Spalten identisch, gilt also $m = n$, so bezeichnen wir die Matrix als *quadratisch*. Bei einer quadratischen $n \times n$–Matrix nennen wir die Einträge a_{ii}, $i = 1, \ldots, n$, *Diagonaleinträge*. Sie bilden die *Diagonale* der Matrix.

$$\begin{bmatrix} a_{11} & a_{12} & a_{13} & \cdots & a_{1n} \\ a_{21} & a_{22} & a_{23} & \cdots & a_{2n} \\ a_{31} & a_{32} & a_{33} & \cdots & a_{2n} \\ \vdots & & & \ddots & \vdots \\ a_{n1} & a_{n2} & a_{23} & \cdots & a_{nn} \end{bmatrix}$$

Die Diagonale verläuft also von oben links nach unten rechts. Sie ist von herausragender Bedeutung, wie wir sehen werden. Die andere *denkbare* Diagonale spielt hingegen eine unbedeutende Rolle und hat deshalb auch keinen eigenen Namen.

Wir nennen eine quadratische Matrix *symmetrisch*, wenn die Spiegelung entlang der Diagonalen dieselbe Matrix ergibt, wenn also $a_{21} = a_{12}$, $a_{31} = a_{13}$, $a_{32} = a_{23}$, usw. gilt, wenn also ganz allgemein $a_{ij} = a_{ji}$ für alle Indices $i, j = 1, 2, \ldots, n$ gilt.

Schreibweise

Typischerweise benutzen wir für Matrizen große lateinische Buchstaben $A, B, C, \ldots$ Wir schreiben also

$$A = \begin{bmatrix} a_{11} & a_{12} & \cdots & a_{1n} \\ a_{21} & a_{22} & \cdots & a_{2n} \\ \vdots & & & \vdots \\ a_{m1} & a_{m2} & \cdots & a_{mn} \end{bmatrix}$$

Auch für die rechte Seite gibt es – ähnlich wie für Folgen – eine abkürzende Schreibweise.

$$A = [a_{ij}]_{\substack{i=1,\ldots,m \\ j=1,\ldots,n}}$$

Vektoren

Vektoren sind (in unserem Zusammenhang) Matrizen mit nur einer Zeile oder einer Spalte, also $1 \times n$– bzw. $m \times 1$–Matrizen. Sie werden entsprechend notiert:

$$a = [a_1, a_2 \ldots, a_n] \qquad \text{und} \qquad b = \begin{bmatrix} b_1 \\ b_2 \\ \vdots \\ b_m \end{bmatrix}.$$

Jede Zeile einer $m \times n$–Matrix bildet einen *Zeilenvektor*, jede Spalte einen *Spaltenvektor*.

Wichtige Matrizen und Vektoren

Einigen Matrizen und Vektoren werden wir immer wieder begegnen, da sie eine herausragende Rolle spielen. Daher wollen wir ihnen Namen geben.

Betrachten wir als Motivation für eine der wichtigsten Matrizen das folgende lineare Gleichungssystem:

$$\begin{array}{rcl} x_1 & = & c_1 \\ x_2 & = & c_2 \\ & \ddots & \vdots \\ x_n & = & c_n. \end{array}$$

Niemand wird bezweifeln, dass dies die schönste Variante eines linearen Gleichungssystems ist: die Werte für $x_1, \ldots, x_n$ lassen sich direkt ablesen. Die Koeffizientenmatrix dieses Gleichungssystems nennen wir $n \times n$–*Einheitsmatrix* $E^n = [\delta_{ij}]_{\substack{i=1,\ldots,n \\ j=1,\ldots,n}}$. Sie ist beschrieben durch

$$\delta_{ij} = \begin{cases} 1, & \text{falls } i = j, \\ 0, & \text{falls } i \neq j. \end{cases}$$

Die Einheitsmatrix E^n ist also eine quadratische $n \times n$–Matrix, bei der sich Einsen auf der Diagonale und Nullen jenseits der Diagonale befinden:

$$E^n = \begin{bmatrix} 1 & 0 & \cdots & 0 & 0 \\ 0 & 1 & \cdots & 0 & 0 \\ \vdots & & \ddots & & \vdots \\ 0 & 0 & \cdots & 1 & 0 \\ 0 & 0 & \cdots & 0 & 1 \end{bmatrix}.$$

Die Spalten der Einheitsmatrix bilden die sogenannten *Einheitsvektoren* $e_1^n, \ldots, e_n^n$:

$$e_1^n = \begin{bmatrix} 1 \\ 0 \\ \vdots \\ 0 \end{bmatrix}, e_2^n = \begin{bmatrix} 0 \\ 1 \\ \vdots \\ 0 \end{bmatrix}, \ldots, e_n^n = \begin{bmatrix} 0 \\ 0 \\ \vdots \\ 1 \end{bmatrix}.$$

Die Summe (eine Operation, die wir noch definieren werden) der Einheitsvektoren ergibt wiederum einen einfachen Vektor, den wir den *summierenden Vektor s^n* nennen:

$$s^n = \begin{bmatrix} 1 \\ 0 \\ \vdots \\ 0 \end{bmatrix} + \begin{bmatrix} 0 \\ 1 \\ \vdots \\ 0 \end{bmatrix} + \cdots + \begin{bmatrix} 0 \\ 0 \\ \vdots \\ 1 \end{bmatrix} = \begin{bmatrix} 1 \\ 1 \\ \vdots \\ 1 \end{bmatrix}.$$

In vielen Fällen ist die Anzahl n der Einträge von e_i^n und s^n klar. In diesem Fall schreiben wir nur e_i und s.

Schließlich nennen wir einen Vektor, der nur Nulleinträge hat, *Nullvektor* und bezeichnen ihn einfach ebenfalls mit dem Symbol 0. Ferner nennen wir eine Matrix, die ausschließlich Nulleinträge hat *Nullmatrix* und bezeichnen sie ebenfalls mit dem Symbol 0.

Addition von Matrizen

Matrizen gleichen Formats können wir komponentenweise addieren. Sind also

$$A = [a_{ij}]_{\substack{i=1,\ldots,m \\ j=1,\ldots,n}} \qquad \text{und} \qquad B = [b_{ij}]_{\substack{i=1,\ldots,m \\ j=1,\ldots,n}}$$

zwei $m \times n$–Matrizen, so erklären wir die Summe

$$A + B = [a_{ij} + b_{ij}]_{\substack{i=1,\ldots,m \\ j=1,\ldots,n}}.$$

Es ist zum Beispiel

$$\begin{bmatrix} 3 & -2 & 4 \\ 1 & 7 & -9 \end{bmatrix} + \begin{bmatrix} -2 & 5 & -4 \\ 3 & 2 & 5 \end{bmatrix} = \begin{bmatrix} 1 & 3 & 0 \\ 4 & 9 & -4 \end{bmatrix}.$$

Multiplikation von Matrizen mit Skalaren

Wir können eine Matrix auch mit einer festen Zahl – einem *Skalar* – multiplizieren. Ist $\lambda \in \mathbb{R}$ (sprich: ['lambda]) eine reelle Zahl und $A = [a_{ij}]_{\substack{i=1,\ldots,m \\ j=1,\ldots,n}}$ eine $m \times n$–Matrix, so bilden wir das Produkt von λ mit A:

$$\lambda \cdot A = [\lambda \cdot a_{ij}]_{\substack{i=1,\ldots,m \\ j=1,\ldots,n}}$$

indem wir alle Einträge von A mit λ multiplizieren. Es ist zum Beispiel

$$(-3) \cdot \begin{bmatrix} 1 & 3 & 0 \\ 4 & 9 & -4 \end{bmatrix} = \begin{bmatrix} -3 & -9 & 0 \\ -12 & -27 & 12 \end{bmatrix}.$$

Transposition von Matrizen

Eine wichtige Operation von Matrizen ist die *Transposition*, das Vertauschen von Zeilen und Spalten. Sei also $A = [a_{ij}]_{\substack{i=1,\ldots,m \\ j=1,\ldots,n}}$ eine $m \times n$–Matrix. Dann ist die transponierte Matrix A^T die $n \times m$–Matrix gegeben durch

$$A = [a_{ji}]_{\substack{j=1,\ldots,n \\ i=1,\ldots,m}}.$$

Die Transponierte A^T geht also aus A hervor, indem die erste Zeile zur ersten Spalte, die zweite Zeile zur zweiten Spalte gemacht wird, usw.

Es ist beispielsweise

$$\begin{bmatrix} 1 & 3 & 0 \\ 4 & 9 & -4 \end{bmatrix}^T = \begin{bmatrix} 1 & 4 \\ 3 & 9 \\ 0 & -4 \end{bmatrix}.$$

Man bemerke, dass $(A^T)^T = A$ gilt. Ferner ist eine quadratische Matrix A offenbar genau dann symmetrisch, wenn $A^T = A$ gilt.

Eigenschaften von Matrixaddition, Skalarmultiplikation und Transposition

Die Matrixaddition, Skalarmultiplikation und Transposition erfüllen einige Eigenschaften. Seien A, B, C $m \times n$–Matrizen und λ und μ (sprich: ['lambda] und [mü:]) reelle Zahlen. Dann gelten:

1. $(A + B) + C = A + (B + C)$,
2. $A + B = B + A$,
3. $A + 0 = 0 + A = A$,
4. $A + (-1) \cdot A = 0$,
5. $\lambda \cdot (A + B) = \lambda \cdot A + \lambda \cdot B$,
6. $(\lambda + \mu) \cdot A = \lambda \cdot A + \mu \cdot A$,
7. $(\lambda\mu) \cdot A = \lambda \cdot (\mu \cdot A)$,
8. $(A + B)^T = A^T + B^T$.

Aufgrund der 4. Eigenschaft kürzen wir $(-1) \cdot A$ auch mit $-A$ ab.

5.4 Aufgaben

Lösungen finden sich ab Seite 230.

1. Eine 7×4-Matrix A
   - ○ hat 7 Spalten und 4 Zeilen.
   - ○ hat 7 Zeilen und 4 Spalten.
   - ○ kann in der Form

   $$A = [a_{ij}]_{\substack{i=1,\ldots,7 \\ j=1,\ldots,4}}$$

   notiert werden.
   - ○ kann in der Form

   $$A = [a_{ij}]_{\substack{i=1,\ldots,4 \\ j=1,\ldots,7}}$$

   notiert werden.
2. Die Transponierte $(E^n)^T$ der $n \times n$-Einheitsmatrix E^n ergibt
   - ○ die Nullmatrix.
   - ○ die Matrix E^n.
   - ○ die $n \times n$-Matrix

   $$\begin{bmatrix} 0 & 0 & \cdots & 0 & 1 \\ 0 & 0 & \cdots & 1 & 0 \\ \vdots & & \ddots & & \vdots \\ 0 & 1 & \cdots & 0 & 0 \\ 1 & 0 & \cdots & 0 & 0 \end{bmatrix}.$$

   - ○ die $n \times n$-Matrix

   $$\begin{bmatrix} T & 0 & \cdots & 0 & 0 \\ 0 & T & \cdots & 0 & 0 \\ \vdots & & \ddots & & \vdots \\ 0 & 0 & \cdots & T & 0 \\ 0 & 0 & \cdots & 0 & T \end{bmatrix}.$$

3. Geben Sie für das lineare Gleichungssystem des Bäckerlehrlings von Seite 110 die erweiterte Koeffizientenmatrix an.
4. Geben Sie für das folgende lineare Gleichungssystem die erweiterte Koeffizientenmatrix an.

   $$3x_1 - 2x_2 = -1$$
   $$-4x_1 + 3x_2 = +4$$
   $$7x_1 - 5x_2 = -2$$

5. Geben Sie für das folgende lineare Gleichungssystem die erweiterte Koeffizientenmatrix an.

$$-3x_1 + 9x_2 + x_3 - 15x_4 = -7$$
$$x_1 - 3x_2 - x_3 - 9x_4 = -3$$
$$7x_1 - 2x_2 - 5x_3 - 57x_4 = -5$$

6. Es sei die 3×3–Matrix A gegeben durch $a_{ij} = i + j$, wobei $i, j = 1, \ldots, 3$. Schreiben Sie die Matrix aus. Ist diese Matrix symmetrisch?

7. Es sei die 3×3–Matrix B gegeben durch $b_{ij} = (-1)^{i+j}$, wobei $i, j = 1, \ldots, 3$. Schreiben Sie die Matrix aus. Ist diese Matrix symmetrisch?

8. Es sei die 4×4–Matrix A definiert durch

$$a_{ij} = \begin{cases} 1, & \text{falls } i = j, \\ 0, & \text{sonst,} \end{cases}$$

wobei $i, j = 1, \ldots, 4$. Schreiben Sie die Matrix aus. Sind Sie dieser Matrix bereits begegnet?

9. Es sei die 4×4–Matrix definiert durch

$$a_{ij} = \begin{cases} 1, & \text{falls } i \leq j, \\ 0, & \text{sonst,} \end{cases}$$

wobei $i, j = 1, \ldots, 4$. Schreiben Sie die Matrix aus.

10. Es seien die Vektoren $a = [-2, 1, 3]^T$, $b = [5, 0, -2]^T$, und $c = [6, -2, -1]^T$ gegeben. Berechnen Sie
   a) $2a + 3b + (-2)c$,
   b) $a + 2c + 0$,
   c) $c + e_2^3$,
   d) $4b + (-2)s^3$.

11. Es seien

$$A = \begin{bmatrix} 2 & -1 & -3 \\ -3 & 0 & 5 \end{bmatrix} \text{ und } B = \begin{bmatrix} 1 & 5 \\ 0 & 2 \\ -2 & 1 \end{bmatrix}$$

Berechnen Sie $3A + (-1)B^T$ und $3A^T + (-1)B$ und vergleichen Sie.

5.5 Bedarfsverflechtungen und Matrixmultiplikation

Bedarfsverflechtungen

Angenommen eine Naturkosmetikfirma stellt in einem Produktionsprozess aus drei Rohstoffen R_1, R_2 und R_3 die Zwischenprodukte Z_1, Z_2, Z_3, Z_4, und aus diesen zwei Endprodukte - beispielsweise Seifen - E_1 und E_2 her. Die zur

$$
\begin{array}{c|cccc}
 & Z_1 & Z_2 & Z_3 & Z_4 \\
\hline
R_1 & 3 & 1 & 2 & 7 \\
R_2 & 7 & 0 & 4 & 1 \\
R_3 & 2 & 5 & 0 & 3
\end{array}
\qquad
\begin{array}{c|cc}
 & E_1 & E_2 \\
\hline
Z_1 & 3 & 2 \\
Z_2 & 1 & 4 \\
Z_3 & 5 & 3 \\
Z_4 & 2 & 7
\end{array}
$$

Abb. 5.1. Bedarfstabellen.

Herstellung jeweils einer Einheit eines Zwischenproduktes oder eines Endproduktes benötigten Einheiten sind in Abbildung 5.1 wiedergegeben.

Die Tabellen können wir offenbar auch als Matrizen auffassen.

$$
A = \begin{bmatrix} 3 & 1 & 2 & 7 \\ 7 & 0 & 4 & 1 \\ 2 & 5 & 0 & 3 \end{bmatrix} \quad \text{und} \quad B = \begin{bmatrix} 3 & 2 \\ 1 & 4 \\ 5 & 3 \\ 2 & 7 \end{bmatrix}
$$

Die Matrix A ist dann die Rohstoff-Zwischenprodukt-Matrix, die Matrix B entsprechend die Zwischenprodukt-Endprodukt-Matrix. Eine naheliegende Frage mit der wir uns eingehender beschäftigen werden ist, wieviele Einheiten eines jeweiligen Rohstoffes zur Erzeugung einer Einheit eines bestimmten Endproduktes benötigt werden. Zunächst wollen wir die Situation erst einmal graphisch darstellen.

Verflechtungsgraphen

Stellen wir die Rohstoffe, Zwischen- und Endprodukte als Knoten und die jeweils benötigten Rohstoffmengen entlang von gerichteten Kanten graphisch dar, so erhalten wir den *Verflechtungsgraphen* der Bedarfsverflechtung (auch *Gozintograph* genannt, wobei es sich empfiehlt diesen Begriff nicht zu verwenden, da dieser Begriff im Rahmen eines Scherzes entstanden ist, mathematische Begrifflichkeiten aber inhaltlich begründet und sprechend sein sollten).

Im Falle des oben behandelten Beispiels sieht der Verflechtungsgraph wie in Abbildung 5.2 aus.

Produkt eines Zeilen- mit einem Spaltenvektor

Kommen wir zu unserer Fragestellung zurück: Wie viele Einheiten eines jeweiligen Rohstoffes werden zur Erzeugung einer Einheit eines bestimmten Endprodukts benötigt?

In unserem Beispiel könnten wir beispielsweise fragen: Wie viele Einheiten des Rohstoffes R_3 werden zur Erzeugung einer Einheit des Endproduktes E_1 benötigt?

Es ist klar, dass nur der grau gefärbte Teil des Verflechtungsgraphen für die Antwort dieser Frage relevant ist. Dazu korrespondieren die dritte Zeile der Matrix A

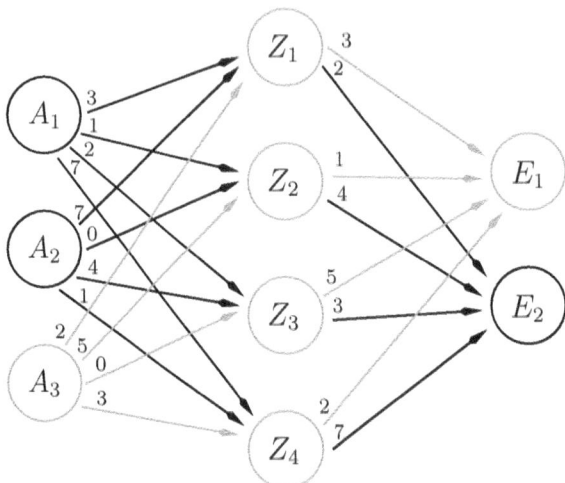

Abb. 5.2. Beispiel eines Verflechtungsgraphen.

$$a = \begin{bmatrix} 2 & 5 & 0 & 3 \end{bmatrix}$$

und die erste Spalte der Matrix B:

$$b = \begin{bmatrix} 3 \\ 1 \\ 5 \\ 2 \end{bmatrix}.$$

Und die benötigten Einheiten des Rohstoffes R_3, die zur Erzeugung einer Einheit des Endproduktes E_1 benötigt werden, sind offenbar:

$$2 \cdot 3 + 5 \cdot 1 + 0 \cdot 5 + 3 \cdot 2 = 17.$$

Diese Zahl ergibt sich als das *Produkt* des Zeilenvektors a und des Zeilenvektors b.

Das Produkt eines Zeilen- mit einem Spaltenvektor

Allgemein ist das Produkt eines $1 \times n$–Zeilenvektors $a = [a_1 \, a_2 \, \cdots \, a_n]$ mit einem $n \times 1$–Spaltenvektor

$$b = \begin{bmatrix} b_1 \\ b_2 \\ \vdots \\ b_n \end{bmatrix}$$

durch

$$a \cdot b = a_1 b_1 + a_2 b_2 + \cdots + a_n b_n$$

erklärt. Dieses Produkt bildet die Grundlage des allgemeinen Produktes von Matrizen.

Das Produkt zweier Matrizen

Fassen wir für alle Rohstoffe und Endprodukte die Ergebnisse in einer Matrix C zusammen, so hat diese in unserem Beispiel drei Zeilen und zwei Spalten.

$$C = \begin{bmatrix} c_{11} & c_{12} \\ c_{21} & c_{22} \\ c_{31} & c_{32} \end{bmatrix}$$

Hierbei entspricht also der Eintrag c_{ik} der Anzahl der benötigten Einheiten des Rohstoffes R_i, die zur Erzeugung einer Einheit des Endproduktes E_k benötigt werden. Wir haben gesehen, dass der Eintrag c_{ik} dem Produkt des i-ten Zeilenvektors von A mit dem k-ten Spaltenvektor von B entspricht. Wir nennen C das Produkt der Matrizen A und B:

$$C = A \cdot B.$$

In unserem Beispiel erhalten wir die Rohstoff-Endprodukt-Matrix

$$C = \begin{bmatrix} 34 & 65 \\ 43 & 33 \\ 17 & 45 \end{bmatrix}.$$

Allgemein können wir das *Matrixprodukt zweier Matrizen A und B* entsprechend definieren, wenn die Anzahl der Spalten der Matrix A gleich der Anzahl der Zeilen der Matrix B sind. Seien also

$$A = [a_{ij}]_{\substack{i=1,\ldots,m \\ j=1,\ldots,n}} \qquad \text{und} \qquad B = [b_{jk}]_{\substack{j=1,\ldots,n \\ k=1,\ldots,r}}$$

zwei Matrizen mit dieser Eigenschaft. Das Produkt $C = A \cdot B$ ist die $m \times r$-Matrix

$$C = [c_{ik}]_{\substack{i=1,\ldots,m, \\ k=1,\ldots,r}}$$

wobei c_{ik} durch das Produkt der i-ten Zeile von A mit der k-ten Spalte von B gegeben ist:

$$c_{ik} = a_{i1} b_{1k} + a_{i2} b_{2k} + \cdots + a_{in} b_{nk} = \sum_{j=1}^{n} a_{ij} b_{jk}.$$

Falkschema

Für die schriftliche Matrixmultiplikation eignet sich das in Abbildung 5.3 abgebildete *Falkschema*.

$$
\begin{array}{cccccc|cccccc}
 & & & & & & b_{11} & b_{12} & \cdots & b_{1k} & \cdots & b_{1r} \\
 & & & & & & b_{21} & b_{22} & \cdots & b_{2k} & \cdots & b_{2r} \\
 & & & & & & \vdots & \vdots & \ddots & \vdots & \ddots & \vdots \\
 & & & & & & b_{n1} & b_{n2} & \cdots & b_{nk} & \cdots & b_{nr} \\
\hline
a_{11} & a_{12} & \cdots & a_{1n} & & & c_{11} & c_{12} & \cdots & c_{1k} & \cdots & c_{1r} \\
a_{21} & a_{22} & \cdots & a_{2n} & & & c_{21} & c_{22} & \cdots & c_{2k} & \cdots & c_{2r} \\
\vdots & \vdots & \ddots & \vdots & & & \vdots & \vdots & \ddots & \vdots & \ddots & \vdots \\
a_{i1} & a_{i2} & \cdots & a_{in} & & & c_{i1} & c_{i2} & \cdots & c_{ik} & \cdots & c_{ir} \\
\vdots & \vdots & \ddots & \vdots & & & \vdots & \vdots & \ddots & \vdots & \ddots & \vdots \\
a_{m1} & a_{m2} & \cdots & a_{mn} & & & c_{m1} & c_{m2} & \cdots & c_{mk} & \cdots & c_{mr}
\end{array}
$$

Abb. 5.3. Falkschema.

Der Eintrag c_{ik} in Zeile i und Spalte k der Ergebnismatrix ergibt sich nun durch das Produkt der links davon stehenden Zeile und der darüber liegenden Spalte.

Sinnvolle Notation im Falle einer Bedarfsverflechtung

Die Zeilen und Spalten der Bedarfsmatrizen einer Bedarfsverflechtung können ja auf verschiedene Weise indiziert sein. Zu einem sinnvollen Ergebnis kamen wir, wenn die Zeilen der Rohstoff-Zwischenprodukt-Matrix mit den Rohstoffen – abkürzend mit "R" bezeichnet – und die Spalten mit den Zwischenprodukten – mit "Z" bezeichnet – indiziert sind. Sprechend können wir diese Matrix mit M_{RZ} bezeichnen. Der erste Index steht hier wieder für die Indizes der Zeilen, der zweite für die Indizes der Spalten. Sind Zeilen und Spalten umgekehrt indiziert, so würden wir von der Matrix M_{ZR} sprechen. Offenbar gilt $M_{RZ} = M_{ZR}^{T}$. Bezeichnen wir die Zwischenprodukt-Endprodukt-Matrix entsprechend mit M_{ZE}, die Zeilen mit den Zwischenprodukten, die Spalten mit den Endprodukten – mit "E" bezeichnet – indiziert, so gilt also für die Rohstoff-Endprodukt-Matrix M_{RE}:

$$M_{RE} = M_{RZ} \cdot M_{ZE}.$$

Beim Multiplizieren verlieren wir also den Index "Z". Dies passiert in Analogie zu der Tatsache, dass das Produkt einer $m \times n$-Matrix mit einer $n \times r$-Matrix eine $m \times r$-Matrix ist. Das n entfällt hier entsprechend.

Rohstoff- und Endproduktbedarfsvektoren

Eine natürliche Fragestellung im Zusammenhang mit der Rohstoff-Endprodukt-Matrix M_{RE} ist die Bestimmung der jeweiligen Rohstoffmengen, die für eine vorgegebene Anzahl von herzustellenden Endprodukten benötigt werden.

Angenommen in dem von uns betrachteten Beispiel sollen 40 Einheiten des ersten und 30 Einheiten des zweiten Endproduktes hergestellt werden. Im Lichte der Rohstoff-Endprodukt-Matrix

$$M_{RE} = \begin{bmatrix} 34 & 65 \\ 43 & 33 \\ 17 & 45 \end{bmatrix}.$$

werden hierfür offenbar $34 \cdot 40 + 65 \cdot 30 = 3310$ Einheiten des ersten Rohstoffs benötigt. Insgesamt erhalten wir für den Rohstoffbedarfsvektor:

$$x_R = \begin{bmatrix} 34 \cdot 40 + 65 \cdot 30 \\ 43 \cdot 40 + 33 \cdot 30 \\ 17 \cdot 40 + 45 \cdot 30 \end{bmatrix} = \begin{bmatrix} 3310 \\ 2710 \\ 2030 \end{bmatrix}.$$

Halten wir kurz inne, so sehen wir, dass dies dem Produkt der Rohstoff-Endprodukt-Matrix M_{RE} mit dem Endproduktbedarfsvektor

$$x_E = \begin{bmatrix} 40 \\ 30 \end{bmatrix}$$

entspricht. Wir erhalten also die grundlegende Gleichung

$$x_R = M_{RE} \cdot x_E.$$

Wir weisen bereits auf eine weitere mögliche Fragestellung in diesem Zusammenhang hin: angenommen es besteht ein gewisser Lagerbestand an Rohstoffen. Wieviele Endprodukte des jeweiligen Typs können damit hergestellt werden? Mit anderen Worten ist der Vektor x_R gegeben und es geht um die Bestimmung des Vektors x_E. In diesem Fall entspricht die Gleichung $x_R = M_{RE} \cdot x_E$ einem linearen Gleichungssystem.

Skalarprodukt

Das Skalarprodukt ist für zwei $n \times 1$–Spaltenvektoren a und b erklärt:

$$\langle a, b \rangle = a^T \cdot b,$$

wobei die rechte Seite dem Produkt eines Zeilen- mit einem Spaltenvektor entspricht. Mit Hilfe des Skalarproduktes lassen sich einige geometrische Eigenschaften von Vektoren definieren. So ist die *euklidische Länge* $\|a\|$ eines Vektors a gegeben durch

$$\|a\| = \sqrt{\langle a, a \rangle}.$$

Mit Hilfe der folgenden Relation lässt sich der *Winkel* $\angle(a, b)$ zwischen zwei Vektoren definieren:

$$\langle a, b \rangle = \|a\| \cdot \|b\| \cdot \cos \angle(a, b).$$

Eigenschaften der Matrixmultiplikation und Zusammenspiel mit den anderen Matrixoperationen

Die Matrixmultiplikation hat ähnliche Eigenschaften wie die Addition. Nur an einer Stelle unterscheidet sie sich wesentlich: Es kommt auf die Reihenfolge der Faktoren an. In vielen Fällen ist allein wegen des Formats der Matrizen höchstens eines der Produkte $A \cdot B$ oder $B \cdot A$ definiert. Im speziellen Fall einer $m \times n$–Matrix A und einer $n \times m$–Matrix B sind beide Produkte definiert, aber führen zu einer $m \times m$– bzw. $n \times n$–Matrix. Wenn m und n verschieden sind, sind offenbar auch die Produkte $A \cdot B$ und $B \cdot A$ verschieden. Und selbst wenn wir zwei quadratische $n \times n$–Matrizen A und B multiplizieren, ist in der Regel das Produkt $A \cdot B$ verschieden von $B \cdot A$. Zum Beispiel ist

$$\begin{bmatrix} 1 & 1 \\ -1 & -1 \end{bmatrix} \cdot \begin{bmatrix} 1 & 1 \\ 1 & 1 \end{bmatrix} = \begin{bmatrix} 2 & 2 \\ -2 & -2 \end{bmatrix}$$

aber

$$\begin{bmatrix} 1 & 1 \\ 1 & 1 \end{bmatrix} \cdot \begin{bmatrix} 1 & 1 \\ -1 & -1 \end{bmatrix} = \begin{bmatrix} 0 & 0 \\ 0 & 0 \end{bmatrix}.$$

Für jede $m \times n$–Matrix A, $n \times r$–Matrix B, $r \times s$–Matrix C und reelle Zahl λ gilt aber:

1. $A \cdot (B \cdot C) = (A \cdot B) \cdot C$,
2. $\lambda \cdot (A \cdot B) = A \cdot (\lambda \cdot B)$,
3. $(A \cdot B)^T = B^T \cdot A^T$.

Ferner gelten für Matrizen A, B, C von jeweils passendem Format die folgenden *Distributivgesetze*:

1. $(A + B) \cdot C = A \cdot C + B \cdot C$ und
2. $A \cdot (B + C) = A \cdot B + A \cdot C$.

5.6 Aufgaben

Lösungen finden sich ab Seite 231.

1. Das Matrixprodukt $a \cdot b$ zweier Vektoren a und b ist definiert, falls

○ a ein $1 \times n$-Zeilenvektor und b ein $1 \times n$-Zeilenvektor ist.
○ a ein $n \times 1$-Spaltenvektor und b ein $n \times 1$-Spaltenvektor ist.
○ a ein $1 \times n$-Zeilenvektor und b ein $n \times 1$-Spaltenvektor ist.
○ a ein $n \times 1$-Spaltenvektor und b ein $1 \times n$-Zeilenvektor ist.

2. Es seien $x = [1, 2, -3]$ und $y = [-2, 5, 4]$. Das Produkt $x^T \cdot y$ ist
○ eine 3×3-Matrix,
○ eine 3×1-Matrix,
○ eine 1×3-Matrix,
○ eine Zahl bzw. eine 1×1-Matrix.

3. Bei der Rohstoff-Zwischenprodukt-Matrix M_{RZ} indiziert man
○ die Zeilen mit den Rohstoffen und die Spalten mit den Zwischenprodukten.
○ die Spalten mit den Rohstoffen und die Zeilen mit den Zwischenprodukten.

Und bei der Zwischenprodukt-Endprodukt-Matrix M_{ZE} indiziert man
○ die Zeilen mit den Zwischenprodukten und die Spalten mit den Endprodukten.
○ die Spalten mit den Endprodukten und die Zeilen mit den Zwischenprodukten.

4. In einem Produktionsprozess werden vier Teile T_1, T_2, T_3 und T_4, zu drei Baugruppen B_1, B_2 und B_3 verarbeitet. Die jeweils benötigten Anzahlen sind in der folgenden Tabelle wiedergegeben.

	T_1	T_2	T_3	T_4
B_1	0	3	2	2
B_2	4	1	1	0
B_3	2	2	3	1

In der folgenden Produktionsstufe werden die drei Baugruppen zu Endprodukten E_1, E_2 und E_3 verarbeitet, wobei die Anzahlen der benötigten Baugruppen je Endprodukt wie folgt sind.

	E_1	E_2	E_3
B_1	2	1	3
B_2	1	3	0
B_3	2	1	4

a) Stellen Sie die Verflechtungen der Teile mit den Baugruppen, sowie der Baugruppen mit den Endprodukten in einem Verflechtungsgraphen dar.

b) Wie viele Ausgangsteile des jeweiligen Typs werden benötigt, wenn 30 Erzeugnisse E_1, 120 Erzeugnisse E_2 und 80 Erzeugnisse E_3 hergestellt werden sollen? Betrachten und bestimmen Sie hierfür die relevanten Matrizen und berechnen den Vektor der benötigten Ausgangsteile.

c) Wie viele Ausgangsteile werden benötigt, wenn zusätzlich zu den in a) geforderten Mengen die Bereitstellung von Baugruppen zu Reparaturzwecken im Umfang von 20% der zu verarbeitenden Baugruppen gefordert wird?

5. Ein finnisches Möbelhaus bietet das Regalsystem Ivon an. Bei diesem Regalsystem lassen sich aus wenigen Grundelementen viele Regalkombinationen erstellen. Wir wollen zwei Kombinationen bestehend aus drei Grundelementen betrachten. Grundelement I ist ein vollständiges Regal bestehend aus zwei Seitenteilen, 6 breiten Einlegeböden und einem Regalkreuz. Die Erweiterung Grundelement II besteht aus einem Seitenteil, 4 breiten Einlegeböden und einem Regalkreuz. Grundelement III besteht aus einem Seitenteil und 6 schmalen Einlegeböden. Die *kleine* Regalkombination besteht nun aus einem Grundelement I und einem Grundelement III. Die *große* Kombination besteht aus einem Grundelement I, einem Grundelement II und einem Grundelement III.

   a) Stellen Sie die Verflechtungen der Teile mit den Grundelementen, sowie der Grundelemente mit den Regalkombinationen in einem Verflechtungsgraphen dar.

   b) Bestimmen Sie die Verflechtungsmatrizen Teile-Grundelemente und Grundelemente-Regalkombinationen und berechnen Sie die Teile-Regalkombinations-Matrix.

   c) Wie viele Teile werden benötigt, wenn 225 kleine und 150 große Regalkombinationen vorrätig sein sollen. Wieviele der jeweiligen Grundelemente müssen dafür zusammengestellt werden?

6. Es sei $a = [2, -3, 5]^T$. Berechnen Sie die folgenden Produkte.

   a) $a^T \cdot e_1$,

   b) $a^T \cdot e_3$,

   c) $(e_1)^T \cdot a$,

   d) $(e_2)^T \cdot a$.

   Welchem Muster folgen Ihre Rechenergebnisse?

7. Seien $a = [2, -3, 5]^T$ und $b = [4, 2, -1]^T$. Berechnen Sie die folgenden Produkte.

   a) $a^T \cdot b$,

   b) $a^T \cdot s^3$,

   c) $(s^3)^T \cdot a$.

8. Seien $a = [2, -3, 5]^T$ und $b = [4, 2, -1]^T$. Berechnen Sie die folgenden Produkte.

   a) $a \cdot b^T$,

   b) $a \cdot (e_2)^T$,

   c) $a \cdot (s^3)^T$,

   d) $s^3 \cdot b^T$.

9. Gegeben seien die Matrizen

$$A = \begin{bmatrix} a & b & c \\ d & e & f \\ g & h & i \end{bmatrix} \qquad \text{und} \qquad B = \begin{bmatrix} 0 & 0 & 1 \\ 0 & 1 & 0 \\ 1 & 0 & 0 \end{bmatrix}.$$

a) Bilden Sie die Produkte AB und BA und beschreiben Sie die Wirkung der Multiplikation von B mit A von rechts und von links.

b) Welche Gleichungen für die Variablen $a, b, c, \ldots, i$ ergeben sich aus der Gleichung $AB = BA$?

c) Geben Sie ein Beispiel für eine Belegung der Variablen $a, b, c, \ldots, i$ an, so dass $AB \neq BA$ gilt.

d) Geben Sie ein Beispiel für eine nicht-triviale Belegung (d.h. nicht alle gleich 0) der Variablen $a, b, c, \ldots, i$ an, so dass $AB = BA$ gilt.

10. Gegeben seien die Matrizen

$$A = \begin{bmatrix} -2 & 3 & 4 \\ 2 & 3 & -8 \end{bmatrix}, B = \begin{bmatrix} 1 & 0 & -3 \\ 5 & -7 & -9 \end{bmatrix}, C = \begin{bmatrix} 0 & -4 & 2 \\ 6 & 8 & -2 \end{bmatrix}, D = \begin{bmatrix} 10 & 4 & 9 \\ 3 & -2 & 0 \end{bmatrix}.$$

Bestimmen Sie die Ergebnisse der folgenden Operationen, sofern diese möglich sind.

a) $A + B$,

b) $3 \cdot A + (-2) \cdot B$,

c) AB^T,

d) AB,

e) $(s^2)^T A$,

f) As^3,

g) $(e_2^2)^T A$,

h) Ae_3^3,

i) AE^3,

j) $E^2 A$.

Beschreiben Sie die Wirkung der Multiplikation mit den Einheitsvektoren und den summierenden Vektoren von links und von rechts.

11. Es seien

$$A = \begin{bmatrix} 2 & 5 & -1 \\ 3 & 0 & 2 \end{bmatrix}, \quad B = \begin{bmatrix} 5 & -2 \\ 0 & 3 \\ 2 & 0 \end{bmatrix}, \quad C = \begin{bmatrix} 3 & -2 & 4 \\ 1 & 0 & -3 \end{bmatrix}.$$

Berechnen Sie $(ABC)^T$ und $C^T B^T A^T$ und vergleichen Sie.

12. Es seien

$$A = \begin{bmatrix} -2 & 3 \\ 1 & 5 \end{bmatrix}, \quad B = \begin{bmatrix} 2 & 1 \\ 1 & 3 \end{bmatrix}, \quad C = \begin{bmatrix} 0 & 7 \\ 2 & 4 \end{bmatrix}.$$

Berechnen Sie $(A + B)C$ und $AC + BC$ und vergleichen Sie.

13. Es seien

$$A = \begin{bmatrix} 3 & 2 & -4 \\ 1 & 8 & 0 \end{bmatrix}, B = \begin{bmatrix} 3 & 1 \\ 2 & 2 \\ 1 & 5 \end{bmatrix}, C = \begin{bmatrix} 0 & 2 \\ 3 & 2 \\ 1 & -1 \end{bmatrix}, D = \begin{bmatrix} 5 & 1 & 0 & 2 \\ 3 & 1 & 0 & 1 \end{bmatrix}.$$

Berechnen Sie $A(B + C)D$.

14. Welche Winkel bestehen zwischen den jeweiligen Paaren von Vektoren?

a)

$$a = \begin{bmatrix} 3 \\ -2 \end{bmatrix} \quad \text{und} \quad b = \begin{bmatrix} 4 \\ 6 \end{bmatrix}$$

b)

$$a = \begin{bmatrix} 3 \\ -2 \end{bmatrix} \quad \text{und} \quad b = \begin{bmatrix} -9 \\ 6 \end{bmatrix}$$

c)

$$a = \begin{bmatrix} 3 \\ -2 \end{bmatrix} \quad \text{und} \quad b = \begin{bmatrix} 15 \\ -10 \end{bmatrix}$$

Besondere Produkte und Linearkombinationen

Wie sich in den Übungsaufgaben angedeutet hat, lassen sich ein paar Produkte besonders interpretieren. Sei A eine $m \times n$-Matrix. Dann ist das Produkt

- $A \cdot e_i^n$ die i-te Spalte von A und
- $(e_i^m)^T \cdot A$ die i-te Zeile von A.

Entsprechend ist

- $A \cdot s^n$ die Summe aller Spalten von A und
- $(s^m)^T \cdot A$ die Summe aller Zeilen von A.

Für das Produkt

- $A \cdot E^n$ erhalten wir einfach die Matrix A, ebenso
- wie wir für das Produkt $E^m \cdot A$ die Matrix A wiedererhalten.

Wir wollen unser Verständnis des Produktes $A \cdot e_i$ (wir schreiben nun e_i anstatt von e_i^n) für eine weitere Beobachtung nutzen. Sei die Matrix

$$A = [A^1 \mid A^2 \mid \cdots \mid A^n]$$

bestehend aus den $m \times 1$-Spaltenvektoren $A^1, A^2, \ldots, A^n$ und der Vektor

$$v = \begin{bmatrix} v_1 \\ v_2 \\ \vdots \\ v_n \end{bmatrix}$$

gegeben. Wir berechnen das Produkt von A mit v und erhalten

$$A \cdot v = A \cdot \begin{bmatrix} v_1 \\ v_2 \\ \vdots \\ v_n \end{bmatrix} = A \cdot (v_1 e_1 + v_2 e_2 + \cdots + v_n e_n)$$

$$= v_1 \cdot A \cdot e_1 + v_2 \cdot A \cdot e_2 + \cdots + v_n \cdot A \cdot e_n$$

$$= v_1 \cdot A^1 + v_2 \cdot A^2 + \cdots + v_n \cdot A^n.$$

Das heißt, das Produkt einer Matrix mit einem Vektor ergibt die Summe aller Produkte der Spalten A^i mit dem jeweiligen Koeffizienten v_i. Wir nennen dies eine *Linearkombination* der Spalten von A.

Beispielsweise ist

$$\begin{bmatrix} 5 & 1 & -3 & 2 \\ 3 & 1 & 0 & 1 \end{bmatrix} \cdot \begin{bmatrix} 2 \\ -3 \\ 5 \\ -1 \end{bmatrix} = 2 \cdot \begin{bmatrix} 5 \\ 3 \end{bmatrix} + (-3) \cdot \begin{bmatrix} 1 \\ 1 \end{bmatrix} + 5 \cdot \begin{bmatrix} -3 \\ 0 \end{bmatrix} + (-1) \cdot \begin{bmatrix} 2 \\ 1 \end{bmatrix}.$$

Lineare Gleichungssysteme in Matrixschreibweise

Kommen wir zum Ende des Kapitels noch einmal allgemein auf lineare Gleichungssysteme zu sprechen. Gegeben sei ein lineares Gleichungssystem

$$a_{11}x_1 + a_{12}x_2 + \cdots + a_{1n}x_n = b_1$$
$$a_{21}x_1 + a_{22}x_2 + \cdots + a_{2n}x_n = b_2$$
$$\vdots$$
$$a_{m1}x_1 + a_{m2}x_2 + \cdots + a_{mn}x_n = b_m.$$

Offenbar können wir dieses nun auch in der Form $A \cdot x = b$ schreiben, wobei

$$A = \begin{bmatrix} a_{11} & a_{12} & \cdots & a_{1n} \\ a_{21} & a_{22} & \cdots & a_{2n} \\ \vdots & & & \vdots \\ a_{m1} & a_{m2} & \cdots & a_{mn} \end{bmatrix}$$

die *Koeffizientenmatrix* des linearen Gleichungssystems ist und

$$b = \begin{bmatrix} b_1 \\ b_2 \\ \vdots \\ b_m \end{bmatrix}$$

der Vektor der rechten Seite. Die *erweiterte Koeffizientenmatrix* hat die Gestalt

$$[A \mid b] = \begin{bmatrix} a_{11} & a_{12} & \cdots & a_{1n} & \bigg| & b_1 \\ a_{21} & a_{22} & \cdots & a_{2n} & \bigg| & b_2 \\ & & \vdots & & \bigg| & \vdots \\ a_{m1} & a_{m2} & \cdots & a_{mn} & \bigg| & b_m \end{bmatrix}.$$

5.7 Aufgaben

Lösungen finden sich ab Seite 235.

1. Das Produkt $A \cdot e_i$ einer $m \times n$-Matrix A mit dem Einheitsvektor $e_i = e_i^n$ ergibt
   ○ die Summe aller Zeilen von A.
   ○ die Summe aller Spalten von A.
   ○ die i-te Zeile von A.
   ○ die i-te Spalte von A.
2. Das Produkt $(s^m \cdot A) \cdot e_i$ einer $m \times n$-Matrix A mit dem summierenden Vektor s^m und dem Einheitsvektor $e_i = e_i^n$ ergibt
   ○ die Summe aller Zeilen von A.
   ○ die Summe aller Spalten von A.
   ○ die Summe aller Einträge der i-ten Zeile von A.
   ○ die Summe aller Einträge der i-ten Spalte von A.
3. Die Staatsneuverschuldungen Deutschlands, Frankreichs, Italiens, Griechenlands, Spaniens und Schwedens in den Jahren 2009 bis 2011 sind in der folgenden Matrix in Mrd. Euro wiedergegeben (Angaben nach eurostat). Hierbei entsprechen die Zeilen den Ländern in der angegebenen Reihenfolge. Die Spalten entsprechen den Jahren.

$$S = \begin{bmatrix} 116.3 & 290.4 & 29.0 \\ 174.8 & 101.6 & 121.9 \\ 98.2 & 82.0 & 55.5 \\ 36.4 & 29.8 & 26.1 \\ 128.1 & 79.6 & 91.8 \\ 14.6 & 17.9 & 4.1 \end{bmatrix}$$

Finden Sie geeignete Matrixoperationen, die angewendet auf S zu folgendem Ergebnis führen.
   a) Die Neuverschuldungen der sechs Länder im Jahr 2010,
   b) die Neuschuldung Italiens in den einzelnen drei Jahren,
   c) die Gesamtneuverschuldungssumme Italiens über die drei Jahre,
   d) die durchschnittliche Gesamtneuverschuldung Italiens über diese drei Jahre,
   e) die Gesamtneuverschuldung aller sechs Länder über alle drei Jahre hinweg.

4. Schreiben Sie das folgende lineare Gleichungssystem in der Form $A \cdot x = b$. Bestimmen Sie also A und b. Bestimmen Sie im Anschluss die erweiterte Koeffizientenmatrix.

$$6x_1 + 8x_2 = 20$$
$$4x_1 + 5x_2 = 14.$$

5. Schreiben Sie das folgende lineare Gleichungssystem in der Form $A \cdot x = b$. Bestimmen Sie also A und b. Bestimmen Sie im Anschluss die erweiterte Koeffizientenmatrix.

$$6x_1 + 2x_2 + 3x_3 = 200$$
$$4x_1 \qquad\quad - 2x_3 = -100$$
$$-x_1 + 3x_2 - 3x_3 = 300.$$

6. Bestimmen Sie die Lösungsmenge des linearen Gleichungssystems mit der folgenden erweiterten Koeffizientenmatrix:

$$\left[\begin{array}{rrrr|r} 2 & 1 & -1 & 6 & 6 \\ 0 & 1 & 1 & -3 & -3 \\ 0 & 0 & -2 & 6 & 10 \\ 0 & 0 & 0 & 3 & 2 \end{array}\right].$$

7. Bestimmen Sie die Lösungsmenge des linearen Gleichungssystems mit der folgenden erweiterten Koeffizientenmatrix:

$$\left[\begin{array}{rrrr|r} 2 & 0 & 0 & 0 & -3 \\ 0 & 1 & 0 & 0 & 2 \\ 0 & 0 & -2 & 0 & 6 \\ 0 & 0 & 0 & 3 & 2 \end{array}\right].$$

8. Bestimmen Sie die Lösungsmenge des linearen Gleichungssystems mit der folgenden erweiterten Koeffizientenmatrix:

$$\left[\begin{array}{rrrr|r} 1 & 0 & 0 & 0 & -\frac{3}{2} \\ 0 & 1 & 0 & 0 & 2 \\ 0 & 0 & 1 & 0 & -3 \\ 0 & 0 & 0 & 1 & \frac{2}{3} \end{array}\right].$$

Die Lösung linearer Gleichungssysteme

Agenda. Einige Verfahren zur Lösung linearer Gleichungssysteme sind sicherlich aus der Schule bekannt. Diese sind oft nicht sehr systematisch und taugen auch nicht für große Systeme mit vielen Variablen und Gleichungen, wie sie bei angewandten Fragestellungen schnell zum Vorschein kommen. In diesem Kapitel soll auf der Grundlage der Sprache der Matrizen ein sehr allgemeines Verfahren zur Lösung von linearen Gleichungsystemen erlernt werden: der Gauß-Jordan-Algorithmus.

Schließlich werden wir uns dem Spezialfall von linearen Gleichungssystemen mit quadratischer Koeffizientenmatrix zuwenden. Im Falle der eindeutigen Lösbarkeit existiert die sogenannte Inverse der Koeffizientenmatrix, welche wir in groben Zügen verstehen wollen.

6.1 Elementare Zeilenoperationen

Kommen wir zu linearen Gleichungssystemen zurück. Anhand eines sehr einfachen Beispiels wollen wir analysieren, auf welche Art und Weise wir ein lineares Gleichungssystem modifizieren können, ohne dabei die Lösungsmenge zu ändern, so dass nach endlich vielen solcher Modifikationen die Lösungsmenge leicht abzulesen ist.

Ein erstes Beispiel

In unserem Beispiel geht es um eine innerbetriebliche Leistungsverrechnung aus dem Bereich der Kostenführung. Betrachten wir einen Betrieb, in dem es die zwei Hilfskostenstellen *Schlosserei* und *Fuhrpark* gebe, die im gegenseitigen Leistungsaustausch stehen. Die Schlosserei habe als monatlichen Input 8 Lieferwagen des Fuhrparks, sowie 71 800 Euro für Personal- und Materialkosten. Der Fuhrpark habe als monatlichen Input 100 Arbeitsstunden der Schlosserei, sowie 78 500 Euro für Personal- und Materialkosten. Die Schlosserei hat einen Output von monatlich 5 000 Arbeitsstunden insgesamt. Der

Gesamtoutput des Fuhrparks beträgt monatlich 200 Lieferwagen. Abbildung 6.1 zeigt die innerbetriebliche Leistungsverflechtung.

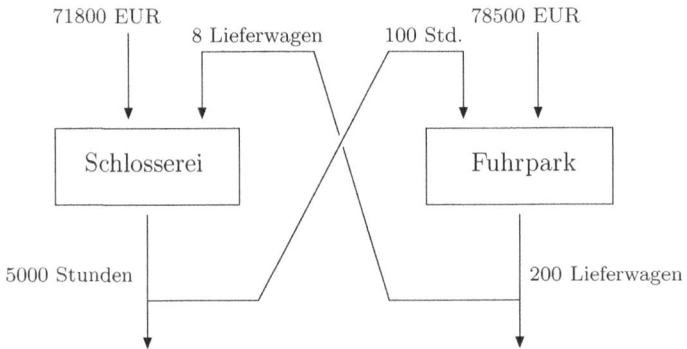

Abb. 6.1. Innerbetriebliche Leistungsverflechtung.

Nun interessieren wir uns für die Werte der jeweiligen Kostensätze: q_1 für die monatliche Bereitstellung eines Lieferwagens und q_2 für die einzelne Arbeitsstunde der Schlosserei.

Die Gleichsetzung der Beträge für Input und Output in der Leistungsverflechtung führt uns zu folgenden Gleichungen:

$$8q_1 + 71800 = 5000q_2$$
$$100q_2 + 78500 = 200q_1.$$

Ordnen wir die Gleichungen, so dass wir ein lineares Gleichungssystem erhalten:

$$-8q_1 + 5000q_2 = 71800$$
$$200q_1 - 100q_2 = 78500.$$

Die zweite Zeile sieht zunächst etwas freundlicher aus. Tauschen wir der Übersicht halber doch einmal die erste mit der zweiten Gleichung.

$$200q_1 - 100q_2 = 78500$$
$$-8q_1 + 5000q_2 = 71800.$$

Um einfacher rechnen zu können, teilen wir die erste Gleichung durch 200:

$$q_1 - \frac{1}{2}q_2 = \frac{785}{2}$$
$$-8q_1 + 5000q_2 = 71800.$$

Indem wir 8 mal die erste Gleichung zur zweiten addieren, können wir q_1 von der zweiten Gleichung eliminieren:

$$q_1 - \frac{1}{2}q_2 = \frac{785}{2}$$
$$4996q_2 = 74940.$$

Wir teilen die zweite Gleichung durch 4996, um den Wert von q_2 zu erhalten:

$$q_1 - \frac{1}{2}q_2 = \frac{785}{2}$$
$$q_2 = 15.$$

Nun könnten wir den Wert von q_2 in die erste Gleichung einsetzen, um q_1 zu bestimmen. Das realisieren wir einfach durch eine Elimination von q_2 in der ersten Zeile. Dafür addieren wir das $\frac{1}{2}$-fache der zweiten zur ersten Zeile.

$$q_1 = 400$$
$$q_2 = 15.$$

Damit haben wir die eindeutig bestimmte Lösung $q_1 = 400$ und $q_2 = 15$. Fassen wir die Lösung entsprechend dem linearen Gleichungssystem in Matrixschreibweise

$$\begin{bmatrix} -8 & 5000 \\ 200 & -100 \end{bmatrix} \cdot \begin{bmatrix} q_1 \\ q_2 \end{bmatrix} = \begin{bmatrix} 71800 \\ 78500 \end{bmatrix}$$

als Vektor auf, so schreiben wir für die Lösungsmenge

$$\mathbb{L} = \left\{ \begin{bmatrix} 400 \\ 15 \end{bmatrix} \right\}.$$

Der Kostensatz für die monatliche Bereitstellung eines Lieferwagens liegt also bei 400 Euro. Der Kostensatz für eine Arbeitsstunde der Schlosserei bei 15 Euro.

Elementare Zeilenoperationen

Nun wollen wir die obigen Lösungsschritte noch einmal auf dem Niveau der erweiterten Koeffizientenmatrix nachvollziehen. Schreiben wir die Folge der erweiterten Koeffizientenmatrizen im Verlaufe der Lösung auf, so erhalten wir:

$$\begin{bmatrix} -8 & 5000 & | & 71800 \\ 200 & -100 & | & 78500 \end{bmatrix} \xrightarrow{1.} \begin{bmatrix} 200 & -100 & | & 78500 \\ -8 & 5000 & | & 71800 \end{bmatrix} \xrightarrow{2.} \begin{bmatrix} 1 & -\frac{1}{2} & | & \frac{785}{2} \\ -8 & 5000 & | & 71800 \end{bmatrix}$$

$$\xrightarrow{3.} \begin{bmatrix} 1 & -\frac{1}{2} & | & \frac{785}{2} \\ 0 & 4996 & | & 74940 \end{bmatrix} \xrightarrow{4.} \begin{bmatrix} 1 & -\frac{1}{2} & | & \frac{785}{2} \\ 0 & 1 & | & 15 \end{bmatrix} \xrightarrow{5.} \begin{bmatrix} 1 & 0 & | & 400 \\ 0 & 1 & | & 15 \end{bmatrix}$$

Die vier Umformungsschritte sind identisch zu den Schritten auf dem Niveau der linearen Gleichungen:

1. Vertauschen der ersten und zweiten Zeile,
2. Multiplikation der ersten Zeile mit $\frac{1}{200}$ und
3. Addition des 8-fachen der ersten Zeile zur zweiten Zeile,
4. Multiplikation der zweiten Zeile mit $\frac{1}{4996}$ und
5. Addition des $\frac{1}{2}$-fachen der zweiten zur ersten Zeile.

Die zweite und vierte Operation sind vom Typ her identisch. Ebenso die dritte und fünfte. Wir bezeichnen die drei verschiedenen Operationen allgemein als *elementare Zeilenoperationen:*

- Vertauschen zweier Zeilen,
- Multiplikation einer Zeile mit einer Zahl ungleich Null,
- die Addition eines Vielfachen einer Zeile zu einer anderen Zeile.

In unserem Beispiel ergab es sich, dass wir die erweiterte Koeffizientenmatrix durch elementare Zeilenoperationen so modifiziert haben, dass aus der Koeffizientenmatrix die Einheitsmatrix wurde:

$$[A \mid b] \longrightarrow [E^n \mid c],$$

wobei c der eindeutig bestimmte Lösungsvektor ist. Im Allgemeinen können wir nicht erwarten, dass es eine eindeutige Lösung gibt und die Situation sich so einfach verhält.

Schreibweise

Um im Verlauf einer Rechnung die getätigten elementaren Zeilenoperationen nachvollziehbar zu machen, ist die folgende Schreibweise gebräuchlich, die wir am obigen Beispiel demonstrieren:

$$\begin{bmatrix} -8 & 5000 & \Big| & 71800 \\ 200 & -100 & \Big| & 78500 \end{bmatrix} \searrow \longrightarrow \begin{bmatrix} 200 & -100 & \Big| & 78500 \\ -8 & 5000 & \Big| & 71800 \end{bmatrix} \Big| \cdot \tfrac{1}{200} \longrightarrow$$

$$\begin{bmatrix} 1 & -\tfrac{1}{2} & \Big| & \tfrac{785}{2} \\ -8 & 5000 & \Big| & 71800 \end{bmatrix} \mathrm{II} + 8 \cdot \mathrm{I} \longrightarrow \begin{bmatrix} 1 & -\tfrac{1}{2} & \Big| & \tfrac{785}{2} \\ 0 & 4996 & \Big| & 74940 \end{bmatrix} \Big| \cdot \tfrac{1}{4996} \longrightarrow$$

$$\begin{bmatrix} 1 & -\tfrac{1}{2} & \Big| & \tfrac{785}{2} \\ 0 & 1 & \Big| & 15 \end{bmatrix} \mathrm{I} + \tfrac{1}{2} \cdot \mathrm{II} \longrightarrow \begin{bmatrix} 1 & 0 & \Big| & 400 \\ 0 & 1 & \Big| & 15 \end{bmatrix}$$

6.2 Normierte Zeilenstufenform

Wir wollen die allgemeine Form der Matrix, die wir mit unserem Lösungsverfahren anstreben, diskutieren. Wir orientieren uns dabei an wesentlichen Eigenschaften unseres Vorbildes, der Einheitsmatrix.

Zeilenstufenform

Für eine beliebige Matrix A betrachten wir – sofern vorhanden – in jeder Zeile den ersten Eintrag, der verschieden von Null ist. Diesen Eintrag nennen wir den *Kopf der Zeile*. Bei der Einheitsmatrix sind die Köpfe alle gleich 1 und bilden eine Treppe von links oben nach rechts unten.

$$E^n = \begin{bmatrix} 1 & 0 & \cdots & 0 & 0 \\ 0 & 1 & \cdots & 0 & 0 \\ \vdots & & \ddots & & \vdots \\ 0 & 0 & \cdots & 1 & 0 \\ 0 & 0 & \cdots & 0 & 1 \end{bmatrix}$$

Die Köpfe der folgenden Beispielmatrix sind jeweils umrandet.

$$\begin{bmatrix} 0 & 0 & \boxed{-2} & 0 & 3 \\ \boxed{-6} & 2 & -1 & 0 & 5 \\ 0 & \boxed{5} & 7 & -3 & 1 \\ 0 & 0 & 0 & \boxed{4} & 1 \end{bmatrix}$$

Offenbar bilden die Köpfe in diesem Fall keine sinnvoll zu begehende Treppe.

Wir sagen nun, dass eine Matrix in *Zeilenstufenform* ist, wenn der Spaltenindex der Köpfe mit steigendem Zeilenindex streng monoton wächst und Zeilen, die nur aus Nullen bestehen am Ende der Matrix stehen. Einfach ausgedrückt verlangen wir also, dass wenn wir von einer zur nächsten Zeile übergehen, der Kopf um mindestens eine Position weiter nach rechts wandert bis unter Umständen keine Köpfe mehr vorhanden sind. Auf diese Weise bilden die Köpfe eine begehbare Treppe, die Stufenhöhe beträgt nie mehr als eine Zeile.

Die folgenden Beispielmatrizen sind in Zeilenstufenform.

$$\begin{bmatrix} 4 & 8 & 0 & -2 & 0 & 9 \\ 0 & 0 & -2 & 6 & -1 & 0 \\ 0 & 0 & 0 & 5 & -10 & -3 \\ 0 & 0 & 0 & 0 & 0 & 3 \\ 0 & 0 & 0 & 0 & 0 & 0 \end{bmatrix} \qquad \begin{bmatrix} 0 & 8 & 0 & -2 & 0 & 9 \\ 0 & 0 & -2 & 6 & -1 & 0 \\ 0 & 0 & 0 & 5 & -10 & -3 \\ 0 & 0 & 0 & 0 & 0 & 3 \\ 0 & 0 & 0 & 0 & 0 & 0 \end{bmatrix}$$

Die folgenden Beispielmatrizen hingegen sind nicht in Zeilenstufenform.

$$\begin{bmatrix} 0 & 0 & \boxed{-2} & 6 & -1 & 0 \\ \boxed{4} & 8 & 0 & -2 & 0 & 9 \\ 0 & 0 & 0 & \boxed{5} & -10 & -3 \\ 0 & 0 & 0 & 0 & 0 & \boxed{3} \\ 0 & 0 & 0 & 0 & 0 & 0 \end{bmatrix} \qquad \begin{bmatrix} \boxed{4} & 8 & 0 & -2 & 0 & 9 \\ 0 & 0 & \boxed{-2} & 6 & -1 & 0 \\ 0 & 0 & 0 & 0 & 0 & 0 \\ 0 & 0 & 0 & \boxed{5} & -10 & -3 \\ 0 & 0 & 0 & 0 & 0 & \boxed{3} \end{bmatrix}$$

Normierte Zeilenstufenform

Eine offensichtliche Eigenschaft der Einheitsmatrix ist, dass alle Köpfe den Wert 1 haben und über jedem Kopf der Einheitsmatrix nur Nullen stehen.

Wir sagen, dass eine Matrix in *normierter Zeilenstufenform* ist, wenn sie in Zeilenstufenform ist, zusätzlich alle Köpfe den Wert 1 haben und über jedem Kopf der Matrix nur Nullen stehen.

Ein Beispiel ist die folgende Matrix.

$$\begin{bmatrix} 1 & 2 & 0 & 0 & -1 & 0 \\ 0 & 0 & 1 & 0 & -\frac{11}{2} & 0 \\ 0 & 0 & 0 & 1 & -2 & 0 \\ 0 & 0 & 0 & 0 & 0 & 1 \\ 0 & 0 & 0 & 0 & 0 & 0 \end{bmatrix}$$

6.3 Aufgaben

Lösungen finden sich ab Seite 236.

1. Bestimmen Sie für die folgenden Matrizen, ob sie in Zeilenstufenform oder normierter Zeilenstufenform sind oder keine der beiden Eigenschaften besitzen.

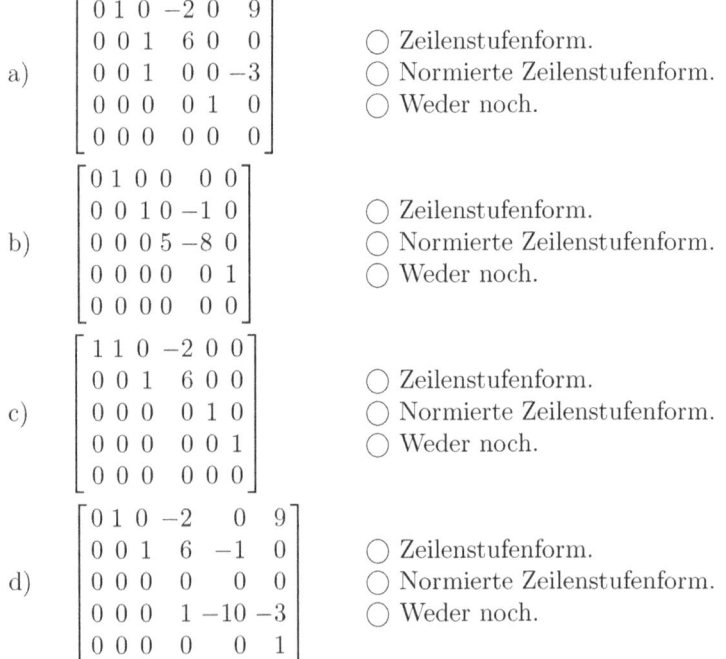

a)
$$\begin{bmatrix} 0 & 1 & 0 & -2 & 0 & 9 \\ 0 & 0 & 1 & 6 & 0 & 0 \\ 0 & 0 & 1 & 0 & 0 & -3 \\ 0 & 0 & 0 & 0 & 1 & 0 \\ 0 & 0 & 0 & 0 & 0 & 0 \end{bmatrix}$$

○ Zeilenstufenform.
○ Normierte Zeilenstufenform.
○ Weder noch.

b)
$$\begin{bmatrix} 0 & 1 & 0 & 0 & 0 & 0 \\ 0 & 0 & 1 & 0 & -1 & 0 \\ 0 & 0 & 0 & 5 & -8 & 0 \\ 0 & 0 & 0 & 0 & 0 & 1 \\ 0 & 0 & 0 & 0 & 0 & 0 \end{bmatrix}$$

○ Zeilenstufenform.
○ Normierte Zeilenstufenform.
○ Weder noch.

c)
$$\begin{bmatrix} 1 & 1 & 0 & -2 & 0 & 0 \\ 0 & 0 & 1 & 6 & 0 & 0 \\ 0 & 0 & 0 & 0 & 1 & 0 \\ 0 & 0 & 0 & 0 & 0 & 1 \\ 0 & 0 & 0 & 0 & 0 & 0 \end{bmatrix}$$

○ Zeilenstufenform.
○ Normierte Zeilenstufenform.
○ Weder noch.

d)
$$\begin{bmatrix} 0 & 1 & 0 & -2 & 0 & 9 \\ 0 & 0 & 1 & 6 & -1 & 0 \\ 0 & 0 & 0 & 0 & 0 & 0 \\ 0 & 0 & 0 & 1 & -10 & -3 \\ 0 & 0 & 0 & 0 & 0 & 1 \end{bmatrix}$$

○ Zeilenstufenform.
○ Normierte Zeilenstufenform.
○ Weder noch.

6.4 Von der normierten Zeilenstufenform zur Lösungsmenge

Wir wollen anhand von Beispielen erklären, warum es erstrebenswert ist, die erweiterte Koeffizientenmatrix in normierte Zeilenstufenform zu bringen. Es gibt drei grundsätzlich verschiedene Typen von Lösungsmengen.

Unendlich viele Lösungen

Angenommen wir haben den Koeffiziententeil einer erweiterten Koeffizienten-matrix $[A \mid b]$ mit Hilfe elementarer Zeilenoperationen in normierte Zeilen-stufenform von folgender Gestalt gebracht.

$$\left[\begin{array}{cccccc|c} \boxed{1} & 2 & 0 & 0 & -1 & 0 & 5 \\ 0 & 0 & \boxed{1} & 0 & -\frac{11}{2} & 0 & -3 \\ 0 & 0 & 0 & \boxed{1} & -2 & 0 & 2 \\ 0 & 0 & 0 & 0 & 0 & \boxed{1} & 9 \\ 0 & 0 & 0 & 0 & 0 & 0 & 0 \end{array}\right]$$

Übersetzen wir dies wieder zurück in ein lineares Gleichungssystem, so erhal-ten wir

$$\begin{array}{rcl} \boxed{x_1} + 2x_2 \qquad\qquad + (-1)x_5 & = & 5 \\[2mm] \boxed{x_3} \qquad + (-\frac{11}{2})x_5 & = & -3 \\[2mm] \boxed{x_4} + (-2)x_5 & = & 2 \\[2mm] \boxed{x_6} & = & 9. \end{array}$$

Dabei korrespondieren die umrandeten Variablen x_1, x_3, x_4, x_6 den Spalten der Matrix, die einen Kopf enthalten. Wir nennen diese Variablen allgemein *Kopf-variablen*. Die übrigen Variablen x_2, x_5 korrespondieren hingegen zu Spalten, die keinen Kopf enthalten, den *Nicht-Kopfvariablen*.

Das schöne an den Kopfvariablen ist nun, dass sie alle den Koeffizienten 1 haben. Wir können die Gleichungen also leicht nach ihnen umformen:

$$\begin{array}{rcl} \boxed{x_1} & = & 5 - 2x_2 + x_5 \\[2mm] \boxed{x_3} & = & -3 + \frac{11}{2}x_5 \\[2mm] \boxed{x_4} & = & 2 + x_5 \\[2mm] \boxed{x_6} & = & 9. \end{array}$$

Wir stellen fest: Die Kopfvariablen hängen vom Wert der restlichen Nicht-Kopfvariablen ab. Das heißt, für *jede Wahl* einer Belegung der Nicht-Kopfvariablen erhalten wir eine Lösung.

Wählen wir beispielsweise $x_2 = 1$ und $x_5 = 2$, so erhalten wir

$$\boxed{x_1} = 5 - 2 \cdot 1 + 2 = 5$$

$$\boxed{x_3} = -3 + \frac{11}{2} \cdot 2 = 8$$

$$\boxed{x_4} = 2 + 2 = 4$$

$$\boxed{x_6} = 9$$

und damit einen der unendlich vielen Lösungsvektoren:

$$x = \begin{bmatrix} 5 \\ 1 \\ 8 \\ 4 \\ 2 \\ 9 \end{bmatrix}.$$

Nun führt jede beliebige Wahl einer Belegung von x_2 und x_5 zu einer Lösung. Die Werte für x_1, x_3, x_4, x_6 ergeben sich dann entsprechend den Gleichungen. Die Lösungsmenge können wir entsprechend wie folgt schreiben:

$$\mathbb{L} = \left\{ \begin{bmatrix} 5 - 2x_2 + x_5 \\ x_2 \\ -3 + \frac{11}{2}x_5 \\ 2 + x_5 \\ x_5 \\ 9 \end{bmatrix} : x_2, x_5 \text{ reelle Zahlen} \right\}.$$

Leere Lösungsmenge

Angenommen wir gelangen ausgehend von einer erweiterten Koeffizientenmatrix $[A \mid b]$ mittels elementarer Zeilenoperationen zu folgender Matrix

$$\begin{bmatrix} \boxed{1} & 2 & 0 & 0 & -1 & 0 & 5 \\ 0 & 0 & \boxed{1} & 0 & -\frac{11}{2} & 0 & -3 \\ 0 & 0 & 0 & \boxed{1} & -2 & 0 & 2 \\ 0 & 0 & 0 & 0 & 0 & \boxed{1} & 9 \\ 0 & 0 & 0 & 0 & 0 & 0 & -2 \end{bmatrix}.$$

Interpretieren wir die letzte Zeile als lineare Gleichung, so erhalten wir

$$0 \cdot x_1 + 0 \cdot x_2 + 0 \cdot x_3 + 0 \cdot x_4 + 0 \cdot x_5 + 0 \cdot x_6 = -2,$$

mit anderen Worten die Gleichung $0 = -2$. Es gibt offenbar keine Belegung der Variablen $x_1, \ldots, x_6$, die diese Gleichung wahr macht. Da alle Gleichungen eines linearen Gleichungssystems simultan erfüllt sein müssen, gibt es also gar keine Lösung. Wir sagen, die Lösungsmenge ist *leer* und schreiben $\mathbb{L} = \{\}$ bzw. $\mathbb{L} = \emptyset$.

Eindeutige Lösung

Kommen wir zum dritten der möglichen Fälle. Erlangen wir mit Hilfe elementarer Zeilenoperationen eine Matrix mit der Eigenschaft, dass jede Spalte (des Koeffiziententeils) einen Kopf enthält, so besteht der Koeffiziententeil der Matrix aus der Einheitsmatrix mit gegebenenfalls angehangenen Nullzeilen. Gehen wir davon aus, dass die Lösungsmenge nicht leer ist, so sieht das Ergebnis beispielsweise wie folgt aus.

$$\begin{bmatrix} \boxed{1} & 0 & 0 & 0 & 0 & 0 & 3 \\ 0 & \boxed{1} & 0 & 0 & 0 & 0 & 5 \\ 0 & 0 & \boxed{1} & 0 & 0 & 0 & -2 \\ 0 & 0 & 0 & \boxed{1} & 0 & 0 & 6 \\ 0 & 0 & 0 & 0 & \boxed{1} & 0 & 7 \\ 0 & 0 & 0 & 0 & 0 & \boxed{1} & -3 \\ 0 & 0 & 0 & 0 & 0 & 0 & 0 \\ 0 & 0 & 0 & 0 & 0 & 0 & 0 \end{bmatrix}.$$

Die Lösungsmenge besteht also aus dem einzelnen Vektor $[3, 5, -2, 6, 7, -3]^T$:

$$\mathbb{L} = \left\{ \begin{bmatrix} 3 \\ 5 \\ -2 \\ 6 \\ 7 \\ -3 \end{bmatrix} \right\}.$$

Allgemeine Beschreibung der Lösungsmenge

Wir betrachten im Folgenden immer die Matrix $[\tilde{A} \mid \tilde{b}]$, die wir aus der erweiterten Koeffizientenmatrix $[A \mid b]$ eines linearen Gleichungssystems $A \cdot x = b$ erhalten haben, nachdem wir mit Hilfe elementarer Zeilenoperationen den Koeffiziententeil A auf normierte Zeilenstufenform $\tilde{A}$ gebracht haben:

$$[A \mid b] \longrightarrow [\tilde{A} \mid \tilde{b}].$$

Wir wollen noch einmal allgemein beschreiben, welche grundsätzlich verschiedenen Fälle auftreten können.

Keine Lösung

Enthält die Matrix $[\tilde{A} \mid \tilde{b}]$ eine Zeile der Form

$$\vdots$$
$$\mid 0 \quad 0 \quad \cdots \quad 0 \mid c \mid,$$
$$\vdots$$

wobei c eine Zahl ungleich Null ist, so ist die Lösungsmenge leer, $\mathbb{L} = \emptyset$.

Eindeutig bestimmte Lösung

Hat die Matrix $[\tilde{A} \mid \tilde{b}]$ die Gestalt

$$
\left[
\begin{array}{ccccc|c}
1 & 0 & \cdots & 0 & 0 & c_1 \\
0 & 1 & \cdots & 0 & 0 & c_2 \\
\vdots & & \ddots & & \vdots & \vdots \\
0 & 0 & \cdots & 1 & 0 & c_{n-1} \\
0 & 0 & \cdots & 0 & 1 & c_n \\
0 & 0 & \cdots & 0 & 0 & 0 \\
\vdots & & & & \vdots & \vdots \\
0 & 0 & \cdots & 0 & 0 & 0
\end{array}
\right],
$$

besteht im Koeffizitententeil also aus der Einheitsmatrix E^n und gegebenenfalls weiteren Nullzeilen, so ist die Lösung eindeutig bestimmt und wir erhalten

$$
\mathbb{L} = \left\{
\begin{bmatrix}
c_1 \\
c_2 \\
\vdots \\
c_{n-1} \\
c_n
\end{bmatrix}
\right\}.
$$

Unendlich viele Lösungen

Befinden wir uns in keinem der vorherigen Fälle, so gibt es also wenigstens eine Nicht-Kopfvariable. Wir übersetzen die Matrix $[\tilde{A} \mid \tilde{b}]$ wieder in lineare Gleichungen und lösen jede Gleichung nach der Kopfvariable um. Damit haben wir die Kopfvariablen in den *frei wählbaren* Nicht-Kopfvariablen ausgedrückt. Die Lösungsmenge $\mathbb{L}$ besteht nun aus allen Vektoren $[x_1 \, x_2 \, \cdots \, x_n]^T$, bei denen die Nicht-Kopfvariablen frei wählbar sind und bei denen die Werte der Kopfvariablen durch die Gleichungen eindeutig bestimmt sind.

Wir können die Gleichungen für die Kopfvariablen auch explizit beschreiben. Steht in $\tilde{A}$ ein Kopf in Zeile i und Spalte k, so erhalten wir

$$
x_k = \tilde{b}_i - (\tilde{a}_{i,k+1} x_{k+1} + \cdots + \tilde{a}_{i,n} x_n),
$$

wobei auf der rechten Seite der Gleichung nur Nicht-Kopfvariablen Koeffizienten ungleich Null besitzen.

6.5 Aufgaben

Lösungen finden sich ab Seite 237.

1. Das lineare Gleichungssystem gegeben durch die erweiterte Koeffizientenmatrix

$$\begin{bmatrix} 1 & 0 & -4 & | & 1 \\ 0 & 1 & 2 & | & 2 \\ 0 & 0 & 0 & | & 3 \end{bmatrix} \quad \text{hat}$$

○ keine Lösung,
○ genau eine Lösung,
○ unendlich viele Lösungen.

2. Das lineare Gleichungssystem gegeben durch die erweiterte Koeffizientenmatrix

$$\begin{bmatrix} 1 & 3 & 0 & | & 1 \\ 0 & 0 & 1 & | & 2 \\ 0 & 0 & 0 & | & 0 \end{bmatrix} \quad \text{hat}$$

○ keine Lösung,
○ genau eine Lösung,
○ unendlich viele Lösungen.

3. Das lineare Gleichungssystem gegeben durch die erweiterte Koeffizientenmatrix

$$\begin{bmatrix} 1 & 0 & 0 & 0 & | & 7 \\ 0 & 1 & 0 & 0 & | & -2 \\ 0 & 0 & 1 & 0 & | & 3 \\ 0 & 0 & 0 & 1 & | & -6 \\ 0 & 0 & 0 & 0 & | & 0 \\ 0 & 0 & 0 & 0 & | & 0 \end{bmatrix} \quad \text{hat}$$

○ keine Lösung,
○ genau eine Lösung,
○ unendlich viele Lösungen.

Betrachten Sie die folgenden erweiterten Koeffizientenmatrizen, deren Koeffiziententeil in normierter Zeilenstufenform ist. Bestimmen Sie jeweils die
Lösungsmenge des zugrundeliegenden linearen Gleichungssystems.

4.

a) $\begin{bmatrix} 1 & 0 & 2 & | & 2 \\ 0 & 1 & 1 & | & 7 \\ 0 & 0 & 0 & | & 6 \end{bmatrix}$
b) $\begin{bmatrix} 1 & 0 & 0 & | & 2 \\ 0 & 1 & 0 & | & -7 \\ 0 & 0 & 1 & | & 6 \\ 0 & 0 & 0 & | & 0 \end{bmatrix}$

5.

a) $\begin{bmatrix} 1 & 1 & 0 & -2 & 0 & 1 & | & 4 \\ 0 & 0 & 1 & 6 & 0 & -2 & | & 2 \\ 0 & 0 & 0 & 0 & 1 & 3 & | & 7 \\ 0 & 0 & 0 & 0 & 0 & 0 & | & -3 \end{bmatrix}$
b) $\begin{bmatrix} 1 & 1 & 0 & -2 & 0 & 1 & | & 4 \\ 0 & 0 & 1 & 6 & 0 & -2 & | & 2 \\ 0 & 0 & 0 & 0 & 1 & 3 & | & 7 \\ 0 & 0 & 0 & 0 & 0 & 0 & | & 0 \end{bmatrix}$

6.

a) $\begin{bmatrix} 0 & 1 & 0 & \pi & 0 & 5 & | & 6 \\ 0 & 0 & 1 & -2 & 0 & 3 & | & 3 \\ 0 & 0 & 0 & 0 & 1 & -2 & | & 2 \\ 0 & 0 & 0 & 0 & 0 & 0 & | & 0 \end{bmatrix}$
b) $\begin{bmatrix} 1 & 0 & 0 & 0 & | & 4 \\ 0 & 1 & 0 & 0 & | & 3 \\ 0 & 0 & 1 & 0 & | & 1 \\ 0 & 0 & 0 & 1 & | & -2 \\ 0 & 0 & 0 & 0 & | & 0 \end{bmatrix}$

6.6 Das Gauß–Jordansche Eliminationsverfahren

Wir wollen nun das Verfahren beschreiben, wie mit Hife elementarer Zeilenoperationen eine Matrix A in normierte Zeilenstufenform $\tilde{A}$ überführt werden
kann. Vollführen wir dieselben Operationen auf der erweiterten Koeffizienten-
matrix $[A \mid b]$, so erhalten wir eine Matrix $[\tilde{A} \mid \tilde{b}]$, wobei $\tilde{A}$ die Matrix in
normierter Zeilenstufenform ist.

Erste Phase: Zeilenstufenform

Das Verfahren ist zweiphasig. In der ersten Phase beschreiben wir, wie eine
Matrix in *Zeilenstufenform* überführt wird.

Gegeben sei eine $m \times n$-Matrix A. In der ersten Phase zur Erzeugung der
Zeilenstufenform arbeiten wir die Zeilen von oben herab ab. Dafür sei der
Zeilenindex i initial auf 1 gesetzt.

1. *Zeile mit dem am weitesten links stehenden Kopf nach oben tauschen.* Man
   betrachte unter allen Zeilen mit Index $i, i+1, \ldots, m$ die erstmögliche Zeile,
   deren Kopf am weitesten links steht. Falls diese Zeile nicht die i-te Zeile
   ist, so tausche man sie mit der i-ten Zeile.
2. *Normieren des Kopfes.* Daraufhin multipliziere man die i-te Zeile mit dem
   Kehrwert des Kopfes dieser Zeile.
3. *Eliminieren unter dem Kopf.* Man addiere geeignete Vielfache der i-ten
   Zeilen zu den darunter liegenden, so dass unter dem Kopf der i-ten Zeile
   nur noch Nullen stehen.
4. *Rekursion.* Ist die Matrix in Zeilenstufenform, so endet der Algorithmus
   hier. Falls nicht, so erhöhe man i um 1 und beginne bei Schritt 1.

In vielen Fällen wird der in grau gezeigte zweite Schritt ausgelassen und in
der zweiten Phase des Algorithmus nachgeholt. Oft vereinfacht dieser zweite
Schritt gerade bei der schriftlichen Anwendung jedoch die Rechnung, wie sich
schon in unserem Beispiel auf Seite 137 gezeigt hat.

Der Kopf der i-ten Zeile, unter dem in Schritt 2 eliminiert wird, nennt sich
auch *Pivotelement.*

Zweite Phase: Normierte Zeilenstufenform

Gegeben sei eine $m \times n$-Matrix A in Zeilenstufenform. Im nun folgenden Verfahren zur Erzeugung der *normierten Zeilenstufenform* arbeiten wir die Zeilen
von unten herauf ab. Dafür sei i initial der Zeilenindex der letzten Zeile, die
ungleich einer Nullzeile ist.

1. *Normieren der Köpfe.* Jede Zeile wird mit dem Kehrwert ihres Kopfes
   multipliziert.

2. *Eliminieren über den Köpfen.* Man addiere geeignete Vielfache der i-ten Zeile zu den darüber liegenden, so dass über dem Kopf der i-ten Zeile nur noch Nullen stehen.
3. *Rekursion.* Ist die Matrix in normierter Zeilenstufenform, so endet der Algorithmus hier. Falls nicht, so wird i um 1 verringert und man springt zum 2. Schritt zurück.

Wurde Schritt 1 bereits in der ersten Phase durchgeführt, so kann er hier natürlich weggelassen werden. Der Kopf der i-ten Zeile über dem in Schritt 2 eliminiert wird nennt sich ebenfalls wieder *Pivotelement*.

Beispiel

Wir betrachten ein lineares Gleichungssystem in fünf Variablen mit vier Gleichungen. Angenommen die erweiterte Koeffizientenmatrix sieht wie folgt aus.

$$\left[\begin{array}{rrrrr|r} 3 & 6 & 12 & 39 & 6 & -9 \\ 2 & 4 & 8 & 26 & -1 & -16 \\ 3 & 6 & 14 & 47 & 0 & -27 \\ -5 & -10 & -14 & -41 & -28 & -39 \end{array}\right]$$

Wir wenden die erste Phase des Gauß–Jordanschen Eliminationsverfahrens auf die Koeffizientenmatrix an und vollführen die gleichen Zeilenoperationen auch auf der rechten Seite. Wir erhalten die folgende Abfolge von Matrizen.

$$\left[\begin{array}{rrrrr|r} \boxed{3} & 6 & 12 & 39 & 6 & -9 \\ 2 & 4 & 8 & 26 & -1 & -16 \\ 3 & 6 & 14 & 47 & 0 & -27 \\ -5 & -10 & -14 & -41 & -28 & -39 \end{array}\right] \xrightarrow{3.} \left[\begin{array}{rrrrr|r} 3 & 6 & 12 & 39 & 6 & -9 \\ 0 & 0 & 0 & 0 & -5 & -10 \\ 0 & 0 & 2 & 8 & -6 & -18 \\ 0 & 0 & 6 & 24 & -18 & -54 \end{array}\right] \xrightarrow{1.}$$

$$\left[\begin{array}{rrrrr|r} 3 & 6 & 12 & 39 & 6 & -9 \\ 0 & 0 & \boxed{2} & 8 & -6 & -18 \\ 0 & 0 & 0 & 0 & -5 & -10 \\ 0 & 0 & 6 & 24 & -18 & -54 \end{array}\right] \xrightarrow{3.} \left[\begin{array}{rrrrr|r} 3 & 6 & 12 & 39 & 6 & -9 \\ 0 & 0 & 2 & 8 & -6 & -18 \\ 0 & 0 & 0 & 0 & -5 & -10 \\ 0 & 0 & 0 & 0 & 0 & 0 \end{array}\right]$$

Die zweite Phase des Verfahrens führt zu den folgenden Schritten.

$$\left[\begin{array}{rrrrr|r} \boxed{3} & 6 & 12 & 39 & 6 & -9 \\ 0 & 0 & \boxed{2} & 8 & -6 & -18 \\ 0 & 0 & 0 & 0 & \boxed{-5} & -10 \\ 0 & 0 & 0 & 0 & 0 & 0 \end{array}\right] \xrightarrow{1.} \left[\begin{array}{rrrrr|r} 1 & 2 & 4 & 13 & 2 & -3 \\ 0 & 0 & 1 & 4 & -3 & -9 \\ 0 & 0 & 0 & 0 & \boxed{1} & 2 \\ 0 & 0 & 0 & 0 & 0 & 0 \end{array}\right] \xrightarrow{2.}$$

$$\left[\begin{array}{rrrrr|r} 1 & 2 & 4 & 13 & 0 & -7 \\ 0 & 0 & \boxed{1} & 4 & 0 & -3 \\ 0 & 0 & 0 & 0 & 1 & 2 \\ 0 & 0 & 0 & 0 & 0 & 0 \end{array}\right] \xrightarrow{2.} \left[\begin{array}{rrrrr|r} 1 & 2 & 0 & -3 & 0 & 5 \\ 0 & 0 & 1 & 4 & 0 & -3 \\ 0 & 0 & 0 & 0 & 1 & 2 \\ 0 & 0 & 0 & 0 & 0 & 0 \end{array}\right]$$

6.7 Aufgaben

Lösungen finden sich ab Seite 238.

1. Bei der Anwendung der ersten Phase des Gauß-Jordan-Algorithmus auf die folgende erweiterte Koeffizientenmatrix wird als nächstes

$$\begin{bmatrix} 1 & 5 & 15 & -38 \\ 0 & -1 & -4 & 14 \\ 3 & 9 & 2 & -15 \end{bmatrix}$$

   ◯ das 3-fache der ersten Zeile zur dritten Zeile addiert.
   ◯ das (-3)-fache der ersten Zeile zur dritten Zeile addiert.
   ◯ die erste und zweite Zeile vertauscht.
   ◯ die dritte Zeile mit $\frac{1}{3}$ multipliziert.

2. Bei der Anwendung der ersten Phase des Gauß-Jordan-Algorithmus auf die folgende erweiterte Koeffizientenmatrix wird als nächstes

$$\begin{bmatrix} 1 & 5 & 15 & 4 & -38 \\ 0 & 0 & 2 & 3 & 14 \\ 0 & 9 & 2 & -15 & 2 \end{bmatrix}$$

   ◯ die erste mit der dritten Zeile vertauscht.
   ◯ die zweite mit der dritten Zeile vertauscht.
   ◯ die zweite Zeile mit $\frac{1}{2}$ multipliziert.
   ◯ die dritte Zeile mit $\frac{1}{9}$ multipliziert.

Wenden Sie den Gauß-Jordan-Algorithmus auf die folgenden erweiterten Koeffizientenmatrizen an.

3.

$$\begin{bmatrix} 5 & 45 & 125 & -385 \\ -2 & -16 & -44 & 134 \\ 3 & 19 & 52 & -155 \end{bmatrix}$$

4.

$$\begin{bmatrix} 6 & 30 & 13 \\ -3 & -15 & -\frac{13}{2} \\ 4 & 18 & 8 \\ 6 & 33 & 14 \end{bmatrix}$$

5.

$$\begin{bmatrix} -3 & -9 & 11 & -59 & -373 \\ 8 & 24 & -23 & 132 & 830 \\ -6 & -18 & 33 & -161 & -1025 \end{bmatrix}$$

6.

$$\left[\begin{array}{ccc|c} \frac{1}{3} & -1 & 2 & \frac{4}{3} \\ -\frac{1}{2} & 0 & \frac{9}{2} & -\frac{13}{2} \\ \frac{1}{8} & \frac{45}{8} & -\frac{117}{4} & 19 \end{array}\right]$$

7.

$$\left[\begin{array}{cccc|c} 0 & 1 & 5 & -5 & -16 \\ 1 & 7 & 33 & -29 & -91 \\ 3 & 20 & 94 & -81 & -254 \\ -4 & -5 & -17 & 1 & -4 \end{array}\right]$$

8. Bestimmen Sie mit Hilfe des Gauß-Jordan-Algorithmus die Lösungsmenge für das lineare Gleichungssystem des Bäckerlehrlings von Seite 110.

Bestimmen Sie die Lösungsmenge der folgenden linearen Gleichungssysteme mit Hilfe des Gauß-Jordan-Algorithmus.

9.

$$\begin{array}{rrrcr} & +x_2 & -2x_3 & = & 13 \\ -6x_1 & +x_2 & -70x_3 & = & 113 \\ 4x_1 & +4x_2 & +41x_3 & = & -22 \\ 2x_1 & -2x_2 & +28x_3 & = & -62 \end{array}$$

10.

$$\begin{array}{rrrcr} 4u & -6v & +40w & = & -6 \\ 40u & -60v & +405w & = & -61 \\ -6u & +9v & -75w & = & 12 \end{array}$$

6.8 Die Inverse einer Matrix

Betrachten wir noch einmal ein lineares Gleichungssystem in Matrixschreibweise: $A \cdot x = b$, wobei A eine quadratische $n \times n$-Matrix sei. Formal besteht eine Ähnlichkeit zur Gleichung $a \cdot x = b$ für reelle Zahlen $a, b \in \mathbb{R}$. Die Gleichung $a \cdot x = b$ besitzt eine und zwar genau eine Lösung, wenn $a \neq 0$ gilt. In diesem Fall ist $x = \frac{b}{a}$, was wir auch in der Form $x = a^{-1} \cdot b$ schreiben können. Diese Beobachtung wollen wir nun auf Matrizen übertragen. Für den Fall, dass das lineare Gleichungssystem eine eindeutige Lösung hat, existiert eine Matrix A^{-1}, die *Inverse der Matrix A*, so dass $x = A^{-1} \cdot b$ gilt.

Zu einer gegebenen quadratischen $n \times n$-Matrix A nennen wir allgemein eine $n \times n$-Matrix B mit der Eigenschaft $A \cdot B = B \cdot A = E^n$ die Inverse zu A und bezeichnen sie mit $B = A^{-1}$.

Bevor wir erklären, wie die Inverse einer Matrix berechnet werden kann, zunächst ein paar Beispiele, in denen wir die inverse Matrix – ohne deren Herkunft zu erklären – einfach angeben.

Beispiele

Es sei das lineare Gleichungssystem

$$\begin{bmatrix} -6 & 5 \\ 1 & 2 \end{bmatrix} \cdot \begin{bmatrix} x_1 \\ x_2 \end{bmatrix} = \begin{bmatrix} -11 \\ -1 \end{bmatrix}$$

gegeben. Bezeichnen wir die Koeffizientenmatrix mit A, so ist die Inverse

$$A^{-1} = \begin{bmatrix} -\frac{2}{17} & \frac{5}{17} \\ \frac{1}{17} & \frac{6}{17} \end{bmatrix}.$$

In der Tat gilt

$$A^{-1} \cdot A = \begin{bmatrix} -\frac{2}{17} & \frac{5}{17} \\ \frac{1}{17} & \frac{6}{17} \end{bmatrix} \cdot \begin{bmatrix} -6 & 5 \\ 1 & 2 \end{bmatrix} = \begin{bmatrix} 1 & 0 \\ 0 & 1 \end{bmatrix} = E^2$$

und

$$A \cdot A^{-1} = \begin{bmatrix} -6 & 5 \\ 1 & 2 \end{bmatrix} \cdot \begin{bmatrix} -\frac{2}{17} & \frac{5}{17} \\ \frac{1}{17} & \frac{6}{17} \end{bmatrix} = \begin{bmatrix} 1 & 0 \\ 0 & 1 \end{bmatrix} = E^2.$$

Somit können wir das lineare Gleichungssystem auf folgende Weise lösen:

$$x = A^{-1} \cdot b = \begin{bmatrix} -\frac{2}{17} & \frac{5}{17} \\ \frac{1}{17} & \frac{6}{17} \end{bmatrix} \cdot \begin{bmatrix} -11 \\ -1 \end{bmatrix} = \begin{bmatrix} 1 \\ -1 \end{bmatrix}.$$

Betrachten wir nun ein größeres Beispiel:

$$\begin{bmatrix} 4 & 0 & 2 \\ 1 & 3 & 1 \\ 2 & -1 & 1 \end{bmatrix} \cdot \begin{bmatrix} x_1 \\ x_2 \\ x_3 \end{bmatrix} = \begin{bmatrix} 0 \\ 10 \\ 2 \end{bmatrix}.$$

Bezeichnet A wieder die Koeffizientenmatrix, so gilt

$$A^{-1} = \begin{bmatrix} 2 & -1 & -3 \\ \frac{1}{2} & 0 & -1 \\ -\frac{7}{2} & 2 & 6 \end{bmatrix}.$$

Leicht rechnet man wieder nach, dass $A \cdot A^{-1} = A^{-1} \cdot A = E^3$ gilt. Als Lösung des linearen Gleichungssystems erhalten wir also

$$x = A^{-1} \cdot b = \begin{bmatrix} 2 & -1 & -3 \\ \frac{1}{2} & 0 & -1 \\ -\frac{7}{2} & 2 & 6 \end{bmatrix} \cdot \begin{bmatrix} 0 \\ 10 \\ 2 \end{bmatrix} = \begin{bmatrix} -16 \\ -2 \\ 32 \end{bmatrix}.$$

Berechnung der Inversen

Es sei eine quadratische $n \times n$-Matrix A gegeben. Wir suchen eine $n \times n$-Matrix B, so dass $A \cdot B = E^n$ gilt. Schreiben wir dies einmal ausführlicher auf:

$$A \cdot [b^1 \mid b^2 \mid b^3 \mid \cdots \mid b^n] = [e_1 \mid e_2 \mid e_3 \mid \cdots \mid e_n],$$

wobei $b^1, b^2, \ldots, b^n$ die Spalten der Matrix B und $e_1, e_2, \ldots, e_n$ die Einheitsvektoren sind. Vergleichen wir spaltenweise, so sehen wir dass $A \cdot b^j = e_j$ für alle j gelten muss. Die erweiterte Koeffizientenmatrix des Gleichungssystems für die gesuchte Spalte b^j ist also $[A \mid e_j]$. Um diese n linearen Gleichungssysteme gleichzeitig zu lösen, können wir einfach den Gauß–Jordan-Algorithmus auf die "vielfach" erweiterte Koeffizientenmatrix

$$[A \mid e_1 \mid e_2 \mid e_3 \mid \cdots \mid e_n] = [A \mid E^n]$$

anwenden. Falls die inverse Matrix existiert, so erhalten wir als Ergebnis des Algorithmus offenbar $[E^n \mid B]$ und können die inverse Matrix $B = A^{-1}$ direkt ablesen.

Beispiele

Kommen wir auf unser voriges Beispiel zurück.

$$\left[\begin{array}{cc|cc} -6 & 5 & 1 & 0 \\ 1 & 2 & 0 & 1 \end{array}\right] \rightarrow \left[\begin{array}{cc|cc} -6 & 5 & 1 & 0 \\ 0 & \frac{17}{6} & \frac{1}{6} & 1 \end{array}\right] \rightarrow \left[\begin{array}{cc|cc} 1 & -\frac{5}{6} & -\frac{1}{6} & 0 \\ 0 & 1 & \frac{1}{17} & \frac{6}{17} \end{array}\right] \rightarrow \left[\begin{array}{cc|cc} 1 & 0 & -\frac{2}{17} & \frac{5}{17} \\ 0 & 1 & \frac{1}{17} & \frac{6}{17} \end{array}\right]$$

Wir erhalten also tatsächlich die inverse Matrix, die wir zuvor bereits betrachtet haben. Kommen wir zum zweiten Beispiel.

$$\left[\begin{array}{ccc|ccc} 4 & 0 & 2 & 1 & 0 & 0 \\ 1 & 3 & 1 & 0 & 1 & 0 \\ 2 & -1 & 1 & 0 & 0 & 1 \end{array}\right] \rightarrow \left[\begin{array}{ccc|ccc} 4 & 0 & 2 & 1 & 0 & 0 \\ 0 & 3 & \frac{1}{2} & -\frac{1}{4} & 1 & 0 \\ 0 & -1 & 0 & -\frac{1}{2} & 0 & 1 \end{array}\right] \rightarrow \left[\begin{array}{ccc|ccc} 4 & 0 & 2 & 1 & 0 & 0 \\ 0 & 3 & \frac{1}{2} & -\frac{1}{4} & 1 & 0 \\ 0 & 0 & \frac{1}{6} & -\frac{7}{12} & \frac{1}{3} & 1 \end{array}\right]$$

$$\rightarrow \left[\begin{array}{ccc|ccc} 1 & 0 & \frac{1}{2} & \frac{1}{4} & 0 & 0 \\ 0 & 1 & \frac{1}{6} & -\frac{1}{12} & \frac{1}{3} & 0 \\ 0 & 0 & 1 & -\frac{7}{2} & 2 & 6 \end{array}\right] \rightarrow \left[\begin{array}{ccc|ccc} 1 & 0 & 0 & 2 & -1 & -3 \\ 0 & 1 & 0 & \frac{1}{2} & 0 & -1 \\ 0 & 0 & 1 & -\frac{7}{2} & 2 & 6 \end{array}\right]$$

Inverse einer 2×2-Matrix

Das Berechnungsverfahren lässt sich unter anderem auch auf eine allgemeine 2×2-Matrix

$$A = \begin{bmatrix} a & b \\ c & d \end{bmatrix}$$

anwenden. Wir erhalten dann für die Inverse ganz allgemein

$$A^{-1} = \frac{1}{ad - bc} \begin{bmatrix} d & -b \\ -c & a \end{bmatrix}.$$

In der Tat erhalten wir für das oben betrachtete Beispiel $A = \begin{bmatrix} -6 & 5 \\ 1 & 2 \end{bmatrix}$ mit Hilfe der allgemeinen Formel

$$A^{-1} = \frac{1}{(-6) \cdot 2 - 5 \cdot 1} \begin{bmatrix} 2 & -5 \\ -1 & -6 \end{bmatrix} = \frac{1}{-17} \begin{bmatrix} 2 & -5 \\ -1 & -6 \end{bmatrix}$$

und somit dasselbe Ergebnis wie zuvor.

6.9 Determinanten

Wie können wir einer quadratischen Matrix A ansehen, ob sie eine Inverse besitzt? Beziehungsweise wie können wir einem linearen Gleichungssystem $A \cdot x = b$ ansehen, ob es eine eindeutige Lösung besitzt?

Eine Möglichkeit bietet die Berechnung der *Determinante* von A. Die Determinante ordnet einer quadratischen Matrix A eine reelle Zahl zu, die wir kurz mit $\det A$ bezeichnen. Ist diese Zahl ungleich Null, so ist die Matrix invertierbar. In der Tat sind für eine quadratische $n \times n$-Matrix A und einen beliebigen $n \times 1$-Vektor b die folgenden Aussagen äquivalent.

1. Die Matrix A ist invertierbar.
2. Das lineare Gleichungssystem $A \cdot x = b$ ist eindeutig lösbar.
3. Die Determinante von A ist ungleich Null.

Determinante einer 2 × 2-Matrix

Die oben betrachtete Inverse einer 2×2-Matrix existiert offenbar genau dann, wenn der Nenner $ad - bc$ ungleich Null ist. Insofern erfüllt dieser Term genau die gesuchten Eigenschaften der Determinante. Wir definieren also

$$\det \begin{bmatrix} a & b \\ c & d \end{bmatrix} = ad - bc.$$

Im Beispiel der bereits betrachteten Matrix $A = \begin{bmatrix} -6 & 5 \\ 1 & 2 \end{bmatrix}$ erhalten wir die Determinante $\det A = (-6) \cdot 2 - 5 \cdot 1 = -17$.

Determinante einer 3 × 3-Matrix

Die einfache Struktur der Determinante einer 2×2-Matrix überträgt sich auch auf 3×3-Matrizen mit Hilfe der *Regel von Sarrus*.

$$\det \begin{bmatrix} a_{11} & a_{12} & a_{13} \\ a_{21} & a_{22} & a_{23} \\ a_{31} & a_{32} & a_{33} \end{bmatrix} = + a_{11}a_{22}a_{33} + a_{12}a_{23}a_{31} + a_{13}a_{21}a_{32}$$

$$- a_{11}a_{23}a_{32} - a_{12}a_{21}a_{33} - a_{13}a_{22}a_{31}$$

Es handelt sich also um das Produkt aller Diagonalen und das Produkt aller Gegendiagonalen, die jeweils mit positivem beziehungsweise negativem Vorzeichen aufsummiert werden. Um die Diagonalen einfach abzulesen, ist es günstig, die Matrix zwei mal nebeneinander zu schreiben.

$$+ \quad \begin{array}{ccc|ccc} a_{11} & a_{12} & a_{13} & a_{11} & a_{12} & a_{13} \\ a_{21} & a_{22} & a_{23} & a_{21} & a_{22} & a_{23} \\ a_{31} & a_{32} & a_{33} & a_{31} & a_{32} & a_{33} \end{array} \qquad - \quad \begin{array}{ccc|ccc} a_{11} & a_{12} & a_{13} & a_{11} & a_{12} & a_{13} \\ a_{21} & a_{22} & a_{23} & a_{21} & a_{22} & a_{23} \\ a_{31} & a_{32} & a_{33} & a_{31} & a_{32} & a_{33} \end{array}$$

Für die Matrix

$$A = \begin{bmatrix} 3 & 0 & 24 \\ 0 & 2 & 5 \\ -3 & 6 & -8 \end{bmatrix}$$

erhalten wir beispielsweise

$$\det A = + 3 \cdot 2 \cdot (-8) + 0 \cdot 5 \cdot (-3) + 24 \cdot 0 \cdot 6$$
$$- 3 \cdot 5 \cdot 6 - 0 \cdot 0 \cdot (-8) - 24 \cdot 2 \cdot (-3)$$
$$= -48 - 90 + 144 = 6.$$

Eine rekursive Formel

Für 4×4- und größere Matrizen gibt es keine vergleichbar einfache Formel zur direkten Berechnung der Determinante. Allerdings gibt es eine rekursive Methode zur Berechnung von Determinanten: den Laplaceschen Entwicklungssatz. Wir diskutieren ihn in einer einfachen Variante, der Entwicklung nach der ersten Spalte.

$$\det A = \sum_{i=1}^{n} (-1)^{i+1} a_{i1} \det A_{i1}$$

Dabei ist a_{i1} der Matrixeintrag von A in Zeile i und Spalte 1 und A_{i1} die Matrix, die aus A durch Streichung der i-ten Zeile und ersten Spalte hervorgeht.

Mit dieser Methode erhalten wir für die 3×3-Matrix

$$A = \begin{bmatrix} 3 & 0 & 24 \\ 0 & 2 & 5 \\ -3 & 6 & -8 \end{bmatrix}$$

aus dem vorherigen Beispiel.

$$\det A = (-1)^{1+1}3 \cdot \det \begin{bmatrix} 2 & 5 \\ 6 & -8 \end{bmatrix} + (-1)^{2+1}0 \cdot \det \begin{bmatrix} 0 & 24 \\ 6 & -8 \end{bmatrix}$$
$$+ (-1)^{3+1}(-3) \cdot \det \begin{bmatrix} 0 & 24 \\ 2 & 5 \end{bmatrix}$$
$$= 3 \cdot (-46) - 0 - 3 \cdot (-48) = 6$$

Mit dieser Methode lässt sich also die Größe der auftretenden Matrizen mit jedem Rekursionsschritt verkleinern, bis wir beispielsweise bei 2×2-Matrizen angekommen sind, für die wir die bereits bekannte Determinantenformel schnell anwenden können.

6.10 Aufgaben

Lösungen finden sich ab Seite 240.

1. Die Inverse einer quadratischen Matrix A existiert, falls
   ○ die normierte Zeilenstufenform von A die Nullmatrix ist.
   ○ die normierte Zeilenstufenform von A die Einheitsmatrix ist.
   ○ jedes lineare Gleichungssystem der Form $A \cdot x = b$ keine Lösung besitzt.
   ○ jedes lineare Gleichungssystem der Form $A \cdot x = b$ unendlich viele Lösungen besitzt.
2. Es sei das LGS $A \cdot x = b$ gegeben, wobei A eine quadratische Matrix ist. Das LGS hat genau eine Lösung, falls
   ○ $\det A = 0$ gilt.
   ○ die i.te Zeile von A eine Nullzeile ist und $b_i = 0$ gilt.
   ○ die i.te Zeile von A eine Nullzeile ist und $b_i \neq 0$ gilt.
   ○ A invertierbar ist.
3. Bestimmen Sie - wenn möglich - die Inverse der Matrix $A = \begin{bmatrix} 3 & 5 \\ 2 & 4 \end{bmatrix}$ auf mindestens zwei Arten und Weisen.
4. Bestimmen Sie - wenn möglich - die Inverse der Matrix $B = \begin{bmatrix} 4 & -3 \\ -7 & 5 \end{bmatrix}$ auf mindestens zwei Arten und Weisen.
5. Bestimmen Sie - wenn möglich - die Inverse der Matrix $C = \begin{bmatrix} -6 & 2 \\ 24 & -8 \end{bmatrix}$.
6. Bestimmen Sie die Inverse der allgemeinen 2×2-Matrix

$$D = \begin{bmatrix} a & b \\ c & d \end{bmatrix}$$

und beweisen damit die Formel von Seite 152.
7. Ein Produktionsprozess besitze die Rohstoff-Endprodukt-Matrix

$$M_{RE} = \begin{bmatrix} 2 & 4 & 14 \\ 0 & 1 & 2 \\ 3 & 6 & 22 \end{bmatrix}.$$

Aufgrund unverlässlicher Lieferbedingungen schwankt der monatliche Rohstoffvorrat x_R. Bestimmen Sie die inverse Matrix zur monatlichen Bestimmung des Endproduktvektors $x_E = M_{RE}^{-1} \cdot x_R$.

8. Berechnen Sie - wenn möglich - die Inverse der Matrix

$$M = \begin{bmatrix} -2 & -5 & -8 \\ 1 & 3 & 4 \\ 4 & 12 & 17 \end{bmatrix}.$$

9. Berechnen Sie - wenn möglich - die Inverse der Matrix

$$N = \begin{bmatrix} 1 & -1 & 2 \\ 0 & 3 & 0 \\ 2 & 0 & 5 \end{bmatrix}.$$

10. Berechnen Sie die Inverse der Matrix

$$R = \begin{bmatrix} 1 & a & b \\ 0 & 1 & c \\ 0 & 0 & \alpha \end{bmatrix}.$$

Stellt die Existenz der Inverse eine Bedingung an die Variablen a, b, c, α?

11. Berechnen Sie - wenn möglich - die Inverse der Matrix

$$S = \begin{bmatrix} 2 & 0 & 1 \\ -6 & 5 & 0 \\ 10 & -10 & -1 \end{bmatrix}.$$

12. Berechnen Sie - wenn möglich - die Inverse der Matrix

$$X = \begin{bmatrix} 2 & 0 & -1 & 3 \\ -6 & 3 & 5 & 6 \\ 0 & 1 & 0 & 5 \\ 4 & 2 & -2 & 17 \end{bmatrix}.$$

13. Berechnen Sie die Inverse der Matrix

$$Y = \begin{bmatrix} 1 & 0 & a & b \\ 0 & 1 & c & d \\ 0 & 0 & \alpha & 0 \\ 0 & 0 & 0 & \beta \end{bmatrix}.$$

Stellt die Existenz der Inverse eine Bedingung an die Variablen $a, b, c, d, \alpha, \beta$?

14. Bestimmen Sie die Determinanten der Matrizen aus den Aufgaben 3 bis 5.

15. Bestimmen Sie die Determinanten der Matrizen aus den Aufgaben 7 bis 9.

16. Bestimmen Sie die Determinante der Matrix aus Aufgabe 10. Interpretieren Sie in diesem Lichte die Bedingung, die Sie in Aufgabe 10 formuliert haben.

17. Bestimmen Sie die Determinanten der Matrizen aus den Aufgaben 11 und 12.

18. Bestimmen Sie die Determinante der Matrix aus Aufgabe 13. Interpretieren Sie in diesem Lichte die Bedingung, die Sie in Aufgabe 13 formuliert haben.

19. Auf Seite 151 haben wir ein Verfahren entwickelt, das zu einer gegebenen Matrix A eine Matrix B mit $A \cdot B = E^n$ berechnet. Also eine *Rechtsinverse* zu A. Auf ähnliche Weise lässt sich eine *Linksinverse* C finden, also eine Matrix mit $C \cdot A = E^n$. Die Inverse A^{-1} von A musste nach Definition Links- und Rechtsinverse von A sein. Im genannten Abschnitt wird behauptet, dass bereits $A^{-1} = B$ gilt. Dies ist offenbar richtig, falls $B = C$ gilt. Zeigen Sie diese Gleichheit.

Funktionen in mehreren Veränderlichen

Agenda. In diesem Kapitel wenden wir uns den analytischen Aspekten von Funktionen in mehreren Variablen – historisch auch *Veränderliche* genannt – zu. Dafür führen wir zunächst Funktionen in mehreren Variablen allgemein ein, um uns daraufhin ökonomisch motivierten Extremalfragestellungen zu widmen.

Die meisten Funktionen, die reale Phänomene abbilden, hängen nicht ausschließlich von einer einzigen, sondern meist von mehreren Variablen ab. Wir beginnen mit einem sehr einfachen Beispiel.

Angenommen eine Schuhmanufaktur benötigt abgesehen von Nähgarn die folgenden Materialen zur Herstellung eines Paars Lederschuhen:

- $0.09m^2$ Oberflächenleder,
- $0.04m^2$ festes Sohlenleder,
- zwei Gummiabsätze,
- 16 Messingnieten,
- zwei Schnürsenkel.

Die Preise für die einzelnen Rohstoffe seien wie folgt gegeben:

- p_1 pro m^2 Oberflächenleder,
- p_2 pro m^2 festem Sohlenleder,
- p_3 pro Gummiabsatz,
- p_4 pro Messingniete,
- p_5 pro Schnürsenkel.

Dann sind die Materialkosten für die Herstellung von x Paar Schuhen gegeben durch die Funktion:

$$K(x, p_1, p_2, p_3, p_4, p_5) = x \cdot (0.09p_1 + 0.04p_2 + 2p_3 + 16p_4 + 2p_5).$$

Dies ist ein Beispiel für eine Funktion in sechs Variablen, in diesem Fall $x, p_1, p_2, p_3, p_4, p_5$.

Funktionen in mehreren Veränderlichen

Wir nennen die Menge aller n-*Tupel* $(x_1, x_2, \ldots, x_n)$ mit $x_i \in \mathbb{R}$ den *n-dimensionalen euklidischen Raum* $\mathbb{R}^n$. Für $n = 1$ ist der 1-dimensionale euklidische Raum also identisch mit dem Zahlenstrahl der reellen Zahlen $\mathbb{R}$. Für $n = 2$ besteht der 2-dimensionale euklidische Raum $\mathbb{R}^2$ aus allen Zahlenpaaren der Form (x_1, x_2). Da Punkte in der Ebene mit zwei Koordinaten beschrieben werden, spricht man auch von der *euklidischen Ebene*.

Sei nun D eine beliebige Teilmenge des n-dimensionalen euklidischen Raums. Eine *reellwertige Funktion f in n Variablen* mit *Definitionsbereich D* ist eine Zuordnung, die jedem Element $(x_1, x_2, \ldots, x_n) \in D$ auf eindeutige Weise ein Element $f(x_1, x_2, \ldots, x_n) \in \mathbb{R}$ zuordnet. In ökonomischen Zusammenhängen wird der Definitionsbereich D oft aus einem *Produkt $D = I_1 \times I_2 \times \cdots \times I_n$ von Intervallen $I_1, I_2, \ldots, I_n$* bestehen. Das heißt, $(x_1, x_2, \ldots, x_n) \in D$, genau dann, wenn $x_1 \in I_1$, $x_2 \in I_2$ ist, usw. Im Falle der oben besprochenen Cobb-Douglas-Funktion beispielsweise ist der Definitionsbereich das Produkt $D = [0, \infty) \times [0, \infty)$.

Der *Wertebereich W* einer Funktion f besteht wie zuvor aus der Menge aller auf D angenommenen Werte:

$$W = \{f(x_1, x_2, \ldots, x_n) : (x_1, x_2, \ldots, x_n) \in D\}.$$

Cobb-Douglas-Produktionsfunktionen

Cobb-Douglas-Produktionsfunktionen sind Ende der 1920er Jahre entwickelt worden. Diese Funktionen sollen die Abhängigkeit des Produktionsergebnisses Y vom Arbeitsstundeneinsatz $L \geq 0$ und Kapitaleinsatz $K \geq 0$ darstellen. Der von dem Mathematiker Charles Cobb und dem Ökonomen Paul Douglas vorgeschlagene Funktionstyp ist gegeben durch:

$$Y(L, K) = bL^k K^{1-k},$$

wobei $b > 0$ und k eine Zahl zwischen 0 und 1 ist. Cobb-Douglas-Produktionsfunktionen haben einige interessante Eigenschaften. So kann sich - abhängig von der Größe von k - eine prozentuale Erhöhung von L oder K sehr verschieden auf Y auswirken. Erhöhen sich jedoch L und K um denselben Prozentsatz, so erhöht sich auch das Produktionsergebnis Y um denselben Prozentsatz. Schauen wir uns dies genauer an: Eine Erhöhung von L um beispielsweise einen Prozentsatz von $i = 5\% = 0.05$ führt zu einem neuen Wert von $(1+i)L$. Analog für K. Wir führen abkürzend den *Proportionalitätsfaktor $a = 1 + i$* ein und berechnen nun die Auswirkung auf das Produktionsergebnis Y:

$$Y(aL, aK) = b(aL)^k(aK)^{1-k} = ba^k L^k a^{1-k} K^{1-k}$$
$$= a^{k+1-k} bL^k K^{1-k} = abL^k K^{1-k} = aY(L, K).$$

Mit anderen Worten, eine Änderung von Arbeitsstunden- und Kapitaleinsatz um jeweils den gleichen Prozentsatz führt zu einer prozentualen Änderung des

Produktionsergebnisses in gleicher Höhe. Man spricht in dieser Situation auch von *konstanten Skalenerträgen*.

Allgemein bezeichnen wir eine Funktion der Form

$$f(x_1, \ldots, x_n) = \beta x_1^{\alpha_1} x_2^{\alpha_2} \cdot \ldots \cdot x_n^{\alpha_n}$$

mit $\beta, \alpha_1, \ldots, \alpha_n > 0$ definiert für $x_1, \ldots, x_n \geq 0$ als *Cobb-Douglas-Funktion*. Häufig fordert man zusätzlich, dass $\alpha_1 + \alpha_2 + \cdots + \alpha_n = 1$ gilt, da dies wieder konstante Skalenerträge garantiert.

Höhenlinien und graphische Darstellung

Für reellwertige Funktionen in einer Variablen haben wir die graphische Darstellung bereits ausführlich diskutiert. Eine graphische Darstellung von Funktionen in mehreren Veränderlichen ist meist schwierig bis unmöglich, außer im besonderen Fall $n = 2$. Im zweidimensionalen Fall ist der Definitionsbereich D eine Teilmenge der euklidischen Ebene. Wir können in diesem Fall die Funktion $f : D \to \mathbb{R}$ als eine Höhenfunktion auffassen: $z = f(x, y)$ gibt die Höhe über dem Punkt (x, y) in der Ebene an.

Eine Illustration dieser Darstellungsweise ist für die Cobb-Douglas-Funktion $f(x, y) = x^{\frac{1}{2}} y^{\frac{1}{2}}$ mit dem Definitionsbereich $D = [0, \infty) \times [0, \infty)$ in Abbildung 7.1 skizziert.

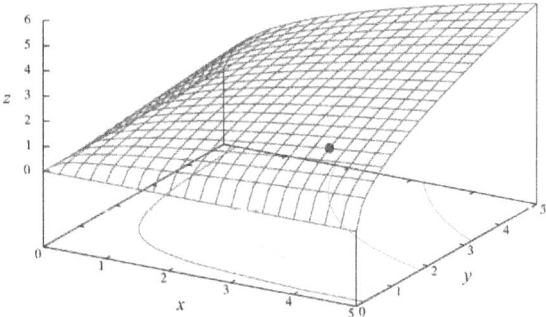

Abb. 7.1. Die Cobb-Douglas-Funktion $f(x, y) = x^{\frac{1}{2}} y^{\frac{1}{2}}$.

Die Interpretation einer Höhenfunktion entspricht also einer geographischen Interpretation: Die Funktion f gibt uns für jeden Ort mit den Koordinaten (x, y) die geographische Höhe an dieser Koordinate. Gute Wanderkarten sind zweidimensional und enthalten dennoch einen Großteil dieser Information mittels eingezeichneter Höhenlinien. Diese sind auch für uns interessant. In der Karte gibt eine Höhenlinie jeweils eine konstante Höhe an. Manchmal kollabiert eine solche Linie auch zu einem einzigen Punkt im Falle eines Gipfels oder einer Senke.

Im Allgemeinen ist eine *(Iso-)Höhenlinie* zu einem gegebenen Funktionswert z_0 die Menge der Paare (x, y), bei denen die Höhe z_0 angenommen wird, wo also $f(x, y) = z_0$ gilt. Es handelt sich also um das Urbild von z_0.

Schauen wir uns dies für unsere sehr einfach Cobb-Douglas-Funktion f einmal an. Sei z_0 ein fest vorgegebener Wert und es gelte $f(x, y) = z_0$. Dann folgt also $x^{\frac{1}{2}} y^{\frac{1}{2}} = z_0$ und somit $xy = z_0^2$ und schließlich $y = \frac{z_0^2}{x}$. Somit sind die *Höhenlinien der Höhe z_0* als Kurven in der Ebene durch die Hyperbeln mit der Funktionsvorschrift $y = \frac{z_0^2}{x}$ gegeben. Abbildung 7.1 zeigt die Höhenlinien in der Ebene für die Höhen $z_0 = 1, 2, 3, 4$.

Homogenität

Für Cobb-Douglas-Funktionen haben wir schon die Eigenschaft konstanter Skalenerträge diskutiert. Bei der Frage der Homogenität ist der Ursprung der Fragestellung derselbe: Wie ändert sich der Wert einer ökonomischen Funktion f, wenn alle Argumente gleichzeitig um den gleichen Proportionalitätsfaktor a erhöht werden? Wir nennen die Funktion *homogen vom Grad r*, wenn bei einer solchen Erhöhung der Funktionswert um den Faktor a^r steigt, wenn also gilt

$$f(ax_1, ax_2, \dots, ax_n) = a^r f(x_1, x_2 \dots, x_n).$$

Funktionen mit konstanten Skalenerträgen sind dementsprechend homogen vom Grad 1. Schauen wir uns ein paar einfache Beispiele an.

▷ Die Funktion $f(x, y) = 5xy^2$ ist homogen vom Grad 3:

$$f(ax, ay) = 5ax(ay)^2 = a^3 5xy^2 = a^3 f(x, y).$$

▷ Die Funktion $g(x_1, x_2) = \frac{x_1 x_2}{x_1^2 + x_2^2}$ ist homogen vom Grad 0:

$$g(ax_1, ax_2) = \frac{ax_1 ax_2}{(ax_1)^2 + (ax_2)^2} = \frac{a^2 x_1 x_2}{a^2 x_1^2 + a^2 x_2^2}$$

$$= \frac{a^2 x_1 x_2}{a^2 (x_1^2 + x_2^2)} = a^0 g(x_1, x_2).$$

▷ Der Grad muss nicht immer ganzzahlig sein, beispielsweise ist $h(p, q) = \sqrt{p^3 q^2}$ homogen vom Grad $\frac{5}{2}$:

$$h(ap, aq) = \sqrt{(ap)^3 (aq)^2} = \sqrt{a^5 p^3 q^2} = \sqrt{a^5} \sqrt{p^3 q^2} = a^{\frac{5}{2}} h(p, q).$$

▷ Selbstverständlich sind nicht alle Funktionen homogen. Ein einfaches Beispiel ist die Funktion $f(x, y) = x + y^2$. Dann ist $f(ax, ay) = ax + a^2 y^2$. Es ist leicht zu zeigen, dass kein r existiert, so dass $ax + a^2 y^2 = a^r(x + y^2)$ für alle x, y, gilt.

7.1 Aufgaben

Lösungen finden sich ab Seite 242.

1. Die Funktion $f(x, y) = 5x^{\frac{1}{3}}y^{\frac{2}{3}}$
   - ○ besitzt keine konstanten Skalenerträge.
   - ○ ist eine Cobb-Douglas-Funktion.
   - ○ ist homogen vom Grad 5.
   - ○ ist homogen vom Grad 1.

2. Eine Höhenlinie der Höhe z_0 einer Funktion $f : \mathbb{R}^2 \to \mathbb{R}$ ist gegeben durch
   - ○ das Urbild $f^{-1}(z_0)$.
   - ○ den Funktionswert $f(z_0, z_0)$.
   - ○ die Menge aller Punkte der Ebene, deren Funktionswert gleich 0 ist.
   - ○ die Menge aller $(x, y) \in \mathbb{R}^2$, für die $f(x, y) = z_0$ gilt.

3. Es sei die Kostenfunktion $K(x_1, x_2) = 245 + 3x_1 + 6.5x_2$ gegeben, wobei x_1, x_2 die Anzahlen der monatlich erzeugten Güter vom Typ 1 und 2 seien. Die Produktionskapazitäten erlauben eine Produktion von maximal 300 Stück vom Typ 1 und maximal 500 Stück vom Typ 2.
   a) Bestimmen Sie den Definitionsbereich D und Wertebereich W der Kostenfunktion.
   b) Skizzieren Sie die Höhenlinien der Kostenfunktion K, also die *Isokostenlinien*.

4. Es sei die Funktion $f : [-5, 5] \times [-5, 5] \to \mathbb{R}$ durch $f(x, y) = 16 - x^2 - y^2$ gegeben.
   a) Bestimmen Sie den Wertebereich W der Funktion f.
   b) Bestimmen Sie für jedes $z_0 \in W$ die Höhenlinie der Höhe z_0.
   c) Skizzieren Sie einige ausgewählte Höhenlinien in der Ebene.
   d) Skizzieren Sie den Graph der Funktion f.

5. Untersuchen Sie die folgenden Funktionen auf Homogenität. Bestimmen Sie gegebenenfalls den Homogenitätsgrad.
   a) $f(x, y) = x^3 y^3$.
   b) $f(x, y) = x^3 + y^3$.
   c) $f(x, y) = x^2 y^3$.
   d) $f(x, y) = x^2 + y^3$.
   e) $f(x, y) = (x + y)^2 - (x^2 + y^2)$.
   f) $f(x, y) = -4\frac{x^3}{y^2}$.
   g) $f(x, y) = 2\frac{xy}{x+y}$.
   h) $f(x, y) = \alpha \cdot \sqrt[c]{x^a y^b}$.

6. Gegeben sei die Produktionsfunktion $f(r_1, r_2) = 35\sqrt[3]{r_1^2 r_2^5}$. Um wieviel Prozent erhöht sich das Produktionsergebnis, wenn beide Produktionsfaktoren um 5% erhöht werden?

Änderungsverhalten von Funktionen in mehreren Variablen

Betrachten wir eine Cobb-Douglas-Funktion $Y(L, K) = 300L^{\frac{1}{3}}K^{\frac{2}{3}}$, $K, L \geq 0$, und nehmen wir an, dass für die aktuelle Produktion $L_0 = 512$ und $K_0 = 1\,000\,000$ gilt. Wir können uns ähnlich wie bei Funktionen in einer Variablen fragen, um wieviel sich das Produktionsergebnis näherungsweise ändert, wenn sich der Arbeitseinsatz um ΔL ändert. Die Antwort entspricht im Wesentlichen der Antwort für Funktionen in einer Variablen: Wir betrachten die Funktion $Y(L, K) = 300L^{\frac{1}{3}}K^{\frac{2}{3}}$ als Funktion in der Variablen L und betrachten K als Konstante und leiten dann nach L ab. Wir nennen dies die partielle Ableitung von Y nach L. Für diese Ableitung schreiben wir $\frac{\partial Y}{\partial L}$ oder auch Y_L und erhalten:

$$Y_L(L, K) = \frac{\partial Y}{\partial L}(L, K) = 300 \cdot \frac{1}{3} \cdot L^{-\frac{2}{3}}K^{\frac{2}{3}} = 100\left(\frac{K}{L}\right)^{\frac{2}{3}}.$$

Nach unseren bisherigen Betrachtungen für Funktionen in einer Variablen erhalten wir:

$$Y(L_0 + \Delta L, K_0) \approx Y(L_0, K_0) + \Delta L \cdot Y_L(L, K).$$

Für die Änderung von Y bei einer Änderung von $\Delta L = 1$ erhalten wir beispielsweise:

$$Y(L_0 + \Delta L, K_0) - Y(L_0, K_0) \approx 1 \cdot Y_L(L_0, K_0)$$
$$= 100\left(\frac{1\,000\,000}{512}\right)^{\frac{2}{3}} = 100\frac{10\,000}{64} = 15\,625.$$

Vergleichen wir geschwind mit der tatsächlichen Änderung:

$$Y(513, 1\,000\,000) - Y(512, 1\,000\,000) = 24\,015\,614.8385 - 24\,000\,000$$
$$= 15\,614.8385.$$

Eine recht gute Näherung.

Partielle Ableitungen

Gehen wir das Ganze noch einmal etwas allgemeiner an. Sei $f(x_1, x_2, \ldots, x_n)$ eine reelle Funktion in n Variablen. Die *partielle Ableitung* $\frac{\partial f}{\partial x_i}$ oder auch f_{x_i} *von f nach x_i* erhalten wir, indem wir alle anderen Variablen x_j mit $j \neq i$ als konstant ansehen und diese Funktion nach x_i ableiten (sofern diese Ableitung existiert).

Beispielsweise sind für $f(x_1, x_2, x_3) = 3x_1^3 x_3 - 5x_2 x_3^2 + x_2^2$ die partiellen Ableitungen gegeben durch:

$$f_{x_1}(x_1, x_2, x_3) = 9x_1^2 x_3,$$
$$f_{x_2}(x_1, x_2, x_3) = -5x_3^2 + 2x_2,$$
$$f_{x_3}(x_1, x_2, x_3) = 3x_1^3 - 10x_2 x_3.$$

Dies sind die *ersten partiellen Ableitungen von f*. Jede dieser Funktionen ist wiederum eine Funktion in den Variablen x_1, x_2, x_3 und jede dieser kann wieder nach all diesen Variablen partiell abgeleitet werden. Für die Ableitung von $\frac{\partial f}{\partial x_i}$ (beziehungsweise f_{x_i}) nach x_j schreiben wir $\frac{\partial^2 f}{\partial x_i \partial x_j}$ oder auch kurz $f_{x_i x_j}$. Im Beispiel erhalten wir also neun zweite partielle Ableitungen:

$$f_{x_1 x_1}(x_1, x_2, x_3) = 18 x_1 x_3,$$
$$f_{x_1 x_2}(x_1, x_2, x_3) = 0,$$
$$f_{x_1 x_3}(x_1, x_2, x_3) = 9x_1^2,$$
$$f_{x_2 x_1}(x_1, x_2, x_3) = 0,$$
$$f_{x_2 x_2}(x_1, x_2, x_3) = 2,$$
$$f_{x_2 x_3}(x_1, x_2, x_3) = -10 x_3,$$
$$f_{x_3 x_1}(x_1, x_2, x_3) = 9x_1^2,$$
$$f_{x_3 x_2}(x_1, x_2, x_3) = -10 x_3,$$
$$f_{x_3 x_3}(x_1, x_2, x_3) = -10 x_2.$$

Wir bemerken, dass $f_{x_1 x_2} = f_{x_2 x_1}$, $f_{x_1 x_3} = f_{x_3 x_1}$ und $f_{x_2 x_3} = f_{x_3 x_2}$ gilt. Dies ist nach dem sogenannten *Satz von Schwarz* tatsächlich für alle einigermaßen gutartigen (d.h. hinreichend oft stetig differenzierbaren) Funktionen der Fall: Auf die Reihenfolge der Variablen nach denen partiell differenziert wird, kommt es nicht an.

Geometrische Interpretation

Ähnlich wie die Ableitung einer Funktion in einer Variablen die Steigung der Tangente an einer Stelle angibt, können bei Funktionen in mehreren Variablen die Werte der partiellen Ableitungen als Steigungen interpretiert werden. Wir wollen dies anschaulich für den Fall der bereits betrachteten Cobb-Douglas-Funktion $f(x, y) = x^{\frac{1}{2}} y^{\frac{1}{2}}$ diskutieren. Es gilt

$$f_x(x, y) = \frac{1}{2} x^{-\frac{1}{2}} y^{\frac{1}{2}} = \frac{1}{2} \left(\frac{y}{x}\right)^{\frac{1}{2}} \quad \text{und} \quad f_y(x, y) = \frac{1}{2} x^{\frac{1}{2}} y^{-\frac{1}{2}} = \frac{1}{2} \left(\frac{x}{y}\right)^{\frac{1}{2}}.$$

Stellen wir uns nun einmal mit Skiern an der Stelle $(x, y) = (4, 1)$ auf den in Abbildung 7.1 auf Seite 159 gezeigten Punkt des Gebirges. Wir können uns nun einmal in positiver x-Richtung ausrichten. In diesem Fall werden unsere Skier eine Neigung von

$$f_x(4, 1) = \frac{1}{2} \left(\frac{1}{4}\right)^{\frac{1}{2}} = \frac{1}{4}$$

aufweisen. Wenn wir uns hingegen in positiver y-Richtung ausrichten, so sind die Skier mit einer Steigung von

$$f_y(4,1) = \frac{1}{2}\left(\frac{4}{1}\right)^{\frac{1}{2}} = 1$$

deutlich steiler ausgerichtet. Das heißt, wenn wir uns in positiver x-Richtung um einen Meter vorbewegen, so werden wir einen Höhenunterschied von ungefähr 25 Zentimetern verzeichnen. Bei einer Bewegung in y-Richtung um einen Meter, werden wir bereits einen Höhenunterschied von ungefähr einem Meter zu verzeichnen haben.

Näherungsverhalten

Der geometrischen Anschauung folgend, kommen wir noch einmal allgemein auf das Näherungsverhalten einer Funktion mit Hilfe der partiellen Ableitungen zurück. Wir betrachten der Einfachheit halber nur den Fall einer Funktion $f(x, y)$ in zwei Variablen. Der Fall für mehr als zwei Variablen verläuft vollkommen analog.

Ändern wir ausgehend vom Argument (x, y) die jeweiligen Werte um Δx beziehungsweise Δy, so erhalten wir (für genügend kleine Werte von Δx und Δy) näherungsweise den Funktionswert:

$$f(x + \Delta x, y + \Delta y) \approx f(x, y) + f_x(x, y) \cdot \Delta x + f_y(x, y) \cdot \Delta y.$$

Man beachte, dass demnach die näherungsweise Änderung von f durch

$$f(x + \Delta x, y + \Delta y) - f(x, y) \approx f_x(x, y) \cdot \Delta x + f_y(x, y) \cdot \Delta y$$

gegeben ist.

Totales Differential

Erinnern wir uns für Funktionen in einer Variablen an die Ableitung $\frac{df}{dx} = f'$, woraus formal die Gleichung $df = f' \cdot dx$ folgt.

Wenn wir in der oben entwickelten Formel für die näherungsweise Änderung $\Delta f = f(x + \Delta x, y + \Delta y) - f(x, y)$ der Funktion f in den Variablen x und y die Größe der Änderungen Δx und Δy beliebig klein werden lassen, so erhalten wir ebenso eine Gleichung auf *infinitesimalem Niveau*:

$$df = f_x \cdot dx + f_y \cdot dy.$$

Der Term df wird als *totales Differential der Funktion f* bezeichnet.

Telefonverträge

Wir nehmen an, ein Telefonshop bietet Telefonverträge an mit den jeweiligen monatlichen Flatratepreisen p für das Surfen und q für Telefonieren und SMS. Gegeben sei die Preis-Absatz-Funktion

$$f(p,q) = -10p^2 - 30q^2 + 10pq + 40p + 90q + 400$$

für die Anzahl der monatlich abgeschlossenen Verträge.

Wir fragen uns, um wieviel sich der Absatz näherungsweise ändert, ausgehend von einem derzeitigen Preisniveau von $p = 5$ Euro und $q = 4$ Euro, wenn der Preis für das Surfen um 10 Eurocent gesenkt und für das Telefonieren um 20 Eurocent pro Monat erhöht werden soll.

Um unsere Näherungsformel anwenden zu können berechnen wir zunächst die partiellen Ableitungen f_p und f_q:

$$f_p(p,q) = -20p + 10q + 40,$$
$$f_q(p,q) = -60q + 10p + 90.$$

Für unsere Werte $p = 5$, $q = 4$, $\Delta p = -0.1$ und $\Delta q = +0.2$ erhalten wir also:

$$\begin{aligned}
f(p + \Delta p, q + \Delta q) - f(p,q) &\approx f_p(p,q) \cdot \Delta p + f_q(p,q) \cdot \Delta q \\
&= f_p(5,4) \cdot (-0.1) + f_q(5,4) \cdot 0.2 \\
&= (-20) \cdot (-0.1) + (-100) \cdot 0.2 = -18.
\end{aligned}$$

Der Telefonshop würde also näherungsweise einen Rückgang um 18 Verträge monatlich verzeichnen.

Partielle Elastizitäten

Kommen wir noch einmal auf unser Beispiel der Cobb-Douglas-Funktion $Y(L,K) = 300L^{\frac{1}{3}}K^{\frac{2}{3}}$, $K, L \geq 0$, zurück. Eine legitime Frage ist, um wieviel Prozent sich das Produktionsergebnis näherungsweise ändert, wenn eines der Argumente um ein Prozent steigt. Eine Fragestellung wie wir sie bereits für Funktionen in einer Variablen kennengelernt haben. Unsere Antwort jetzt unterscheidet sich daher auch nur geringfügig von der vorherigen. In diesem Fall sprechen wir von partiellen Elastizitätsfunktionen. Stellen wir also in unserem Beispiel die Frage nach der näherungsweisen prozentualen Änderung des Produktionsergebnisses, falls der Arbeitseinsatz um ein Prozent erhöht wird, so erhalten wir die partielle Elastizität:

$$\varepsilon_{Y,L}(L,K) = Y_L(L,K) \frac{L}{Y(L,K)} = \frac{100(\frac{K}{L})^{\frac{2}{3}} \cdot L}{300L^{\frac{1}{3}}K^{\frac{2}{3}}} = \frac{1}{3}$$

unabhängig von den aktuellen Werten von L und K. Das heißt also, dass das Produktionsergebnis näherungsweise um $\frac{1}{3}$ Prozent steigt, wenn der Arbeitseinsatz um ein Prozent gesteigert wird.

Sei nun $f(x_1, x_2, \ldots, x_n)$ eine Funktion in n Variablen. Die *partielle Elastizität von f bezüglich der Variable x_i* ist gegeben durch

$$\varepsilon_{f,x_i}(x_1, x_2, \ldots, x_n) = f_{x_i}(x_1, x_2, \ldots, x_n) \frac{x_i}{f(x_1, x_2, \ldots, x_n)}.$$

$\varepsilon_{f,x_i}(x_1, x_2, \ldots, x_n)$ gibt näherungsweise an, um wieviel Prozent sich die Funktion f ändert, wenn das Argument x_i um ein Prozent erhöht wird.

Die partiellen Elastizitäten einer Cobb-Douglas-Funktion

$$f(x_1, \ldots, x_n) = \beta x_1^{\alpha_1} x_2^{\alpha_2} \cdot \ldots \cdot x_n^{\alpha_n}$$

sind sehr einfach zu bestimmen. Es gilt

$$\varepsilon_{f,x_i}(x_1, x_2, \ldots, x_n) = \alpha_i.$$

7.2 Aufgaben

Lösungen finden sich ab Seite 244.

1. Die partielle Ableitung $f_x(x, y, z)$ der Funktion $f(x, y, z) = x^2 + y^2 + z^2$ ist gleich
   ○ x^2.
   ○ $y^2 + z^2$.
   ○ $2x$.
   ○ $2x + 2y + 2z$.

2. Eine Änderung des Arguments (x, y) um $\Delta x = -0.01$ führt zu einer näherungsweisen Änderung der Funktion f um
   ○ $+0.01 \cdot f_x(x, y)$.
   ○ $-0.01 \cdot f_x(x, y)$.
   ○ $+0.01 \cdot f_y(x, y)$.
   ○ $-0.01 \cdot f_y(x, y)$.

3. Die partielle Elastizität ε_{f,x_2} der Funktion $f(x_1, x_2) = \pi x_1^{0.3} x_2^{0.7}$ ist die Funktion
   ○ $\varepsilon_{f,x_2}(x_1, x_2) = 0.7\pi x_2$.
   ○ $\varepsilon_{f,x_2}(x_1, x_2) = 0.7 x_2$.
   ○ $\varepsilon_{f,x_2}(x_1, x_2) = 0.3$.
   ○ $\varepsilon_{f,x_2}(x_1, x_2) = 0.7$.

4. Betrachten Sie die Produktionsfunktion $g(p, q, r) = 4p^2 q^{0.5} r^3$. Um wieviel Prozent ändert sich näherungsweise der Funktionswert von g, wenn r um ein halbes Prozent gesteigert wird?
   ○ Um $+3\%$.
   ○ Um -3%.
   ○ Um $+1.5\%$.
   ○ Um -1.5%.

5. Bilden Sie für die folgenden Funktionen die jeweiligen partiellen Ableitungen erster Ordnung.
   a) $f(x,y) = 6x^{0.5}y^3 - \sin(x)\cos(y) + 235$.
   b) $g(x,y,z) = x^2y + xz^2 + ay$, wobei a eine Konstante ist.
   c) $h(x,y,z) = \sqrt[3]{x^2y + xz^2 + ay}$, wobei a eine Konstante ist.
   d) $j(x,y,z) = c \cdot e^{x+yz^2}$.
   e) $k(x,y,z) = \frac{e^x \cdot \ln(y) \cdot \cos(\pi z)}{x^2+y^2+z^2}$.

6. Geben Sie jeweils die gesuchten partiellen Ableitungen an.
   a) $f(x,y) = 6x^{0.5}y^3 - \sin(x)\cos(y) + 235$, gesucht: $f_{xx}, f_{xy}, f_{yx}, f_{yy}$.
   b) $g(x,y,z) = x^2y + xz^2 + ay$, wobei a eine Konstante ist. Gesucht: g_{xx}, g_{xxx}, g_{xxy}.
   c) $j(x,y,z) = c \cdot e^{x+yz^2}$, gesucht: j_{yx}, j_{yy}, j_{yz}.
   d) $l(p,q,r) = e^{pqr}$. Gesucht: l_{pqr}.

7. Gegeben sei die Funktion $f(x,y) = 8\sqrt[3]{x}\sqrt[2]{y}$. Geben Sie den Wert der ersten partiellen Ableitungen an den Stellen $(x_1,y_1) = (1,1)$, $(x_2,y_2) = (8,4)$ und $(x_3,y_3) = (\frac{1}{8},\frac{1}{4})$ an.

8. Gegeben sei die Funktion $f(x,y,z) = \ln(xy) - \ln(yz) + \pi\ln(\frac{z}{xy}) - \ln(z^\pi)$. Welchen Wert hat f_z an der Stelle $x = \frac{1}{2}, y = 2, z = -\frac{1}{5}$?

9. Gegeben sei die Produktionsfunktion $z(p,q) = 6(p+2q) + 4p\sqrt{q} + 8\frac{p}{q}$.
   a) Bestimmen Sie die ersten partiellen Ableitungen.
   b) Gehen wir von den aktuellen Produktionsfaktoren $p = 30$ und $q = 100$ aus. Um wieviel ändert sich die Produktionsfunktion näherungsweise, wenn p um 1 und q um 2.5 Einheiten erhöht werden?

10. Es sei die Kostenfunktion $K(p_1,p_2) = p_1^{\frac{4}{3}}p_2^{\frac{2}{3}}$ in Abhängigkeit der Rohstoffpreise p_1 und p_2 gegeben. Um welchen Wert ändern sich die Kosten näherungsweise, wenn p_1 von 27 auf 30 Geldeinheiten steigt und p_2 von 125 auf 120 Geldeinheiten fällt.

7.3 Extremwertbestimmung

Die Frage nach lokalen Extremstellen beschäftigt uns auch für Funktionen in mehreren Variablen:

- Welche Herstellungszahlen führen zu minimalen Kosten?
- Für welche Wahl von Preisen erwarten wir den höchsten Absatz?
- Für welche Wahl der Produktionsfaktoren erzielen wir den maximalen Output?

Geometrische Anschauung

Wir wollen uns dem Thema primär für den Fall von Funktionen in zwei Variablen und ausschließlich für genügend gutartige (zweimal stetig differenzierbare) Funktionen widmen. Sei also f eine solche Funktion in den Variablen x

und y. In diesem Fall konnten wir f als Höhenfunktion eines Gebirges über der x-y-Ebene ansehen. Unter einem *lokalen Maximum* verstehen wir – wie für Funktionen in einer Variablen – eine Stelle, in deren Umgebung die Funktion keine größeren Werte annimmt. Analog verstehen wir unter einem *lokalen Minimum* eine Stelle, in deren Umgebung die Funktion keine kleineren Werte annimmt. Abbildung 7.2 zeigt das mögliche Aussehen eines lokalen Minimums bzw. lokalen Maximums.

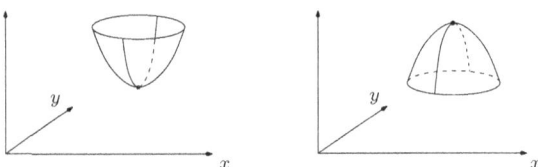

Abb. 7.2. Lokales Minimum und lokales Maximum.

Notwendige und hinreichende Bedingung

Ähnlich wie für Funktionen in einer Variablen haben wir – angesichts der Diskussion über das Näherungsverhalten auf Seite 164 – für die Existenz eines lokalen Maximums oder Minimums offenbar die *notwendige Bedingung* an die ersten partiellen Ableitungen:

$$f_x(x, y) = 0 \qquad \text{und} \qquad f_y(x, y) = 0.$$

An der Stelle (x, y) kann *nur dann* ein lokaler Extremwert vorliegen, wenn diese Bedingung erfüllt ist. Allerdings ist es – wie bei Funktionen in einer Variablen – möglich, dass die notwendige Bedingung erfüllt ist, ohne dass eine lokale Extremstelle vorliegt. Zum Beispiel, wenn eine *Sattelstelle* wie in Abbildung 7.3 skizziert, vorliegt.

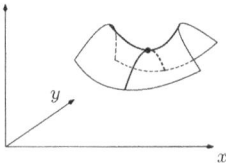

Abb. 7.3. Sattelstelle.

Deswegen gibt es analog zu Funktionen in einer Variablen eine weitere *hinreichende Bedingung* an die zweiten partiellen Ableitungen, die die Existenz eines lokalen Maximums oder Minimums garantiert:

$$f_{xx}(x,y) \cdot f_{yy}(x,y) - f_{xy}(x,y)^2 > 0.$$

Gilt dann zusätzlich $f_{xx}(x,y) < 0$, so liegt ein *lokales Maximum* vor, im Falle $f_{xx}(x,y) > 0$ liegt ein *lokales Minimum* vor.

Stelle versus Punkt

Ganz analog zu Funktionen in einer Variablen gilt: Wenn wir von einer *Extremstelle, Wendestelle* oder *Sattelstelle* einer Funktion $f : D \to \mathbb{R}$, $D \subseteq \mathbb{R}^n$, reden, so meinen wir den Wert des Arguments $x \in D$, an dem f die entsprechende Eigenschaft aufweist. Mit *Extrempunkt, Wendepunkt* beziehungsweise *Sattelpunkt* bezeichnen wir hingegen den Punkt $(x,y) \in \mathbb{R}^{n+1}$, so dass f an der Stelle x entsprechend eine *Extremstelle, Wendestelle* beziehungsweise *Sattelstelle* aufweist und $y = f(x)$ gilt.

Beispiele lokaler Extrema und lineare Algebra

Als erstes Beispiel beschäftigen wir uns mit den lokalen Extrema der bereits betrachteten Preis-Absatz-Funktion

$$f(p,q) = -10p^2 - 30q^2 + 10pq + 40p + 90q + 400$$

mit den ersten partiellen Ableitungen

$$f_p(p,q) = -20p + 10q + 40,$$
$$f_q(p,q) = -60q + 10p + 90.$$

Setzen wir diese entsprechend der notwendigen Bedingung gleich Null, so erhalten wir ein lineares Gleichungssystem:

$$-20p + 10q = -40$$
$$10p - 60q = -90.$$

Der Gauß-Algorithmus führt schnell zur Lösung $p = 3$ und $q = 2$. Mit den zweiten partiellen Ableitung $f_{pp} = -20$, $f_{qq} = -60$ und $f_{pq} = 10$ erhalten wir für die hinreichende Bedingung:

$$f_{pp} \cdot f_{qq} - f_{pq}^2 = (-20)(-60) - 10^2 = 1100 > 0.$$

Mit $f_{pp} < 0$ erhalten wir also ein lokales Maximum bei $p = 3$ und $q = 2$. Der maximale Absatz beträgt damit $f(3,2) = 550$.

Sattelstellen

Ein einfaches Beispiel einer Funktion, bei der die notwendige Bedingung erfüllt wird, die aber kein lokales Extremum besitzt, ist die Funktion $f(x,y) = x \cdot y$,

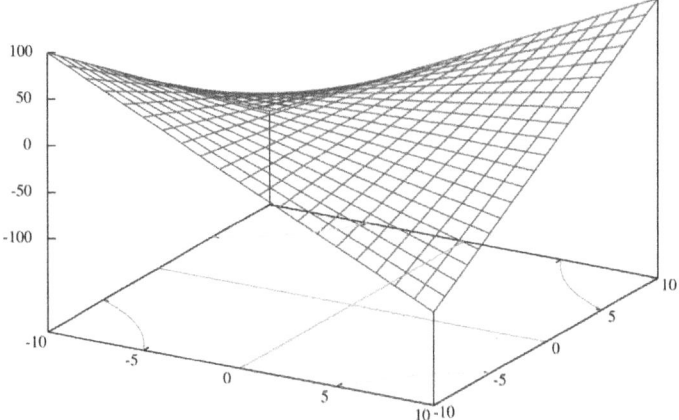

Abb. 7.4. Die Funktion $f(x, y) = x \cdot y$ mit Sattelstelle bei $(0, 0)$.

die in Abbildung 7.4 dargestellt ist. Hier gilt $f_x(x, y) = y$ und $f_y(x, y) = x$. Die notwendige Bedingung ist an der Stelle $(x, y) = (0, 0)$ erfüllt. Allerdings ist $f(0, 0) = 0$, $f(t, t) = t^2 > 0$ und $f(t, -t) = -t^2 < 0$ für beliebige $t \neq 0$. Also gibt es in beliebiger Nähe zur Stelle $(0, 0)$, Stellen mit größerem und Stellen mit kleinerem Funktionswert als an der Stelle $(0, 0)$.

Schauen wir uns in diesem Fall einmal die hinreichende Bedingung für lokale Extrema an. Die zweiten partiellen Ableitungen sind $f_{xx}(x, y) = 0$, $f_{yy}(x, y) = 0$ und $f_{xy}(x, y) = 1$ und damit

$$f_{xx}(x, y) \cdot f_{yy}(x, y) - f_{xy}(x, y)^2 = -1.$$

In diesem Fall liegt an der Stelle $(0, 0)$ eine Sattelstelle vor. In der Tat ist

$$f_{xx}(x, y) \cdot f_{yy}(x, y) - f_{xy}(x, y)^2 < 0$$

zusätzlich zur notwendigen Bedingung $f_x(x, y) = f_y(x, y) = 0$ eine *hinreichende Bedingung* für das Vorliegen einer *Sattelstelle*.

Schema zur Bestimmung von lokalen Extremstellen und Sattelstellen

Wir fassen noch einmal das Vorgehen zur Bestimmung lokaler Extremstellen und Sattelstellen für eine Funktion f in zwei Variablen x und y zusammen. Zunächst bestimmen wir die *Liste der Kandidaten* mit Hilfe der notwendigen Bedingung:

$$f_x(x, y) = 0 \quad \text{und} \quad f_y(x, y) = 0.$$

Im Allgemeinen erhalten wir also eine Liste

$$(x_1, y_1), (x_2, y_2), \ldots, (x_n, y_n)$$

von Stellen, an denen die notwendige Bedingung erfüllt ist. Für jeden Kandidaten (x_i, y_i) wenden wir uns nun der hinreichenden Bedingung zu und berechnen dazu den Wert

$$f_{xx}(x_i, y_i) \cdot f_{yy}(x_i, y_i) - f_{xy}(x_i, y_i)^2.$$

Ist dieser Wert negativ, so haben wir es mit einer Sattelstelle zu tun. Ist der Wert positiv, so schauen wir auf das Vorzeichen des bereits berechneten Wertes $f_{xx}(x_i, y_i)$. Ist dieses Vorzeichen negativ, so haben wir es mit einem lokalen Maximum zu tun. Ist das Vorzeichen positiv, so handelt es sich um ein lokales Minimum. Abbildung 7.5 zeigt schematisch noch einmal den Test der hinreichenden Bedingung.

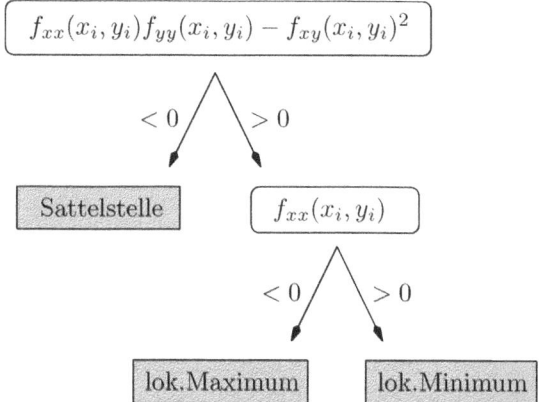

Abb. 7.5. Überprüfung der hinreichenden Bedingung für einen Kandidaten (x_i, y_i).

Beispiel

In vielen Fällen treten mehrere lokale Extrema oder Sattelstellen auf. Betrachten wir die Funktion

$$f(x, y) = -x^3 - 3y^3 + 3xy$$

mit den ersten und zweiten partiellen Ableitungen

$$f_x(x, y) = -3x^2 + 3y$$
$$f_y(x, y) = -9y^2 + 3x$$
$$f_{xx}(x, y) = -6x$$
$$f_{yy} = -18y$$
$$f_{xy} = 3.$$

Die notwendige Bedingung an die ersten partiellen Ableitungen liefert also

$$-3x^2 + 3y = 0 \text{ und } -9y^2 + 3x = 0.$$

Die erste der beiden Bedingungen ist gleichbedeutend mit $y = x^2$. Setzen wir dies in die zweite Bedingung ein, so erhalten wir

$$-9(x^2)^2 + 3x = 0 \text{ bzw. } (-3x^3 + 1)x = 0$$

Die letzte Gleichung ist erfüllt, genau dann, wenn $x = 0$ oder $x = \sqrt[3]{\frac{1}{3}}$ gilt. Als Kandidaten für lokale Extrema oder Sattelstellen erhalten wir mit $y = x^2$ also die beiden Paare

$$(x_1, y_1) = (0, 0) \text{ und } (x_2, y_2) = \left(\sqrt[3]{\tfrac{1}{3}}, \left(\sqrt[3]{\tfrac{1}{3}} \right)^2 \right).$$

Für das Paar (x_1, y_1) erhalten wir für die hinreichende Bedingung

$$f_{xx}(x_1, y_1) \cdot f_{yy}(x_1, y_1) - f_{xy}(x_1, y_1)^2 = 0 \cdot 0 - 3 \cdot 3 < 0$$

und erhalten somit eine Sattelstelle auf der Höhe $f(0, 0) = 0$. Für das zweite Paar (x_2, y_2) ergibt sich

$$f_{xx}(x_2, y_2) \cdot f_{yy}(x_2, y_2) - f_{xy}(x_2, y_2)^2 = \left(-6\sqrt[3]{\tfrac{1}{3}} \right) \cdot \left(-18 \left(\sqrt[3]{\tfrac{1}{3}} \right)^2 \right) - 3 \cdot 3$$

$$= \frac{6 \cdot 18}{3} - 9 = 27 > 0$$

und mit

$$f_{xx}(x_2, y_2) = -6\sqrt[3]{\tfrac{1}{3}} < 0$$

ein lokales Maximum mit dem Wert $f(x_2, y_2) = \frac{1}{3}$.

7.4 Aufgaben

Lösungen finden sich ab Seite 247.

1. Gegeben sei eine (zwei mal stetig differenzierbare) Funktion f in den Variablen x und y. Zum Vorliegen eines lokalen Extremums an der Stelle (x, y) muss
   ○ die notwendige Bedingung $f_x(x, y) = f_y(x, y)$ gelten.
   ○ die notwendige Bedingung $f_x(x, y) \neq f_y(x, y)$ gelten.
   ○ die notwendige Bedingung $f_x(x, y) = f_y(x, y) = 0$ gelten.
   ○ die notwendige Bedingung $f_x(x, y) = f_y(x, y) \neq 0$ gelten.

2. Angenommen an der Stelle (x, y) ist die notwendige Bedingung für das Vorliegen einer lokalen Extremstelle erfüllt. Dann liegt ein lokales Maximum vor, falls zusätzlich
   - ○ die hinreichende Bedingung $f_{xx}(x, y) > 0$ erfüllt ist.
   - ○ die hinreichende Bedingung $f_{xx}(x, y) < 0$ erfüllt ist.
   - ○ die hinreichende Bedingung $f_{xx}(x, y) \cdot f_{yy}(x, y) - f_{xy}(x, y)^2 < 0$ erfüllt ist.
   - ○ die hinreichende Bedingung $f_{xx}(x, y) \cdot f_{yy}(x, y) - f_{xy}(x, y)^2 > 0$ und $f_{xx}(x, y) < 0$ erfüllt ist.

3. Die Funktion $f(x, y) = 3x - 5y + 3$ besitzt
   - ○ weder lokale Extrem- noch Sattelstellen,
   - ○ genau ein lokales Maximum,
   - ○ genau ein lokales Minimum,
   - ○ genau einen Sattelpunkt.

4. Untersuchen Sie die folgenden Funktionen auf lokale Extrem- und Sattelstellen:
   a) $f(x, y) = -x^2 + xy - y^2 - 3y + 21$,
   b) $g(x, y) = x^2 - 2xy + 2y^2 + 3x + y + \frac{1}{4}$,
   c) $h(x, y) = x^2 + 3xy + 2y^2 - x + 2y - 2$,
   d) $x(p, q) = p^2 + 2pq + 3q^2 + p + 5q$,
   e) $\alpha(r, s) = -3r^2 - 12rs - 6s^2 + 9r - 3s + \frac{1}{8}$,
   f) $t(x_1, x_2) = -2x_1^2 - 6x_1x_2 - 10x_2^2 + 6x_1 - 2x_2 - 10$,
   g) $z(x, y) = x^2 + 6xy + 9y^2 + 7$.

5. Bestimmen Sie für die Preis-Absatz-Funktion

$$x(p_1, p_2) = -15p_1^2 - 120p_1p_2 - 390p_2^2 + 90p_1 + 450p_2 + \frac{3}{2}$$

   die Preise, für die der Absatz maximal wird. Wie groß ist der maximale Absatz?

6. Bestimmen Sie für die Produktionsfunktion

$$x(r_1, r_2) = -r_1^2 + 10r_1r_2 - 60r_2^2 + 50r_1 + 26r_2 + 45$$

   die Produktionsfaktoren, für die der Ertrag maximal wird. Wie groß ist der maximale Ertrag?

7. Bestimmen Sie lokale Extrem- und Sattelstellen für die folgenden Funktionen:
   a) $f(x, y) = 4x^3 + 4y^3 - 12xy + 5$,
   b) $g(x_1, x_2) = -x_1^3 - 3x_1^2x_2 + 3x_1x_2^2 - x_2^3 + 21x_1 + 3x_2 + 10$
   c) $h(x, y) = 27xy + \frac{8}{x} + \frac{1}{y} + 3$ für $x, y \neq 0$,
   d) $r(a, b) = (a^2 + b^2)\, \mathrm{e}^{-a}$,
   e) $x(r, s) = \sqrt{1 + r^2 + s^2}$,
   f) $f(p_1, p_2) = 3p_1^3 + p_2^3 - 3p_2^2 - 36p_1$,
   g) $g(s, t) = s^2 + 4st + 4t^2 + 5s + 6t$.

8. Betrachten Sie die Funktion

$$f(x,y) = \frac{1}{2}x^2 + axy + \frac{1}{2}by^2 + cx,$$

wobei $a, b, c \in \mathbb{R}$ reelle Zahlen sind.

a) Formulieren Sie eine hinreichende Bedingungen an a, b, c für die Existenz einer lokalen Extremstelle beziehungsweise einer Sattelstelle.

b) Finden Sie Werte $a, b, c \neq 0$, so dass f ein lokales Minimum besitzt und bestimmen Sie das lokale Minimum.

c) Finden Sie Werte $a, b, c \neq 0$, so dass f eine Sattelstelle besitzt und bestimmen Sie den Sattelpunkt.

7.5 Extremwertbestimmung mit Nebenbedingungen

Angenommen der nächste Klausurtermin liegt in einem Monat und es besteht die Notwendigkeit, die Zeit für die Vorbereitung gut auszunutzen. Es ist bekannt, dass sowohl Lernen als auch sportliche Betätigung für den Erfolg ausschlaggebend sind. Gehen wir davon aus, dass der *Nutzen* für den Klausurerfolg mit dem Einsatz jedes der beiden *Güter* proportional steigt. Wir erhalten also die Nutzenfunktion $u(x,y) = x \cdot y$, wobei x und y die jeweiligen Stundenanzahlen für das Lernen und den Sport sind.

Die Funktion u für sich betrachtet kann mit steigenden Stundenzahlen für das Lernen und den Sport zunächst beliebig große Werte annehmen. Mit Hinblick auf die Nutzenfunktion u allein könnten wir das Nutzenmaximierungsproblem also nicht lösen.

Abgesehen von der rein zeitlichen Beschränkung wollen wir den finanziellen Aspekt in den Vordergrund stellen. Das Lernen erfolgt in einer kleinen Lerngruppe, die sich einen Nachhilfelehrer leistet. Für jeden Teilnehmer fallen Kosten in Höhe von 10 Euro pro Stunde an. Im Sportstudio fallen Kosten von 4 Euro pro Stunde an. Für diese beiden Aktivitäten stehe ein monatliches Budget von 200 Euro zur Verfügung. Es ist klar, dass ein Nutzenmaximum nur bei vollständiger Ausgabe des Budgets eintritt. Wir erhalten also eine *(Budget-)Nebenbedingung*, welche bei der Maximierung der Nutzenfunktion u erfüllt sein muss:

$$\max u(x,y) \text{ unter der Bedingung, dass } 10x + 4y = 200.$$

Wir werden eine Methode diskutieren, die für derartige Probleme allgemein anwendbar ist, die sogenannte *Lagrangemethode*. In seltenen einfachen Fällen kann man das Problem mit Hilfe einer Variablensubstitution vereinfachen.

Variablensubstitution

Im Falle einer zu optimierenden Funktion, bei der die Nebenbedingung nach einer der Variablen umformbar ist, gibt es die Möglichkeit der Variablensubstitution.

In unserem Beispiel entspricht die Nebenbedingung einer Geradengleichung:

$$y = 50 - \frac{5}{2}x.$$

Diese können wir in die Nutzenfunktion substituieren und erhalten

$$u(x, y) = x \cdot y = x \cdot \left(50 - \frac{5}{2}x\right) = -\frac{5}{2}x^2 + 50x$$

Wir erhalten in diesem Fall also eine nach unten geöffnete Parabelfunktion in der Variablen x mit Scheitelpunkt

$$x_S = \frac{-50}{2 \cdot \left(-\frac{5}{2}\right)} = 10.$$

Es liegt also ein Nutzenmaximum bei $x = 10$ und $y = 50 - \frac{5}{2} \cdot 10 = 25$ vor. Es ergibt sich also die Empfehlung, 10 Stunden für das Lernen in der Kleingruppe und 25 Stunden für Sport einzuplanen.

Die Lagrange-Methode im Beispiel

Wenngleich wir unser Beispiel mit Hilfe der Variablensubstitution lösen konnten, wollen wir dieses nun noch einmal mit Hilfe der *Lagrange-Methode* tun. Zunächst formulieren wir unsere Nebenbedingung $10x + 4y = 200$ mit Hilfe einer Funktion:

$$g(x, y) = 200 - 10x - 4y.$$

Dann lautet unser Problem also

$$\max u(x, y) \text{ unter der Bedingung, dass } g(x, y) = 0.$$

Die Idee der Lagrange-Methode ist es, eine Kombination der Funktionen u und g mit Hilfe des *Lagrangeschen Multiplikators* λ zu betrachten, die sogenannte *Lagrange-Funktion*:

$$L(x, y, \lambda) = u(x, y) + \lambda \cdot g(x, y) = x \cdot y + \lambda(200 - 10x - 4y).$$

Betrachten wir nun die *notwendige Bedingung* für die Existenz einer lokalen Extremstelle:

$$L_x(x, y, \lambda) = u_x(x, y) + \lambda \cdot g_x(x, y) = 0$$
$$L_y(x, y, \lambda) = u_y(x, y) + \lambda \cdot g_y(x, y) = 0$$
$$L_\lambda(x, y, \lambda) = g(x, y) = 0$$

so stellen wir fest, dass automatisch die Nebenbedingung $g(x, y) = 0$ erfüllt ist. In unserem Beispiel erhalten wir:

$$y - 10\lambda = 0$$
$$x - 4\lambda = 0$$
$$200 - 10x - 4y = 0$$

welche nach Umordnen der Zeilen das lineare Gleichungssystem

$$x \qquad - 4\lambda = 0$$
$$y - 10\lambda = 0$$
$$10x + 4y \qquad = 200$$

mit der erweiterten Koeffizientenmatrix

$$\begin{bmatrix} 1 & 0 & -4 & | & 0 \\ 0 & 1 & -10 & | & 0 \\ 10 & 4 & 0 & | & 200 \end{bmatrix}$$

ergibt. Nach Anwendung des Gauß-Jordan-Verfahrens erhalten wir die Lösung $x = 10$, $y = 25$ und $\lambda = 2.5$. Wir erhalten die gleiche Lösung wie zuvor durch Variablensubstitution, jedoch mit dem zusätzlichen Wert $\lambda = 2.5$, den wir noch ökonomisch interpretieren werden.

Die Lagrange-Methode für eine Nebenbedingung

Es sollen für eine Zielfunktion $f(x_1, \ldots, x_n)$ unter einer Nebenbedingung $g(x_1, \ldots, x_n) = 0$ Kandidaten für lokale Extremstellen gefunden werden. Wir gehen von der *(technischen Bedingung)* aus, dass an allen Punkten $(x_1, \ldots, x_n)$, die die Nebenbedingung $g(x_1, \ldots, x_n) = 0$ erfüllen, nicht alle ersten partiellen Ableitungen $g_{x_j}(x_1, \ldots, x_n)$ verschwinden.

Die *Lagrange-Funktion* ist definiert durch

$$L(x_1, \ldots, x_n, \lambda) = f(x_1, \ldots, x_n) + \lambda \cdot g(x_1, \ldots, x_n).$$

Eine *notwendige Bedingung* für das Vorliegen eines lokalen Extremums der Funktion f unter der Nebenbedingung $g = 0$ ist durch das Verschwinden aller ersten Ableitungen von L gegeben:

$$L_{x_1}(x_1, \ldots, x_n, \lambda) = f_{x_1}(x_1, \ldots, x_n) + \lambda \cdot g_{x_1}(x_1, \ldots, x_n) = 0$$

$$\vdots$$

$$L_{x_n}(x_1, \ldots, x_n, \lambda) = f_{x_n}(x_1, \ldots, x_n) + \lambda \cdot g_{x_n}(x_1, \ldots, x_n) = 0$$
$$L_{\lambda}(x_1, \ldots, x_n, \lambda) = g(x_1, \ldots, x_n) = 0.$$

Die Formulierung einer *hinreichenden Bedingung* involviert eine aufwendig zu formulierende Bedingung, die alle zweiten partiellen Ableitungen involviert. Da in den meisten ökonomischen Anwendungen die Existenz eines lokalen

Maximums oder Minimums angenommen werden kann, belassen wir es bei der Untersuchung der notwendigen Bedingung.

Eine wichtige Eigenschaft der Lagrange-Funktion ist, dass $L(x, y, \lambda) = u(x, y)$ für alle x, y und λ gilt, sofern die Bedingung $g(x, y) = 0$ gewährleistet ist.

Interpretation des Lagrangeschen Multiplikators λ

Betrachten wir eine Budget-Nebenbedingung der Form $b(x_1, \dots, x_n) = B$. Hierbei steht B für das zur Verfügung stehende Budget. Für die Lagrangefunktion erhalten wir mit $g(x_1, \dots, x_n) = B - b(x_1, \dots, x_n)$:

$$L(x_1, \dots, x_n, \lambda) = u(x_1, \dots, x_n) + \lambda \cdot g(x_1, \dots, x_n)$$
$$= u(x_1, \dots, x_n) + \lambda \cdot (B - b(x_1, \dots, x_n)).$$

Fassen wir B als Variable auf, so erhalten wir für die partielle Ableitung nach B:

$$L_B(x_1, \dots, x_n) = \lambda.$$

Da an der lokalen Extremstelle die Funktion g verschwindet, und somit L und u dieselben Werte annehmen, gibt λ den Grenznutzen bezüglich des Budgets an. Mit anderen Worten, die Erhöhung des Budgets um eine Einheit hat eine Erhöhung des Nutzens um näherungsweise λ zur Folge.

Ein einfaches Beispiel

Betrachten wir die Nutzenfunktion $u(x, y) = 10x + 20y + 60$ auf dem Definitionsbereich $D = [0, \infty) \times [0, \infty)$. Wir suchen den maximalen Nutzen unter der Nebenbedingung $x^2 + 4y^2 = 800$. Wir bilden die Lagrangefunktion

$$L(x, y, \lambda) = 10x + 20y + 60 + \lambda(800 - x^2 - 4y^2)$$

und untersuchen die notwendige Bedingung:

$$L_x(x, y, \lambda) = 10 - 2\lambda x = 0$$
$$L_y(x, y, \lambda) = 20 - 8\lambda y = 0$$
$$L_\lambda(x, y, \lambda) = 800 - x^2 - 4y^2 = 0.$$

Dieses Mal haben wir es nicht mit einem linearen Gleichungssystem zu tun und müssen uns anders behelfen. Die ersten beiden Gleichungen führen jeweils auf

$$\lambda = \frac{10}{2x} \text{ und } \lambda = \frac{20}{8y}.$$

Gleichsetzen führt auf die Gleichung

$$\frac{10}{2x} = \frac{20}{8y} \text{ und somit auf } x = 2y.$$

Setzen wir dies in die dritte Bedingung ein, so erhalten wir

$$800 - x^2 - 4y^2 = 800 - (2y)^2 - 4y^2 = 800 - 8y^2 = 0$$

mit der einzigen nicht-negativen Lösung $y = 10$. Womit sich die Werte $x = 20$ und $\lambda = \frac{1}{4}$ ergeben. Der sich ergebende maximale Nutzen beträgt $u(20,10) = 460$. Der Nutzen steigert sich annähernd um $\lambda = \frac{1}{4}$ mit jeder Einheit um die das Budget erhöht wird.

Die gesamte Situation ist in Abbildung 7.6 illustriert. Wir sehen, dass das lokale Maximum an einer Stelle angenommen wird, an der die Nebenbedingungskurve – in diesem Fall ein Teil einer Ellipse – tangential zur Höhenlinie $u(x,y) = 460$ ist. Dieses Prinzip der Tangentialität an die Höhenlinien ist mit der notwendigen Bedingung formuliert.

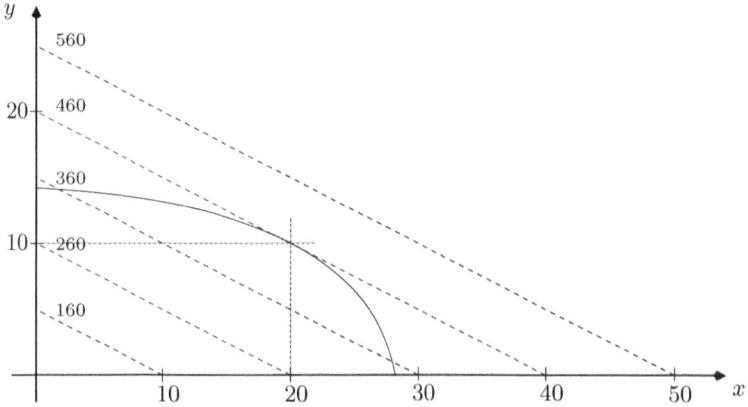

Abb. 7.6. Die Höhenlinien der Funktion f und die Nebenbedingung $g = 0$.

Minimalkostenkombination

Ein wichtiger und interessanter Fall tritt auf, wenn die zu optimierende Funktion - wie im vorherigen Beispiel - (affin) linear ist. Insbesondere fallen Kostenfunktionen der Art

$$K(r_1, r_2, \ldots, r_n) = p_1 r_1 + p_2 r_2 + \ldots + p_n r_n + K_0$$

für Produktionsfaktoren $r_1, \ldots, r_n$ darunter. Angenommen die Produktionsfunktion sei f und wir wollen die minimalen Kosten für das Produktionsniveau

$f(r_1, \ldots, r_n) = X$ bestimmen. Dann haben wir es also mit der Lagrangefunktion

$$L(r_1, \ldots, r_n, \lambda) = p_1 r_1 + p_2 r_2 + \ldots + p_n r_n + K_0 + \lambda(X - f(r_1, \ldots, r_n))$$

zu tun. Die notwendige Bedingung für das Kostenminimum ist gegeben durch die Gleichungen:

$$p_1 - \lambda f_{r_1}(r_1, \ldots, r_n) = 0$$
$$p_2 - \lambda f_{r_2}(r_1, \ldots, r_n) = 0$$
$$\vdots$$
$$p_n - \lambda f_{r_n}(r_1, \ldots, r_n) = 0.$$

Es muss also für alle $i = 1, \ldots, n$

$$p_i = \lambda f_{r_i}(r_1, \ldots, r_n)$$

gelten. Etwas salopp lässt sich über das Kostenminimum also sagen: Ein höherer Preis p_i geht mit einer entsprechend höheren Grenzproduktivität f_{r_i} einher. Insbesondere erhalten wir die Identitäten

$$\frac{f_{r_1}}{p_1} = \frac{f_{r_2}}{p_2} = \cdots = \frac{f_{r_n}}{p_n}$$

für den konstanten Wert $\frac{1}{\lambda}$. Diese Identitäten werden auch als *2. Gossensches Gesetz* bezeichnet: Beim Kostenminimum ist für alle Produktionsfaktoren das Verhältnis von Grenzproduktivität f_{r_i} und Preis p_i konstant.

Beispiel Minimalkostenkombination

Betrachten wir die Kostenfunktion $K(r_1, r_2) = 648r_1 + 800r_2 + 1245$ und die Produktionsfunktion $f(r_1, r_2) = 12r_1\sqrt{r_2}$. Wir suchen nach dem Kostenminimum bei einem Produktionsniveau von $X = 100$. Nach dem 2. Gossenschen Gesetz

$$\frac{f_{r_1}}{p_1} = \frac{f_{r_2}}{p_2}$$

erhalten wir

$$\frac{12\sqrt{r_2}}{p_1} = \frac{12r_1}{2\sqrt{r_2} \cdot p_2}.$$

Umstellen nach r_1 ergibt

$$r_1 = \frac{2r_2 p_2}{p_1}.$$

Setzen wir dies in die Nebenbedingungsgleichung $f(r_1, r_2) = X$ ein, so erhalten wir mit $p_1 = 648$ und $p_2 = 800$

$$12\frac{1600 r_2}{648}\sqrt{r_2} = 100$$

und somit

$$(r_2)^{\frac{3}{2}} = \frac{100 \cdot 648}{12 \cdot 1600} = \frac{27}{8}.$$

Wir erhalten also $r_2 = \frac{9}{4}$ und

$$r_1 = \frac{2 r_2 p_2}{p_1} = \frac{2 \cdot \frac{9}{4} \cdot 800}{648} = \frac{50}{9}.$$

Die minimalen Kosten betragen

$$K(\frac{50}{9}, \frac{9}{4}) = 648 \cdot \frac{50}{9} + 800 \cdot \frac{9}{4} + 1245 = 6645.$$

Für den Wert von λ erhalten wir mittels $\frac{1}{\lambda} = \frac{f_{r_1}}{p_1}$:

$$\lambda = \frac{p_1}{f_{r_1}} = \frac{p_1}{12\sqrt{r_2}} = \frac{648}{12 \cdot \frac{3}{2}} = 36.$$

Wollen wir das Produktionsniveau um eine Einheit erhöhen, so müssen wir also mit Mehrkosten in Höhe von näherungsweise 36 Geldeinheiten rechnen.

Die Lagrange-Methode für mehrere Nebenbedingungen

In den meisten realen Anwendungen wird man es mit mehreren Restriktionen wie zum Beispiel einer ganzen Reihe von Budget- und Ressourcenbeschränkungen zu tun haben. Sollen für eine Zielfunktion $f(x_1, \ldots, x_n)$ unter mehreren Nebenbedingungen

$$g_1(x_1, \ldots, x_n) = 0$$
$$g_2(x_1, \ldots, x_n) = 0$$
$$\vdots$$
$$g_k(x_1, \ldots, x_n) = 0$$

die lokalen Extremstellen gefunden werden, so wird die Lagrange-Funktion

$$L(x_1, \ldots, x_n, \lambda_1, \ldots, \lambda_k) = f(x_1, \ldots, x_n) + \sum_{j=1}^{k} \lambda_j \cdot g_i(x_1, \ldots, x_n)$$

gebildet. Eine *notwendige Bedingung* für die gesuchte lokale Extremstelle ist das Verschwinden der ersten partiellen Ableitungen von L:

$$L_{x_i}(x_1, \ldots, x_n, \lambda) = f_{x_i}(x_1, \ldots, x_n) + \sum_{j=1}^{k} \lambda_j \cdot (g_j)_{x_i}(x_1, \ldots, x_n) = 0$$

$$L_{\lambda_j}(x_1, \ldots, x_n, \lambda) = g_j(x_1, \ldots, x_n) = 0$$

für $i = 1, \ldots, n$ und $j = 1, \ldots, k$.

Beispiel

Wir wollen die Nutzenfunktion $f(x, y, z) = -x^2 - 10y^2 - z^2 + 20\,000$ unter den Budgetbedingungen $x + y = 20$ und $y + z = 100$ maximieren. Die Lagrangefunktion lautet dann

$$L(x, y, z, \lambda_1, \lambda_2) = -x^2 - 10y^2 - z^2 + \lambda_1(20 - x - y) + \lambda_2(100 - y - z)$$

und wir erhalten die notwendige Bedingung

$$L_x = -2x - \lambda_1 = 0$$
$$L_y = -20y - \lambda_1 - \lambda_2 = 0$$
$$L_z = -2z - \lambda_2 = 0$$
$$L_{\lambda_1} = 20 - x - y = 0$$
$$L_{\lambda_2} = 100 - y - z = 0.$$

Dies ist ein lineares Gleichungssystem, welches wir direkt mit Hilfe des Gauß-Algorithmus lösen können. Die Variablen λ_1, λ_2 lassen sich jedoch mittels $\lambda_1 = -2x$ (erste Gleichung) und $\lambda_2 = -2z$ (dritte Gleichung) in die zweite Gleichung eingesetzt $-20y + 2x + 2z = 0$ schnell eliminieren, so dass wir auf drei Gleichungen in den Unbekannten x, y, z reduzieren können:

$$\begin{bmatrix} 2 & -20 & 2 & | & 0 \\ 1 & 1 & 0 & | & 20 \\ 0 & 1 & 1 & | & 100 \end{bmatrix},$$

womit wir auf die Lösung $x = 10$, $y = 10$, $z = 90$ mit $f(10, 10, 90) = 10\,800$ stoßen.

Die wache Leserin wird bemerkt haben, dass wir in diesem Fall auch mit Hilfe der Variablensubstitutionen $x = 20 - y$ und $z = 100 - y$ zum Ziel gekommen wären.

7.6 Aufgaben

Lösungen finden sich ab Seite 249.

1. Die Lagrangemethode findet Anwendung bei Problemen der Art:
   ○ Bestimmung einer Familie von Nebenbedingungen $g_j = 0$.
   ○ Auffinden von lokalen Extremstellen einer Zielfunktion f unter einer Familie $g_j = 0$ von Nebenbedingungen.
   ○ Auffinden einer Nebenbedingung $g = 0$ für eine zu optimierende Zielfunktion f.
   ○ Auffinden von lokalen Extremstellen für eine Funktion f.

2. Nutzt man die Lagrangemethode zum Auffinden einer lokalen Extremstelle der Funktion $f(x_1, \ldots, x_n)$ unter der Nebenbedingung

$$g(x_1, \ldots, x_n) = B - b(x_1, \ldots, x_n),$$

so gibt der Wert von λ näherungsweise an,
   ○ um wieviel sich f ändert, wenn B um eine Einheit steigt.
   ○ um wieviel sich g ändert, wenn B um eine Einheit steigt.
   ○ um wieviel sich f ändert, wenn g um eine Einheit steigt.
   ○ um wieviel sich B ändert, wenn f um eine Einheit steigt.

3. Finden Sie mögliche lokale Extremstellen der folgenden Funktionen unter den angegebenen Nebenbedingungen mit Hilfe der Lagrangemethode. Verifizieren Sie Ihr Ergebnis – wenn möglich – mit Hilfe einer Variablensubstitution.
   a) $f(x, y) = 15x^2 - y^2$, $3x + y = 20$
   b) $g(x, y) = \frac{2}{3}x^3 + \frac{1}{2}y^2 + 100$, $4x^2 + 4y = 15$
   c) $h(x, y, z) = x + 2y + 3z$, $x^2 + y^2 + z^2 = 10$
   d) $x(r, s, t) = 2r + \frac{3}{2}s + \frac{t}{2} + 35$, $r \cdot s = 3$, $s \cdot t = 12$.

4. Berechnen Sie für das Minimalkostenbeispiel von Seite 179 das Kostenminimum für ein Produktionsniveau von $X = 101$ und vergleichen die Kostendifferenz mit dem im Beispiel berechneten Wert von λ.

5. Ein Landwirt erzielt je Saison für die Bewirtschaftung eines Zuckerrübenfeldes einen Ertrag von $x(r_1, r_2) = 250 r_1^{\frac{3}{7}} r_2^{\frac{4}{7}}$ Kilogramm, wobei r_1 und r_2 den Mengen der von ihm eingesetzten Produktionsfaktoren entsprechen. Die Einkaufspreise der Produktionsfaktoren seien pro Einheit $p_1 = 5$ und $p_2 = 8$ Geldeinheiten.
   a) Bestimmen Sie mittels der Lagrangemethode die ertragsmaximale Kombination der Produktionsfaktoren, unter der Annahme, dass ein Budget von 2800 Geldeinheiten zur Verfügung steht. Bestimmen Sie den maximalen Ertrag.
   b) Um wieviel ändert sich der maximale Ertrag näherungsweise, wenn das Budget um eine Geldeinheit erhöht wird?
   c) Angenommen der Landwirt ist vertraglich zur Erzeugung von 40.55 Tonnen verpflichtet. Bestimmen Sie mittels der Lagrangemethode die kostenminimale Kombination der Produktionsfaktoren. Wie hoch sind die minimalen Kosten?

6. Ein Dentallabor hat für die Kronenherstellung zwei verschiedene CNC-Fräsen "Fast" und "Precise" im Einsatz. Der tägliche Output x des Labors

ist bei F Betriebsstunden von Fast und P Betriebsstunden von Precise durch die Produktionsfunktion $x(F, P) = 32F + 45P + \frac{1}{2}FP - F^2 - 3P^2$ gegeben. Die stündlichen Betriebskosten der beiden Roboter betragen 15 Geldeinheiten/Stunde für Fast und 20 Geldeinheiten/Stunde für Precise. Es stehen täglich 350 Geldeinheiten für den Betrieb der Roboter zur Verfügung.

a) Wie viele Stunden sollten die beiden Roboter jeweils täglich eingesetzt werden, um eine maximale Produktionsmenge zu erreichen? Wie groß ist die maximale Produktionsmenge?

b) Welche näherungsweise Änderung ergibt sich für die maximale Produktionsmenge, wenn täglich zehn Geldeinheiten weniger zur Verfügung stehen?

Rechengesetze

Für reelle Zahlen $a, b, c \in \mathbb{R}$ gelten die folgenden Rechengesetze.

Kommutativität

In welcher Reihenfolge wir Zahlen zueinander addieren oder in welcher Reihenfolge wir sie multiplizieren, spielt keine Rolle.

$$a + b = b + a$$
$$a \cdot b = b \cdot a$$

Assoziativität

Auf die Reihenfolge der Klammerung bei der Addition und Multiplikation von reellen Zahlen kommt es nicht an.

$$a + (b + c) = (a + b) + c$$
$$a \cdot (b \cdot c) = (a \cdot b) \cdot c$$

Distributivität

Auf folgende Weise spielen Addition und Multiplikation zusammen.

$$a \cdot (b + c) = ab + ac$$
$$(a + b) \cdot c = ac + bc$$

Bruchrechnung

Brüche $\frac{a}{b}, \frac{c}{d} \in \mathbb{Q}$ werden miteinander addiert, indem sie auf einen gemeinsamen Nenner gebracht werden:

$$\frac{a}{b} + \frac{c}{d} = \frac{ad}{bd} + \frac{bc}{bd} = \frac{ad + bc}{bd}.$$

Brüche werden miteinander multipliziert, indem das Produkt der Zähler und Nenner gebildet wird:

$$\frac{a}{b} \cdot \frac{c}{d} = \frac{a \cdot c}{b \cdot d}.$$

Schließlich wird bei Division zweier Brüche mit dem Kehrwert des Divisors multipliziert:

$$\frac{\frac{a}{b}}{\frac{c}{d}} = \frac{a}{b} \cdot \frac{d}{c} = \frac{a \cdot d}{b \cdot c}$$

Mit *Kürzen eines Bruches* ist die Vereinfachung eines Bruches gemeint, bei der ein gemeinsamer Faktor von Zähler und Nenner gestrichen wird:

$$\frac{r \cdot a}{r \cdot b} = \frac{a}{b}.$$

Binomische Formeln

Mit Hilfe der Distributivitätsgesetze erhält man die bekannten *binomischen Formeln*.

$$(a + b)^2 = a^2 + 2ab + b^2$$
$$(a - b)^2 = a^2 - 2ab + b^2$$
$$(a + b)(a - b) = a^2 - b^2$$

Potenzgesetze

Für das Potenzieren gelten die folgenden Gesetze und Regeln.

$$a^x \cdot a^y = a^{x+y}$$
$$(a^x)^y = a^{x \cdot y}$$
$$a^{-x} = \frac{1}{a^x}$$
$$a^{\frac{p}{q}} = \sqrt[q]{a^p}$$

Exponential- und Logarithmusfunktion

Wenden wir die Potenzgesetze auf Exponentialfunktion an, so erhalten wir:

$$\mathrm{e}^x \cdot \mathrm{e}^y = \mathrm{e}^{x+y}.$$

Und mit $a = e^x$ und $b = e^y$ erhalten wir somit Rechenregeln für den natürlichen Logarithmus:

$$\ln(a \cdot b) = \ln(a) + \ln(b),$$

denn

$$\ln(a \cdot b) = \ln(e^x \cdot e^y) = \ln(e^{x+y}) = x + y = \ln(a) + \ln(b).$$

Mit ähnlicher Rechnung erhalten wir aus $(e^x)^z = e^{x \cdot z}$ die Regel

$$\ln(a^z) = z \ln(a).$$

Prozentrechnung

Ein *Prozent* steht für *ein Hundertstel.* Das Prozentzeichen % ist also gleichbedeutend mit dem Wert $\frac{1}{100}$. Wir nutzen die Prozentrechnung, um eine Größe W in Relation zu einer Bezugsgröße G auszudrücken.

Angenommen ein Schuhmacher habe ein Monatsnettogehalt von 2200 Euro und seine Wohnungsmiete beträgt monatlich 528 Euro. Dann beträgt der Anteil der Miete an seinem Nettogehalt

$$\frac{W}{G} = \frac{528}{2200} = 0.24 = 24 \cdot \frac{1}{100} = 24\%.$$

Wir nennen dies den *Prozentsatz.*

Der erhaltene Wert vor dem Prozentzeichen – in diesem Beispiel der Wert 24 – wird auch *Prozentfuß* p genannt. Für ihn gilt dann offenbar

$$p = \frac{W}{G} \cdot 100.$$

8.1 Aufgaben

Lösungen finden sich ab Seite 251.

1. Der Bruch $\frac{2x \sin(x) + 6x^2}{2x \sin(x) + 6x^2 - 8x}$ kann durch Kürzen vereinfacht werden zu:
   - ○ $-8x.$
   - ○ $-\frac{1}{8x}.$
   - ○ $\frac{1}{1-8x}.$
   - ○ $\frac{\sin(x)+3x}{\sin(x)+3x-2}.$
2. $\ln(e^3 \cdot e^\pi)$ hat den Wert
   - ○ $3 \cdot \pi.$
   - ○ $3 + \pi.$
   - ○ $e^{3 \cdot \pi}.$
   - ○ $e^{3+\pi}.$

3. Ein Konto, welches zu Beginn eines Jahres einen Kontostand von 3275 Euro aufweist, hat bei jährlicher nachschüssiger Verzinsung (also am Ende des Jahres) mit einem Zinssatz von 2% zu Beginn des Folgejahres den Kontostand
   - ○ $0.02 \cdot 3275$ Euro.
   - ○ $2 \cdot 100 \cdot 3275$ Euro.
   - ○ $3275 + 2 \cdot 100 \cdot 3275$ Euro.
   - ○ $1.02 \cdot 3275$ Euro.

4. Vereinfachen Sie den folgenden Ausdruck:
$$-\mathrm{e}^0 + 6\,\mathrm{e}^{-3}\,\mathrm{e}^{\frac{5}{2}}\sqrt{\frac{\mathrm{e}}{36}}.$$

5. Vereinfachen Sie den folgenden Ausdruck:
$$(x + 2y)(y - 3z) + 3x(y + z) - y(2y - 6z).$$

6. Vereinfachen Sie den folgenden Ausdruck:
$$\frac{28 \cdot x^2 \cdot 2 \cdot x^4 - 4 \cdot x \cdot 35 \cdot x^5}{49(x^5)^2}.$$

7. Vereinfachen Sie den folgenden Ausdruck:
$$\frac{7x^3 + 5x^2}{7x^3 + 5x^2 + 2x}.$$

8. Vereinfachen Sie den folgenden Ausdruck:
$$\frac{r_1^2 \cdot r_2^4 \cdot \frac{p_1}{3\lambda}}{r_1^3 \cdot r_2^3 \cdot \frac{p_2}{4\lambda}}.$$

9. Vereinfachen Sie den folgenden Ausdruck:
$$\frac{45p^3\sqrt{p^7}}{3\sqrt{p^{13}}}.$$

10. Vereinfachen Sie den folgenden Ausdruck:
$$\frac{\pi}{3}\ln\left(2^{\frac{5\pi^2}{\ln(2^\pi)}} \cdot 2^{\frac{3 - 5\pi}{\ln(2)}}\right).$$

11. Vereinfachen Sie den folgenden Ausdruck:
$$\cos\left(3(\mathrm{e}^{\frac{1}{2}\ln(\pi)})^2\right).$$

12. Sie haben eine Werkzeugbestellung über einen Rechnungsbetrag von 175 Euro aufgegeben. Der Steuersatz der darin enthaltenen Mehrwertsteuer betrug 19%. Wie groß war der Anteil der Steuer an dem Rechnungsbetrag?

13. Sie haben ein Regalsystem bestellt und zahlen den Rechnungsbetrag per Vorabüberweisung. Dafür erhalten Sie 2.5% Skonto. Wenn Ihr Rechnungsbetrag 1413.75 Euro beträgt, wie hoch war dann der Preis des Regalsystems?

Kleine Sammlung essentieller Tatsachen

Hier finden Sie eine Sammlung der wichtigsten in diesem Buch behandelten Formeln, Aussagen und Algorithmen.

Funktionen in einer Variablen und quadratische Gleichungen

▷ f heißt spiegelsymmetrisch bezüglich der y-Achse: $f(-x) = f(x)$.
▷ f heißt punktsymmetrisch bezüglich des Ursprungs: $f(-x) = -f(x)$.
▷ Achsenabschnittsform einer Geraden:

$$\frac{x}{a} + \frac{y}{b} = 1.$$

▷ Scheitelpunktform einer Parabel mit Scheitelpunkt (x_S, y_S):

$$f(x) = a(x - x_S)^2 + y_S$$

▷ Mitternachtsformel zur Bestimmung der Lösungen der quadratischen Gleichung $ax^2 + bx + c = 0$:

$$x_{1/2} = \frac{-b \pm \sqrt{b^2 - 4ac}}{2a}.$$

▷ p/q-Formel zur Bestimmung der Lösungen der quadratischen Gleichung $x^2 + px + q = 0$:

$$x_{1/2} = -\frac{p}{2} \pm \sqrt{\left(\frac{p}{2}\right)^2 - q}.$$

Ökonomische Funktionen

▷ Preis-Absatz-/Nachfragefunktion: $p(x)$ und $x(p)$.
▷ Erlösfunktion: $E(x) = p(x) \cdot x$ und $E(p) = p \cdot x(p)$.
▷ Kostenfunktion: $K(x) = K_v(x) + K_f$, wobei $K_v(x)$ die variablen und K_f die Fixkosten sind.
▷ Stückkostenfunktion: $k(x) = \frac{K(x)}{x}$. Es gilt $k(x) = k_v(x) + k_f(x)$.

▷ Gewinnfunktion: $G(x) = E(x) - K(x)$.
▷ Stückgewinnfunktion: $g(x) = \frac{G(x)}{x}$. Es gilt $g(x) = p(x) - k(x)$.
▷ Gesamter Deckungsbeitrag: $G_D(x) = E(x) - K_v(x) = G(x) + K_f$.
▷ Produktionsfunktion: $x(r)$.
▷ Produktivität: $\bar{x}(r) = \frac{x(r)}{r}$.

Folgen und Reihen

▷ Arithmetische Folge: $a_k = d \cdot k + a_0$ für alle $k \geq 0$.
▷ Geometrische Folge: $b_k = b_0 \cdot q^k$ für alle $k \geq 0$.
▷ Partialsumme einer arithmetischen Folge:

$$s_n = (n+1)\left(\frac{d \cdot n}{2} + a_0\right) = \frac{n+1}{2}(a_n + a_0).$$

▷ Partialsumme einer geometrischen Folge:

$$s_n = a \cdot \frac{q^{n+1} - 1}{q - 1}.$$

Differentialrechnung von Funktionen in einer Variablen

▷ Produktregel: die Ableitung der Funktion $f(x) = u(x) \cdot v(x)$ ist

$$f'(x) = u'(x) \cdot v(x) + u(x) \cdot v'(x).$$

▷ Quotientenregel: die Ableitung der Funktion $f(x) = \frac{u(x)}{v(x)}$ ist

$$f'(x) = \frac{u'(x)v(x) - u(x)v'(x)}{v(x)^2}.$$

▷ Kettenregel: die Ableitung der Funktion $f(x) = (h \circ g)(x) = h(g(x))$ ist

$$f'(x) = h'(g(x)) \cdot g'(x).$$

▷ Tangentengleichung an der Stelle x_0: $y = f(x_0) + f'(x_0)(x - x_0)$.
▷ Approximationsformel: $f(x + \Delta x) \approx f(x) + f'(x)\Delta x$.
▷ Lokale Extremstelle: notwendige Bedingung $f'(x) = 0$, hinreichende Bedingung $f''(x) \neq 0$; $f''(x) < 0$ (lok.Max.); $f''(x) > 0$ (lok.Min.).
▷ Wendestelle: notwendige Bedingung $f''(x) = 0$, hinreichende Bedingung $f'''(x) \neq 0$; $f'''(x) < 0$ (konvex-konkav); $f'''(x) > 0$ (konkav-konvex).
▷ Elastizität:

$$\varepsilon_f(x) = f'(x) \cdot \frac{x}{f(x)}.$$

Integralrechnung

▷ Erster Hauptsatz der Differential- und Integralrechnung: Es sei $f : [a, b] \to \mathbb{R}$ eine stetige Funktion und

$$F(x) = \int_{x_0}^{x} f(t)dt$$

eine Integralfunktion von f. Dann ist F differenzierbar und es gilt $F'(x) = f(x)$ für alle x.

▷ Zweiter Hauptsatz der Differential- und Integralrechnung: Es sei $f : [a, b] \to \mathbb{R}$ eine stetige Funktion und F eine beliebige Stammfunktion von f gegeben. Dann gilt:

$$\int_{a}^{b} f(t)dt = F(b) - F(a) = F(x)\Big|_{a}^{b}.$$

▷ Partielle Integration:

$$\int u(x)v'(x)dx = u(x) \cdot v(x) - \int u'(x)v(x)dx.$$

▷ Integration durch Substitution:

$$\int_{\varphi(a)}^{\varphi(b)} f(x)dx = \int_{a}^{b} f(\varphi(t)) \cdot \varphi'(t)dt.$$

▷ Der (normierte) Gini-Koeffizient ist der Quotient der Fläche zwischen der Diagonalen und der Lorenzkurve und der maximal möglichen Fläche. Es gilt

$$G = \frac{n - 2V + 1}{n - 1},$$

wobei

$$V = e_1 + (e_1 + e_2) + \cdots + (e_1 + e_2 + \cdots + e_n)$$

die Summe der kumulierten prozentualen Anteile $e_1 \leq e_2 \leq \cdots \leq e_n$ ist.

▷ Der (einfache) Gini-Koeffizient ist gegeben durch

$$G^* = \frac{n - 2V + 1}{n} = 1 - 2\int_{0}^{1} L(t)dt,$$

wobei L die Lorenzkurve ist.

Lineare Gleichungssysteme und Matrizen

▷ Einheitsmatrix: $E^n = [\delta_{ij}]_{\substack{i=1,\ldots,n \\ j=1,\ldots,n}}$.

▷ Einheitsvektoren: e_i^n ist die i-te Spalte von E^n.

▷ Summierender Vektor: $s^n = e_1^n + \cdots + e_n^n$.

▷ Transposition einer Matrix: Zeilen und Spalten werden vertauscht.

▷ Produkt von Matrizen: seien A eine $m \times n$-Matrix, B eine $n \times r$-Matrix. Dann ist die $m \times r$-Matrix $C = A \cdot B$ definiert und es gilt: c_{ik} ist gleich dem Produkt der i-ten Zeile von A mit der k-ten Spalte von B.

▷ Ein lineares Gleichungssystem der Form $A \cdot x = b$ hat die erweiterte Koeffizientenmatrix $[A \mid b]$.

▷ Gauß-Jordan-Algorithmus: In der ersten Phase Iteration der Schritte
  1. Zeile mit dem am weitesten links stehenden Kopf nach oben tauschen.
  2. Normieren des Kopfes.
  3. Eliminieren unter dem Kopf.
  In der zweiten Phase eine Elimination aller Einträge über den Köpfen.

▷ Inverse einer Matrix berechnen: mit dem Gauß-Jordan-Algorithmus

$$[A \mid E^n] \to \cdots \to [E^n \mid A^{-1}].$$

▷ Determinante einer 2×2-Matrix: $\det \left[\begin{smallmatrix} a & b \\ c & d \end{smallmatrix}\right] = ad - bc$.

▷ Laplacescher Entwicklungssatz:

$$\det A = \sum_{i=1}^{n} (-1)^{i+1} a_{i1} \det A_{i1},$$

wobei A_{i1} die Matrix ist, die aus A durch Streichung der i-ten Zeile und ersten Spalte hervorgeht.

Funktionen in mehreren Veränderlichen

▷ Cobb-Douglas-Produktionsfunktion: $f(x_1, \ldots, x_n) = \beta x_1^{\alpha_1} x_2^{\alpha_2} \cdot \ldots \cdot x_n^{\alpha_n}$.

▷ Höhenlinie einer Funktion in Funktion in zwei Variablen: die Menge der Paare (x, y) für die $f(x, y) = z_0$ gilt.

▷ f homogen vom Grad r: $f(ax_1, ax_2, \ldots, ax_n) = a^r f(x_1, x_2 \ldots, x_n)$.

▷ Approximationsformel:

$$f(x + \Delta x, y + \Delta y) \approx f(x, y) + f_x(x, y) \cdot \Delta x + f_y(x, y) \cdot \Delta y.$$

▷ Partielle Elastizität:

$$\varepsilon_{f,x_i}(x_1, x_2, \ldots, x_n) = f_{x_i}(x_1, x_2, \ldots, x_n) \frac{x_i}{f(x_1, x_2, \ldots, x_n)}.$$

▷ Lokale Extremstelle: notwendige Bedingung $f_x(x, y) = f_y(x, y) = 0$, hinreichende Bedingung $f_{xx}(x, y) \cdot f_{yy}(x, y) - f_{xy}(x, y)^2 > 0$; $f_{xx}(x, y) < 0$ (lok.Max.); $f_{xx}(x, y) > 0$ (lok.Min.).

▷ Sattelstelle: notwendige Bedingung $f_x(x, y) = f_y(x, y) = 0$, hinreichende Bedingung $f_{xx}(x, y) \cdot f_{yy}(x, y) - f_{xy}(x, y)^2 < 0$.

▷ Lagrangemethode zur Bestimmung eines lokalen Extremums einer Funktion f unter der Nebenbedingung $g{=}0$: notwendig ist das Verschwinden der ersten partiellen Ableitungen der Lagrange-Funktion

$$L(x_1, \ldots, x_n, \lambda) = f(x_1, \ldots, x_n) + \lambda \cdot g(x_1, \ldots, x_n).$$

▷ Interpretation von λ: Ist $g(x_1, \ldots, x_n) = B - b(x_1, \ldots, x_n)$ eine Budget-Nebenbedingung mit Budget B, so gibt λ den Grenznutzen bezüglich des Budgets an.

Probeklausur

Die ausführlichen Lösungen der Probeklausur finden Sie ab Seite 252.

Aufgabe 1

a) Betrachten Sie die Gerade definiert durch $f(x) = 7x - 2$. Welche der folgenden Aussagen sind wahr?
   - ○ Die Gerade f hat die Steigung -2.
   - ○ Die Gerade f hat die Steigung $\frac{2}{7}$.
   - ○ Die Gerade f hat eine positive Nullstelle.
   - ○ Die Gerade f hat eine negative Nullstelle.

b) Die Funktion

$$f : [-2, 5] \to \mathbb{R}$$
$$f(x) = 3(x - 2)^2 + 5$$

   - ○ ist streng monoton steigend,
   - ○ ist streng monoton fallend,
   - ○ hat einen Scheitelpunkt außerhalb des Definitionsbereichs,
   - ○ hat einen Scheitelpunkt im Inneren des Definitionsbereichs.

c) Der Wert $3000 \cdot 1.02^{12}$ beschreibt den Kontostand eines Festgeldkontos mit einem initialen Kontostand
   - ○ von 12 Euro und einem Zinssatz von 2% nach 3000 Jahren.
   - ○ von 1.02 Euro und einem Zinssatz von 30% nach 12 Jahren.
   - ○ von 3000 Euro und einem Zinssatz von 1.02% nach 12 Jahren.
   - ○ von 3000 Euro und einem Zinssatz von 2% nach 12 Jahren.

d) Es sei $f(x) = e^x \cdot g(x)$. Dann gilt
   - ○ $f'(x) = e^x \cdot g'(x)$,
   - ○ $f'(x) = xe^{x-1}g(x) + e^x g'(x)$,
   - ○ $f'(x) = e^x(g(x) + g'(x))$,
   - ○ $f'(x) = e^x \cdot (g(x) + 1)$.

Aufgabe 2

Gegeben sind die Kostenfunktion $K(x) = 200 + 5x + \ln(2x + 1)$ und die Preisabsatzfunktion $p(x) = 125 - 3x + \frac{\ln(2x+1)}{x}$. Bestimmen Sie

a) die Umsatzfunktion und die Gewinnfunktion,
b) die Grenzgewinnfunktion,
c) den Maximalgewinn,
d) die Durchschnittsgewinnfunktion,
e) die Grenzdurchschnittsgewinnfunktion,
f) den maximalen Durchschnittsgewinn,
g) vergleichen Sie den maximalen Durchschnittsgewinn mit dem Durchschnittsgewinn beim Maximalgewinn,
h) die Fix- und variablen Kosten,
i) den Deckungsbeitrag,
j) die Elastizitätsfunktion des Gewinns,
k) die näherungsweise prozentuale Zunahme des Gewinns bei einer Absatzmenge von $x = 5$ und einer Zunahme des Absatzes um 2%,
l) bei welcher Absatzmenge steigt der Gewinn näherungsweise um 1%, wenn der Absatz um 1% gesteigert wird?

Aufgabe 3

a) Es sei F eine Stammfunktion der Funktion $f : [a, b] \to \mathbb{R}$. Dann gilt

   ○ $f' = F$ auf dem Intervall $[a, b]$.

   ○ $F' = f$ auf dem Intervall $[a, b]$.

   ○ $\int_a^b f(x)dx = F(x)\Big|_a^b$.

   ○ $\int_a^b F(x)dx = f(x)\Big|_a^b$.

b) Zur Ermittlung des unbestimmten Integrals $\int x \sin(x)dx$ bietet sich
   ○ die Faktorregel an.
   ○ partielle Integration an.
   ○ Integration durch Elimination an.
   ○ Integration durch Substitution an.

c) Die Funktion $S : [9, 17] \to \mathbb{R}$ beschreibe den Kurs einer Aktie im Laufe des Handelstages von 9 bis 17 Uhr. Sie sei gegeben durch

$$S(t) = 45 + 3\sin\left(4\pi\left(\frac{t-9}{8}\right)\right) + \frac{(t-9)^2}{32}.$$

   Bestimmen Sie den Tagesmittelwert.

d) Bestimmen Sie eine Stammfunktion der Funktion f gegeben durch

$$f(x) = \frac{-4x^3 + 3x}{2x^4 - 3x^2}.$$

e) Bestimmen Sie das Integral

$$\int_0^{\frac{\pi}{2}} x^2 \cos(x)dx.$$

Aufgabe 4

a) Sei A eine $m \times n$-Matrix. Was ist das Produkt $A \cdot s^n$?
  ○ Die Summe aller Einträge von A.
  ○ Die Summe aller Zeilen von A.
  ○ Die Summe aller Spalten von A.
  ○ Die n-te Spalte von A.

b) Sei B eine 7×4-Matrix. Das Produkt $(e_2)^T \cdot B$ gibt
  ○ die 7. Zeile von B an.
  ○ die 4. Spalte von B an.
  ○ die 2. Zeile von B an.
  ○ die 2. Spalte von B an.

c) Das lineare Gleichungssystem gegeben durch die erweiterte Koeffizienten-matrix

$$\begin{bmatrix} 1 & -3 & 0 & 1 \\ 0 & 0 & 1 & 2 \\ 0 & 0 & 0 & 0 \end{bmatrix} \quad \text{hat} \quad \begin{array}{l} \text{○ keine Lösung,} \\ \text{○ genau eine Lösung,} \\ \text{○ unendlich viele Lösungen.} \end{array}$$

d) Bei der Anwendung der ersten Stufe des Gauß-Jordan-Algorithmus auf die erweiterte Koeffizientenmatrix

$$\begin{bmatrix} 1 & 2 & 15 & -38 \\ 0 & -1 & -4 & 14 \\ 0 & -2 & 2 & -15 \end{bmatrix}$$

wird im nächsten Schritt
  ○ das $+\frac{1}{2}$-fache der ersten zur zweiten Zeile addiert.
  ○ das $-\frac{1}{2}$-fache der dritten Zeile zur zweiten Zeile addiert.
  ○ die erste Zeile zur dritten Zeile addiert.
  ○ die zweite Zeile mit dem Faktor -1 multipliziert.

Aufgabe 5

a) Gegeben ist die folgende erweiterte Koeffizientenmatrix

$$\begin{bmatrix} 1 & 0 & -1 & 0 & | & 5 \\ 0 & 1 & 2 & 0 & | & 6 \\ 0 & 0 & 0 & 1 & | & 7 \end{bmatrix}.$$

Geben Sie die Lösungsmenge des assoziierten linearen Gleichungssystems in den Variablen x_1, x_2, x_3, x_4 an.

b) Gegeben ist das lineare Gleichungssystem

$$2x_1 + 4x_2 + 6x_3 = 18$$
$$4x_1 + 5x_2 + 8x_3 = 27$$
$$2x_1 - 3x_2 - 4x_3 = -5$$

(i) Geben Sie die erweiterte Koeffizientenmatrix an.
(ii) Lösen Sie das lineare Gleichungssystem mit dem Gauß-Jordan-Algorithmus.
(iii) Schreiben Sie das Problem in der Form $A \cdot \mathbf{x} = \mathbf{b}$.
(iv) Bestimmen Sie die Determinante von A.
(v) Lösen Sie die Gleichung $A \cdot \mathbf{x} = \mathbf{b}$ durch Bestimmung der Inversen A^{-1}.

Aufgabe 6

In einem chemischen Produktionsprozess werden aus zwei Ausgangsprodukten S und T drei Zwischenprodukte U, V und W erzeugt, die zu Endprodukten Y und Z weiterverarbeitet werden. Die benötigten Mengen sind im folgenden Graph angegeben.

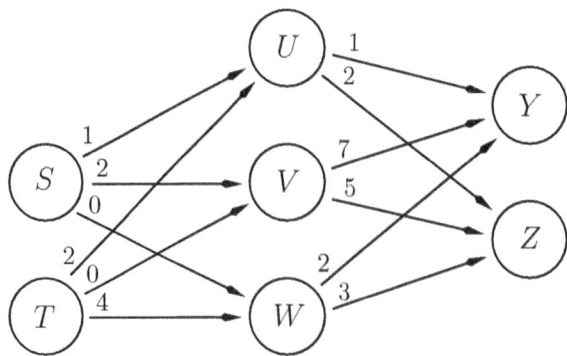

a) Bestimmen Sie die Verflechtungsmatrizen, die sich direkt aus dem Graph ablesen lassen. Berechnen Sie dann die Ausgangsprodukt-Endprodukt-Matrix. Geben Sie den Matrizen *sprechende* Namen.

b) Angenommen die Variablen für die Ausgangsproduktmengen seien mit s und t bezeichnet, sowie die Variablen für die Endproduktmengen mit y und z. Geben Sie an, welche Beziehung zwischen den Vektoren

$$x_A = \begin{bmatrix} s \\ t \end{bmatrix} \quad \text{und} \quad x_E = \begin{bmatrix} y \\ z \end{bmatrix}$$

besteht.

c) Welche Mengen werden von den Ausgangsprodukten S und T benötigt, um 25 Einheiten von Y und 40 Einheiten von Z zu produzieren?

d) Angenommen es stehen 720 Einheiten an Material S und 800 Einheiten an Material T zur Verfügung. Wieviel Endprodukte vom jeweiligen Typ lassen sich damit produzieren, wenn alles aufgebraucht werden soll?

Aufgabe 7

Gegeben sei die Produktionsfunktion $f(r, s) = -2r^2 - s^2 + 30r - 10s + 2rs$.

a) Angenommen die aktuellen Werte der Produktionsfaktoren sind $r = 8$ und $s = 6$. Wie groß ist der aktuelle Output?

b) Bestimmen Sie mit Hilfe der ersten partiellen Ableitungen für jeden der beiden Faktoren, ob er erhöht oder erniedrigt werden sollte, um den Output zu erhöhen.

c) Um wieviel ändert sich der Output näherungsweise, wenn Sie den Wert von r um 0.25 Einheiten erhöhen und den Wert von s um 0.25 Einheiten verringern?

d) Erläutern Sie notwendige und hinreichende Bedingungen für das Vorliegen einer lokalen Extremstelle.

e) Bestimmen Sie die Werte r und s für die der Output maximal ist. Wie groß ist der maximale Output?

f) Bestimmen Sie den maximalen Output unter der Nebenbedingung $2r + s = 15$ mit Hilfe der Lagrange-Methode.

g) Bestimmen Sie mit Hilfe des Wertes des Lagrange-Parameters λ einen Näherungswert für den maximalen Output unter der Nebenbedingung $2r + s = 16$.

Lösungen ausgewählter Aufgaben

Aufgaben 1.2

Einige Lösungen zu den Aufgaben ab Seite 10.

1. Es sei $f : D \to \mathbb{R}$ eine beliebige Funktion. Welche der folgenden Aussagen treffen allgemein zu?
   - ⊗ Zu jedem Argument $x \in D$ existiert genau eine reelle Zahl $y \in \mathbb{R}$ mit $f(x) = y$.
   - ⊗ Aus $f(x) = y_1$ und $f(x) = y_2$ folgt $y_1 = y_2$.
2. Welche der folgenden Aussagen sind wahr?
   - ⊗ $\frac{7}{3}$ ist eine rationale Zahl.
   - ⊗ $\frac{7}{3}$ ist eine reelle Zahl.
3. Die Menge aller geraden ganzen Zahlen echt größer Null und kleiner gleich 25, die Vielfache von 3 sind, ist gegeben durch:
   - ⊗ $\{x \in \mathbb{Z} : 0 < x \leq 25, x \text{ ist teilbar durch 2 und 3}\}$.
   - ⊗ $\{6, 12, 18, 24\}$
4. Welche der folgenden Aussagen sind wahr?
   - ⊗ Die rationalen Zahlen sind eine Teilmenge der reellen Zahlen.
   - ⊗ Das Inverse von $\frac{7}{3}$ bezüglich der Multiplikation ist gegeben durch $\frac{3}{7}$.
5. Schreiben Sie mit Hilfe der Mengenschreibweise die Menge aller Vielfachen von π, die größer als 21 und kleiner als 237 sind.

$$\{k \cdot \pi : k \in \mathbb{N}, 21 < k \cdot \pi < 237\}$$

6. Schreiben Sie mit Hilfe der Mengenschreibweise das Komplement aller Vielfachen von π, die größer als 21 und kleiner als 237 sind in der Menge der reellen Zahlen.

$$\mathbb{R} \setminus \{k \cdot \pi : k \in \mathbb{N}, 21 < k \cdot \pi < 237\}$$

9. Welche paarweisen Teilmengenrelationen bestehen zwischen den folgenden Mengen?

$$A = \{-91, -2, \tfrac{3}{2}, 4, 7, 8, 29\}$$
$$B = \{-55, 4, 7, 28\}$$
$$C = \{-2, 4, 28\}$$
$$D = \{-91, -55, -2, \tfrac{3}{2}, 4, 7, 8, 28, 29, 30\}$$
$$E = \{29, 7, 4\}$$
$$F = \emptyset$$

$$F \subseteq E \subseteq A \subseteq D \text{ und } F \subseteq B \subseteq D \text{ und } F \subseteq C \subseteq D$$

10. Repräsentieren Sie die Teilmengenbeziehungen, die zwischen den Mengen $A, B, \ldots, F$ aus Aufgabe 9 bestehen mittels eines Venn-Diagramms.

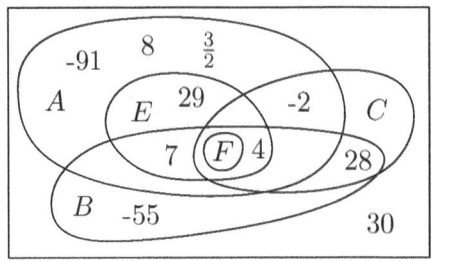

Abb. 11.1. Venn-Diagramm der Mengen $A, B, \ldots, F$.

11. Führen Sie für die Mengen $A, B, \ldots, F$ aus Aufgabe 9 die folgenden Mengenoperationen durch.
    a) $A \cup B = \{-91, -55, -2, \tfrac{3}{2}, 4, 7, 8, 28, 29\}$
    b) $A \cup F = A$
    c) $A \cap B = \{4, 7\}$
    d) $B \cap C = \{4, 28\}$
    e) $A \setminus B = \{-91, -2, \tfrac{3}{2}, 8, 29\}$
    f) $(A \cap B) \cap C = \{4, 7\} \cap \{-2, 4, 28\} = \{4\}$
    g) $A \cap (B \cap C) = \{-91, -2, \tfrac{3}{2}, 4, 7, 8, 29\} \cap \{4, 28\} = \{4\}$
    h) $(A \setminus B) \cap C = \{-91, -2, \tfrac{3}{2}, 8, 29\} \cap \{-2, 4, 28\} = \{-2\}$
12. Es seien die Intervalle $A = (-\infty, \sqrt{2}]$, $B = (-2, +\infty)$ und $C = [-3, 3]$ gegeben. Bilden Sie alle paarweisen Schnitte $A \cap B$, $A \cap C$ und $B \cap C$.

$$A \cap B = (-2, \sqrt{2}]$$
$$A \cap C = [-3, \sqrt{2}]$$
$$B \cap C = (-2, 3]$$

Bestimmen Sie für die Ergebnisintervalle jeweils das offene Innere.

$$A \cap B = (-2, \sqrt{2})$$
$$A \cap C = (-3, \sqrt{2})$$
$$B \cap C = (-2, 3)$$

15. Gegeben sei

$$f : [-8, 8] \longrightarrow \mathbb{R}$$
$$x \longmapsto \frac{1}{4}x^2 + \frac{1}{2}x - \frac{15}{4}.$$

Eine Tabelle von Funktionswerten ist in Abbildung 11.2 gegeben.

x	$f(x)$
-8	8.25
-7	5
-6	2.25
-5	0
-4	-1.75
-3	-3
-2	-3.75
-1	-4
0	-3.75
+1	-3
+2	-1.75
+3	0
+4	2.25
+5	5
+6	8.25
+7	12
+8	16.25

Abb. 11.2. Eine Tabelle von Funktionswerten der Parabelfunktion f.

Die Skizze der Funktion f ist in Abbildung 11.3 zu sehen.

19. Untersuchen Sie die folgenden reellwertigen Funktionen auf ihr Symmetrieverhalten. Der Definitionsbereich D bestehe jeweils aus den reellen Zahlen $\mathbb{R}$.

a) $f(x) = 2x$ ist punktsymmetrisch: $f(-x) = 2(-x) = -2x = -f(x)$.

b) $g(x) = 2x + 1$ ist weder spiegelsymmetrisch noch punktsymmetrisch.

c) $h(x) = x^2 + 1$ ist spiegelsymmetrisch:

$$h(-x) = (-x)^2 + 1 = x^2 + 1 = h(x).$$

d) $k(x) = -x^3 + x$ ist punktsymmetrisch:

$$k(-x) = -(-x)^3 + (-x) = x^3 - x = -k(x).$$

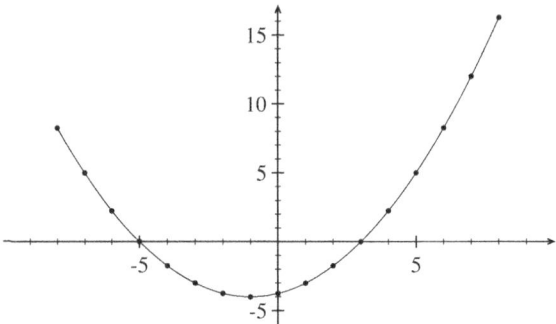

Abb. 11.3. Skizze der Parabelfunktion f.

e) $l(x) = \frac{x^4 - 6x^2 + 2}{-2x^3 + 25x}$ ist punktsymmetrisch:

$$l(-x) = \frac{(-x)^4 - 6(-x)^2 + 2}{-2(-x)^3 + 25(-x)} = \frac{x^4 - 6x^2 + 2}{+2x^3 - 25x} = -l(x)$$

f) $m(x) = \frac{-6x^5 + 2x^3}{x^7 - x}$ ist spiegelsymmetrisch:

$$m(-x) = \frac{-6(-x)^5 + 2(-x)^3}{(-x)^7 - (-x)} = \frac{+6x^5 - 2x^3}{-x^7 + x} = m(x).$$

Aufgaben 1.4

Einige Lösungen zu den Aufgaben ab Seite 25.

1. Betrachten Sie die Gerade definiert durch $f(x) = -3x + 2$. Welche der folgenden Aussagen sind wahr?
   ⊗ Die Gerade f schneidet die y-Achse bei $+2$.
2. Die beiden Geraden definiert durch $f(x) = 2x - 5$ und $g(x) = -2x + 5$
   ⊗ schneiden sich in genau einem Punkt.
3. Die Gerade definiert durch

$$\frac{x}{-3} + \frac{y}{5} = 1$$

   ⊗ hat eine positive Steigung.
4. Die Parabel definiert durch $f(x) = -2(x - 4)^2 + 10$ schneidet die x-Achse
   ⊗ an genau zwei Stellen.
5. Das Polynom $x^2 - 4$ hat
   ⊗ $x + 2$
   ⊗ $x - 2$

als Linearfaktor.

6. Die Gerade, die durch die Punkte $(-2, 5)$ und $(3, -10)$ geht, hat die Steigung

$$m = \frac{-10 - 5}{3 - (-2)} = -3.$$

8. Die Gerade mit der Gleichung $y = 4x - 20$ hat die Nullstelle $x = 5$ und somit die Achsenabschnittsform

$$\frac{x}{5} + \frac{y}{-20} = 1.$$

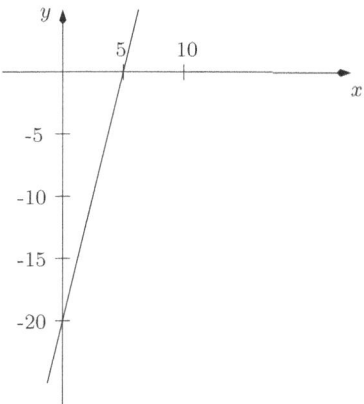

11. Die Gerade

$$\frac{x}{10} + \frac{y}{4} = 1.$$

hat eine Steigung von

$$m = \frac{0 - 4}{10 - 0} = -\frac{4}{10}$$

und somit die Gleichung $y = -\frac{4}{10}x + 4$.

14. Für die Scheitelpunktform ergibt sich:

$$f(x) = \frac{1}{4}x^2 + \frac{1}{2}x - \frac{15}{4}$$
$$= \frac{1}{4}(x^2 + 2x) - \frac{15}{4}$$
$$= \frac{1}{4}(x^2 + 2x + 1 - 1) - \frac{15}{4}$$
$$= \frac{1}{4}(x + 1)^2 - \frac{1}{4} - \frac{15}{4}$$
$$= \frac{1}{4}(x + 1)^2 - 4.$$

18. Eine Funktion, die eine nach unten geöffnete Parabel mit Scheitelpunkt $(-3, -5)$ beschreibt, ist beispielsweise gegeben durch $f(x) = -(x+3)^2 - 5$.

19. Eine Funktion, die eine nach unten geöffnete Parabel mit Scheitelpunkt $(-3, -5)$ beschreibt und die y-Achse an der Stelle -95 schneidet, hat die Form $f(x) = -a(x + 3)^2 - 5$ für ein $a > 0$, welches zu bestimmen ist. Wegen der Bedingung $f(0) = -95$ erhalten wir die Gleichung

$$f(0) = -a \cdot 3^2 - 5 = -95$$

mit der Lösung $a = 10$.

20. Eine Skizze der Wurzelfunktion

$$f : [3, \infty) \longrightarrow \mathbb{R}$$
$$x \longmapsto -2 + \sqrt{2x - 6}.$$

ist in Abbildung 11.4 zu sehen.

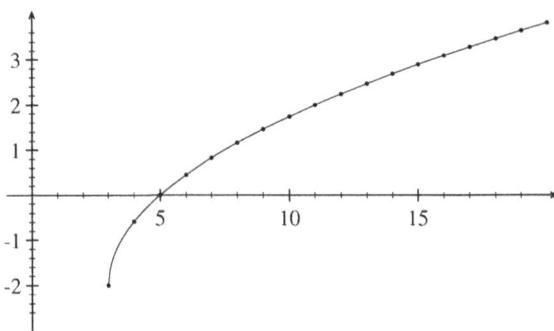

Abb. 11.4. Skizze der Wurzelfunktion f.

23. In 60m Wassertiefe betrage die Lichtintensität noch ein Prozent der Lichtintensität c_0 an der Oberfläche. Für die Exponentialfunktion $f(x) =$

$c_0 \cdot a^x$, die die Lichtintensität in Abhängigkeit von der Tiefe in m beschreibt, muss gelten $f(10) = c_0 \cdot a^{10} \stackrel{!}{=} 0.01 \cdot f(0) = 0.01 \cdot c_0$. Es folgt also $a^{10} = 0.01$ und damit $a = (0.01)^{\frac{1}{10}} \approx 0.63$.

25. Für den Winkel $\pi/4$ ist das zu betrachtende Dreick gleichschenklig rechtwinkling. In diesem Falle gilt also: $\sin(\pi/4) = \cos(\pi/4)$ und mit Hilfe des Satzes von Pythagoras

$$1 = \sin^2(\pi/4) + \cos^2(\pi/4) = 2\sin^2(\pi/4)$$

erhalten wir also $\sin(\pi/4) = \sqrt{1/2} = \sqrt{2}/2 = \cos(\pi/4)$.

28. Für die Nullstelle der Funktion aus den Aufgabe 20 berechnen wir:

$$f(x) = -2 + \sqrt{2x - 6} = 0 \quad \rightarrow \quad 2x - 6 = \pm 2^2 \quad \rightarrow \quad x = \frac{1}{2}(6 \pm 4).$$

Da 1 nicht im Definitionsbereich liegt, ist $x = 5$ die einzige Nullstelle. Für die Nullstelle aus Aufgabe 21 erhalten wir:

$$f(x) = \frac{3}{x - 5} - 1 = 0 \quad \rightarrow \quad x = 8$$

und für Aufgabe 22 erhalten wir $x = -11/4$.

30. Die Nullstellen der Parabelfunktion $f(x) = \frac{1}{4}x^2 + \frac{1}{2}x - \frac{15}{4}$. Mitternachtsformel mit $a = 1/4$, $b = 1/2$ und $c = -15/4$:

$$x = \frac{-\frac{1}{2} \pm \sqrt{(\frac{1}{2})^2 - 4 \cdot \frac{1}{4} \cdot (-\frac{15}{4})}}{2 \cdot \frac{1}{4}} = \frac{-\frac{1}{2} \pm 2}{\frac{1}{2}} = -1 \pm 4.$$

p/q-Formel mit $p = 2$ und $q = -15$:

$$x = -\frac{2}{2} \pm \sqrt{\left(\frac{2}{2}\right)^2 - (-15)} = -1 \pm 4.$$

34. Die Koeffizienten der kubischen Funktion

$$f(x) = x^3 + x^2 - 50x + 48$$

ergeben in der Summe 1. Von daher ist offenbar $f(1) = 0$ und somit $x - 1$ ein Linearfaktor von f. Polynomdivision mit diesem Linearfaktor ergibt:

$$(x^3 + x^2 - 50x + 48) : (x - 1) = x^2 + 2x - 48.$$

Mit der p/q-Formel erhalten wir für dieses quadratische Polynom die Nullstellen

$$x = -1 \pm 7$$

und somit

$$f(x) = (x - 1)(x + 8)(x - 6).$$

Aufgaben 1.5

Einige Lösungen zu den Aufgaben ab Seite 35.

1. Die Gerade $f : \mathbb{R} \to \mathbb{R}$ definiert durch $f(x) = 3x - 10$
   $\otimes$ ist monoton steigend.
   $\otimes$ ist streng monoton steigend.
2. Die Hyperbelfunktion $g : (0, \infty) \to \mathbb{R}$ definiert durch $g(x) = \frac{1}{x}$
   $\otimes$ ist monoton fallend.
   $\otimes$ ist streng monoton fallend.
3. Die Briefportofunktion von Seite 3
   $\otimes$ ist monoton steigend.
4. Die Betragsfunktion $|\cdot| : \mathbb{R} \to \mathbb{R}$
   $\otimes$ erfüllt keine Monotonieeigenschaft.
5. Die Parabelfunktion $f : [0, \infty) \to \mathbb{R}$ gegeben durch $f(x) = x^2$ ist streng monoton steigend. Angenommen es sind x, y aus dem Definitionsbereich - also mit $x, y \geq 0$ - und mit $x < y$ gegeben. Wir setzen $D = y - x > 0$ und berechnen:

$$f(y) - f(x) = y^2 - x^2 = (x + D)^2 - x^2$$
$$= x^2 + 2xD + D^2 - x^2 = 2xD + D^2 > 0,$$

da $x \geq 0$ und $D > 0$.

7. Die Parabelfunktion $f : [4, \infty) \to \mathbb{R}$ gegeben durch $f(x) = -\frac{1}{4}x^2 + 2x - 2$ ist streng monoton fallend. Anschaulich liegt dies daran, dass der Scheitelpunkt an der Stelle $x = 4$ am linken Rand des Definitionsbereichs liegt und nicht in dessen Inneren und die Parabel nach unten geöffnet ist. Zum rechnerischen Nachweis betrachten wir ein Paar $x < y$ aus dem Definitionsbereich. Wir setzen $D = y - x > 0$ und berechnen:

$$f(y) - f(x) = -\frac{1}{4}(x + D)^2 + 2(x + D) - 2 - \left(-\frac{1}{4}x^2 + 2x - 2\right)$$
$$= -\frac{x^2}{4} - \frac{xD}{2} - \frac{D^2}{4} + 2x + 2D - 2 + \frac{x^2}{4} - 2x + 2$$
$$= -\frac{xD}{2} - \frac{D^2}{4} + 2D$$
$$= \frac{D}{2}(-x - \frac{D}{2} + 4)$$
$$= \frac{D}{2}(-(x - 4) - \frac{D}{2}) < 0,$$

da $x - 4 \geq 0$ und $D > 0$.

10. Zur Bestimmung des Wertebereichs der Funktion

$$f : [0, 8] \longrightarrow \mathbb{R}$$
$$x \longmapsto \frac{1}{4}x^2 + \frac{1}{2}x - \frac{15}{4}$$

erinnern wir zunächst an das Ergebnis aus Aufgabe 14 auf Seite 205:

$$f(x) = \frac{1}{4}(x+1)^2 - 4.$$

Der Scheitelpunkt liegt also an der Stelle $x = -1$ außerhalb des Definitionsbereichs. Demnach ist die Funktion streng monoton und wir benötigen die Funktionswerte am Rande des Definitionsbereichs:

$$f(0) = -\frac{15}{4} \quad \text{und} \quad f(8) = \frac{65}{4}.$$

Der Wertebereich ist also das Intervall

$$W = \left[-\frac{15}{4}, \frac{65}{4}\right].$$

14. Der Wertebereich der Funktion $K_1 : [0, \infty) \to \mathbb{R}$ definiert durch $K_1(x) = 100 + 5\sqrt{x}$ ist $W = [100, \infty)$.

15. Der Wertebereich der Funktion $K_2 : [0, \infty) \to \mathbb{R}$ definiert durch $K_2(x) = 300 - 200e^{-x}$ ist $W = [100, 300)$.

18. Angenommen $f : \mathbb{R} \to \mathbb{R}$ und $g : \mathbb{R} \to \mathbb{R}$ sind streng monoton steigend. Seien x, y reelle Zahlen mit $x < y$. Dann gilt $f(x) < f(y)$ wegen der strengen Montonie von f. Und somit

$$(g \circ f)(x) = g(f(x)) < g(f(y)) = (g \circ f)(x),$$

womit gezeigt wäre, dass auch $g \circ f$ streng monoton steigend ist.

21. Für die Scheitelpunktform ergibt sich

$$f(x) = \frac{1}{5}x^2 - 2x + 7 = \frac{1}{5}(x^2 - 10x) + 7$$
$$= \frac{1}{5}((x-5)^2 - 25) + 7 = \frac{1}{5}(x-5)^2 + 2.$$

Der Scheitelpunkt hat also die Koordinaten $x_S = 5$ und $y_S = 2$. Wegen des Definitionsbereichs $D = (-\infty, 5]$ und der Tatsache, dass die Parabelfunktion nach oben geöffnet ist, ergibt sich also der Wertebereich $W = [2, \infty)$ und die Tatsache, dass die Funktion auf dem Definitionsbereich streng monoton fällt. Zur Ermittlung der Umkehrfunktion berechnen wir zunächst:

$$\frac{1}{5}(x-5)^2 + 2 = y$$
$$\frac{1}{5}(x-5)^2 = y - 2$$
$$x - 5 = \pm\sqrt{5(y-2)}$$
$$x = 5 \pm \sqrt{5(y-2)}.$$

Da $f(0) = 7$ gilt, muss $f^{-1}(7) = 0$ gelten. Somit ergibt sich:

$$f^{-1}(y) = 5 - \sqrt{5(y-2)}.$$

Die Funktionen f und f^{-1} sind in Abbildung 11.5 abgebildet.

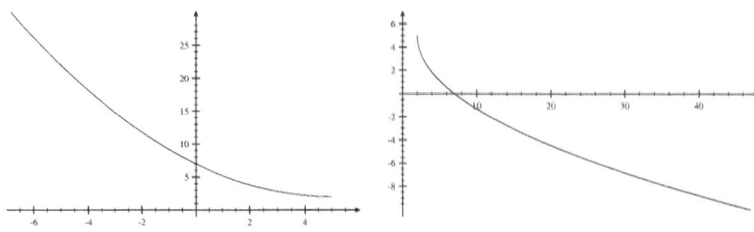

Abb. 11.5. f und f^{-1}.

23. Gegeben sei die Preis-Absatz-Funktion p mit der Funktionsvorschrift $p(x) = -\frac{4}{5}x + 420$.
    a) Ökonomisch sinnvoller Definitionsbereich: $D_p = [0, 525]$.
    b) Wertebereich: $W_p = [0, 420]$.
    c) Absatz-Preis-Funktion: $x(p) = -\frac{5}{4}p + 525$.
    d) Definitionsbereich $D_x = W_p = [0, 420]$ und Wertebereich $W_x = D_p = [0, 525]$.

Aufgaben 1.7

Einige Lösungen zu den Aufgaben ab Seite 43.

1. Man spricht von Marktgleichgewicht, wenn
   $\otimes$ bei einem gewissen Preis p Angebot und Nachfrage übereinstimmen.
2. Angenommen, bei einer Produktionsmenge x_0 ist der Gewinn $G(x_0) = 0$. Dann ist bei x_0
   $\otimes$ der Erlös gleich den Kosten.
   $\otimes$ der gesamte Deckungsbeitrag gleich den Fixkosten.
3. Gegeben sei die Nachfragefunktion $x_N(p) = 300 - 2p$ und die Angebotsfunktion $x_A(p) = \frac{1}{2}p^2 + 3p$. Für den Gleichgewichtspreis p muss $x_A(p) = x_N(p)$ also

$$\frac{1}{2}p^2 + 3p = 300 - 2p$$

gelten. Die Lösung der quadratischen Gleichung ergibt $p = -5 \pm 25$ mit der einzigen ökonomisch sinnvollen Lösung $p = 20$.

5. Gegeben sei die Gewinnfunktion $G(x) = -4x^2 + 680x - 8500$ und die Preis-Absatzfunktion $p(x) = -4x + 1200$. Die Kostenfunktion K ergibt

$$K(x) = E(x) - G(x) = p(x) \cdot x - G(x)$$
$$= -4x^2 + 1200x - (-4x^2 + 680x - 8500)$$
$$= 520x + 8500$$

mit den variablen Kosten $K_v(x) = 520x$ und den Fixkosten $K_f = 8500$.

7. Gegeben sei die Gewinnfunktion $G(x) = -3x^2 + 120x - 200$ und die Kostenfunktion $K(x) = 5x + \ln(2(x+1)) + 200$. Für die Erlösfunktion E ergibt sich

$$E(x) = G(x) + K(x) = -3x^2 + 120x - 200 + 5x + \ln(2(x+1)) + 200$$
$$= -3x^2 + 125x + \ln(2(x+1))$$

und somit erhalten wir die Preis-Absatzfunktion

$$p(x) = \frac{E(x)}{x} = -3x + 125 + \frac{\ln(2(x+1))}{x}.$$

9. Gegeben sei die Preis-Absatz-Funktion $p(x) = -\frac{1}{3}x + 200$ und die Kostenfunktion $K(x) = 180x + 108$. Es ergibt sich für
   a) die Erlösfunktion $E = -\frac{1}{3}x^2 + 200x$,
   b) die Gewinnfunktion $G = -\frac{1}{3}x^2 + 20x - 108$,
   c) die Fixkosten $K_f = 108$,
   d) die variablen Kosten $K_v(x) = 180x$,
   e) den gesamten Deckungsbeitrag $G_D(x) = -\frac{1}{3}x^2 + 20x$,
   f) die Stückkosten $k(x) = 180 + \frac{108}{x}$,
   g) den Stückgewinn $g(x) = -\frac{1}{3}x + 20 - \frac{108}{x}$,
   h) die Scheitelpunktform der Gewinnfunktion

   $$G(x) = -\frac{1}{3}(x - 30)^2 + 192$$

   und somit $x = 30$ für den Absatz mit maximalem Gewinn,
   i) den maximalen Gewinn $G(30) = 192$,
   j) die Nullstellen der Gewinnfunktion $x_{1/2} = 30 \pm 24$ und somit das Intervall mit nicht-negativer Gewinnerwartung $[6, 54]$.

Aufgaben 2.4

Einige Lösungen zu den Aufgaben ab Seite 53.

1. Die Folge $\frac{2}{9}, \frac{2}{3}, 2, 6, 18, \ldots$
   $\otimes$ ist geometrisch.
   $\otimes$ folgt dem expliziten Bildungsgesetz $a_k = \frac{2}{9}3^k$.
2. Die Bildungsvorschrift $a_k = \frac{1}{4}k + \frac{1}{2}$, $k \geq 0$,
   $\otimes$ definiert eine arithmetische Folge.
   $\otimes$ ist ein explizites Bildungsgesetz.
3. Die Folge $(a_n)_{n \geq 0}$ mit den ersten Folgengliedern

$$\frac{25}{16}, \frac{5}{4}, 1, \frac{4}{5}, \frac{16}{25}, \frac{64}{125} \ldots$$

ist geometrisch. Das rekursive Bildungsgesetz lautet $a_{n+1} = \frac{4}{5}a_n$ für $n \geq 0$ mit $a_0 = \frac{25}{16}$. Das explizite Bildungsgesetz lautet

$$a_n = \frac{25}{16} \cdot \left(\frac{4}{5}\right)^n.$$

Da $a_0 > 0$ und $q = \frac{4}{5} < 1$ ist, ist die Folge streng monoton fallend. Die Folge $(b_n)_{n \geq 0}$ mit den ersten Folgengliedern

$$-4.2, -2.4, -0.6, 1.2, 3, \ldots$$

ist arithmetisch. Das rekursive Bildungsgesetz lautet $b_{n+1} = b_n + 1.8$ für $n \geq 0$ mit $b_0 = -4.2$. Das explizite Bildungsgesetz lautet $b_n = 1.8n - 4.2$. Da $d = 1.8 > 0$ ist, ist die Folge streng monoton steigend. Die Folge $(c_n)_{n \geq 0}$ mit den ersten Folgengliedern

$$-\frac{49}{9}, \frac{7}{3}, -1, \frac{3}{7}, -\frac{9}{49}, \frac{27}{343}, \ldots$$

ist geometrisch. Das rekursive Bildungsgesetz lautet $c_{n+1} = -\frac{3}{7}c_n$ für $n \geq 0$ mit $c_0 = -\frac{49}{9}$. Das explizite Bildungsgesetz lautet

$$c_n = \frac{49}{9} \cdot \left(-\frac{3}{7}\right)^n.$$

Die Folge besitzt wegen $q = -\frac{3}{7} < 0$ keine Monotonieeigenschaft.

4. Angenommen der Kontostand eines Bankkontos betrüge im Ausgangsjahr $x_0 = 1000$ Euro und nach 12 Jahren linearer Verzinsung $x_{12} = 1360$ Euro. Aus $x_n = x_0(1 + n \cdot i)$ folgt

$$i = \frac{1}{n}\left(\frac{x_n}{x_0} - 1\right) = \frac{1}{12}\left(\frac{1360}{1000} - 1\right) = 0.03 = 3\%.$$

5. Angenommen der Kontostand eines Bankkontos betrüge im Ausgangsjahr $x_0 = 1000$ Euro und nach 12 Jahren Verzinsung mit Zinseszins $x_{12} = 1360$ Euro. Aus $x_n = x_0(1 + i)^n$ folgt

$$i = \sqrt[n]{\frac{x_n}{x_0}} - 1 = \sqrt[12]{\frac{1360}{1000}} - 1 \approx 0.0260 = 2.60\%.$$

6. Ein Konto mit einem Ausgangskontostand von $x_0 = 1300$ Euro werde mit einem festen Zinssatz von $i = 3.5\%$ linear verzinst. Nach wie viel Jahren beträgt der Kontostand erstmals mindestens 2000 Euro? Aus $x_n = x_0(1 + n \cdot i)$ folgt

$$n = \frac{1}{i}\left(\frac{x_n}{x_0} - 1\right) = \frac{1}{0.035}\left(\frac{2000}{1300} - 1\right) \approx 15.38.$$

Da dies keine ganze Zahl ist, beträgt der Kontostand erstmalig nach 16 Jahren mindestens 2000 Euro.

7. Ein Konto mit einem Ausgangskontostand von $x_0 = 1300$ Euro werde mit einem festen Zinssatz von $i = 3.5\%$ mit Zinseszins verzinst. Nach wie viel Jahren beträgt der Kontostand erstmals mindestens 2000 Euro? Aus $x_n = x_0(1+i)^n$ folgt

$$n = \frac{\ln(\frac{x_n}{x_0})}{\ln(1+i)} = \frac{\ln(\frac{2000}{1300})}{\ln(1+0.035)} \approx 12.52.$$

Da dies keine ganze Zahl ist, beträgt der Kontostand erstmalig nach 13 Jahren mindestens 2000 Euro.

8. Ein Unternehmen verzeichnete im Jahr 1995 einen Gewinn von 1.4 Millionen Euro. Bei linearem Gewinnzuwachs stieg der Gewinn bis zum Jahr 2010 auf $2\,910\,500$ Euro an. Für die arithmetische Folge der Gewinne $(G_n)_{n\geq 0}$ gilt $G_0 = 1.4 \cdot 10^6$ und $G_{15} = 2.9105 \cdot 10^6$ und somit für den von 1995 bis 2010 verzeichneten Gesamtgewinn

$$s_{15} = \frac{15+1}{2}(G_{15} + G_0) = 34\,484\,000.$$

9. Ein Unternehmen verzeichnete im Jahr 1995 einen Gewinn von 1.4 millionen Euro. Der Gewinn stieg jährlich um einen festen prozentualen Satz bis auf $2\,910\,500$ Euro im Jahr 2010 an. Es ergibt sich für den Prozentsatz

$$i = \sqrt[15]{\frac{G_{15}}{G_0}} - 1 = \sqrt[15]{\frac{2.9105 \cdot 10^6}{1.4 \cdot 10^6}} - 1 \approx 5.00\%$$

und somit für den von 1995 bis 2010 verzeichneten Gesamtgewinn

$$s_{15} = G_0 \frac{q^{15+1} - 1}{q-1} = 1.4 \cdot 10^6 \frac{1.05^{16} - 1}{1.05 - 1} \approx 33\,120\,488.47$$

10. Hier geht es um das Konzept der ewigen Rente. Versetzen wir uns mit der Zeit an den Beginn des kommenden Jahres. Dann hat die in n Jahren gezahlte Pacht von 250 Euro heute den Wert $P_n = 250 \cdot \frac{1}{q^n}$ mit $q = 1+i = 1.02$. Die Summe aller zukünftigen Pachten hat heute dann den Wert

$$s = P_0 + P_1 + P_2 + \cdots = \sum_{n=0}^{\infty} P_n$$

$$= \sum_{n=0}^{\infty} 250 \cdot \left(\frac{1}{q}\right)^n = 250 \cdot \frac{1}{1 - \frac{1}{q}} = 250 \cdot \frac{q}{i} = 12\,750.$$

Aufgaben 3.2

Einige Lösungen zu den Aufgaben ab Seite 59.

1. Sei f an der Stelle x differenzierbar. Der Differenzenquotient

$$\frac{f(x + \Delta x) - f(x)}{\Delta x}$$

⊗ gibt die Steigung einer Sekante an.
⊗ nähert die Steigung der Tangente an.

2. Eine Funktion f heißt differenzierbar an der Stelle x, wenn
   ⊗ die Sekantensteigungen gegen den gleichen Wert streben, wann immer Δx gegen 0 strebt.
   ⊗ die Sekanten sich für Δx gegen 0 immer ein und derselben Geraden annähern.

3. Der Differenzenquotient der Funktion $f(x) = x^2 + 10$ an der Stelle x ist

$$\frac{f(x + \Delta x) - f(x)}{\Delta x} = \frac{((x + \Delta x)^2 + 10) - (x^2 + 10)}{\Delta x}$$

$$= \frac{x^2 + 2x\Delta x + \Delta x^2 - x^2}{\Delta x}$$

$$= \frac{\Delta x(2x + \Delta x)}{\Delta x} = 2x + \Delta x.$$

Und somit erhalten wir für die Ableitungsfunktion $f'(x) = 2x$.

4. Der Differenzenquotienten der Funktion $f(x) = -3x^2$ an der Stelle x ist

$$\frac{f(x + \Delta x) - f(x)}{\Delta x} = \frac{-3(x + \Delta x)^2 - (-3x^2)}{\Delta x}$$

$$= -3 \cdot \frac{x^2 + 2x\Delta x + \Delta x^2 - x^2}{\Delta x}$$

$$= -3 \cdot \frac{\Delta x(2x + \Delta x)}{\Delta x} = -3 \cdot (2x + \Delta x).$$

Und somit erhalten wir für die Ableitungsfunktion $f'(x) = -3 \cdot 2x = -6x$.

6. Der Differenzenquotient der Briefportofunktion an der Stelle $x = 10$ ist für genügend kleine Werte von $\Delta x \neq 0$:

$$\frac{f(x + \Delta x) - f(x)}{\Delta x} = \frac{f(10 + \Delta x) - f(10)}{\Delta x} = \frac{0.70 - 0.70}{\Delta x} = 0.$$

7. Der Differenzenquotient der Briefportofunktion an der Stelle $x = 20$ ist für genügend kleine Werte von $\Delta x < 0$:

$$\frac{f(x + \Delta x) - f(x)}{\Delta x} = \frac{f(20 + \Delta x) - f(20)}{\Delta x} = \frac{0.70 - 0.70}{\Delta x} = 0$$

und für genügend kleine Werte von $\Delta x > 0$:

$$\frac{f(x + \Delta x) - f(x)}{\Delta x} = \frac{f(20 + \Delta x) - f(20)}{\Delta x} = \frac{0.85 - 0.70}{\Delta x} = \frac{0.15}{\Delta x}.$$

Der letzte Differenzenquotient strebt also gegen $+\infty$, wenn Δx gegen Null strebt. Die Portofunktion ist an der Stelle $x = 20$ nicht differenzierbar.

Aufgaben 3.4

Einige Lösungen zu den Aufgaben ab Seite 63.

1. Die Ableitung der Funktion $f(x) = x^2 \cdot g(x)$ ist
   $\otimes$ $f'(x) = 2x \cdot g(x) + x^2 \cdot g'(x)$.
2. Die Ableitung der Funktion $f(x) = \frac{g(x)}{x^2}$ ist
   $\otimes$ $f'(x) = \frac{g'(x) \cdot x^2 - g(x) \cdot 2x}{x^4}$.
3. Die Ableitung der Funktion $f(x) = (\frac{1}{2}g(x))^2$ ist
   $\otimes$ $f'(x) = \frac{1}{2}g(x)g'(x)$.
4. Die jeweils erste Ableitung lautet:
   a) $f'(x) = 12x^3 - 6x^2$
   b) $g'(x) = 5x^{\frac{1}{4}} + 4x^{-\frac{1}{3}} - 5$
   c) $h'(y) = y\,e^{5y}(8 + 20y) + 3$
   d) $k'(p) = p^{-4}(3\ln(cp) - 1)$
   e) $z'(x) = \sin x + x \cdot \cos(x)$
   f) $r'(\alpha) = \cos^2(\alpha) - \sin^2(\alpha)$
5. Die jeweils erste Ableitung lautet:
   a)
   $$f'(x) = -\frac{12a}{7x^4}$$
   b)
   $$x'(p) = \frac{4p(2 - p)}{7\,e^p}$$
   c)
   $$K'(x) = \frac{21x(2c - 21x^5)}{(7x^5 + c)^2}$$
   d)
   $$\varepsilon'(x) = \frac{147x\,e^r(2 - x) + 42x}{(7\,e^x + 1)^2}$$
6. Die jeweils erste Ableitung lautet:
   a) $f'(x) = 3(x^5 - 6x^2)^2(5x^4 - 12x)$
   b) $g'(x) = \frac{1}{2}(x^3 + 5x)^{-\frac{1}{2}}(3x^2 + 5)$
   c) $h'(y) = 3\alpha\cos(\alpha y)e^{\sin(\alpha y)}$
   d) $k'(r) = (2\ln r + 2)\,e^{2r\ln r}$
7. Mittels $f'(x) = nx^{n-1}$ und der Regel für die Ableitung der Umkehrfunktion erhalten wir
   $$g'(y) = \frac{1}{n(\sqrt[n]{y})^{n-1}} = \frac{1}{n(\sqrt[n]{y^{n-1}})}$$

8. Betrachten Sie die Funktion $f(x) = 2x^5 - 4x^4 + 6x^3 - 2x^2 + 5x - 16$.
   Bestimmen Sie $f'(2)$. Ist dieser Wert ungleich Null, so existiert offenbar
   die Umkehrfunktion g von f in einer Umgebung von $x = 2$. Wie groß ist
   die Ableitung $g'(y)$ für $y = f(2)$?
   Es ist $f'(x) = 10x^4 - 16x^3 + 12x^2 - 4x + 5$ und $f'(2) = 77$ und somit

$$g'(y) = \frac{1}{f'(2)} = \frac{1}{77}.$$

9. a)

$$f'(x) = f(x) \cdot \left(2 \cdot \frac{3x^2 - 5}{x^3 - 5x} - \frac{1}{3} \cdot \frac{20x^4 + 3}{4x^5 + 3x} - 5 \cdot \frac{8x}{2x^4 + 15} \right)$$

   b) $g'(x) = x^{2x^2 + 1} \cdot \left(4x \ln x + \frac{2x^2 + 1}{x} \right)$

   c) $h(x) = a(2b + x)^{3x + 16c} \cdot \left(3 \ln(a(2b + x)) + \frac{3x + 16c}{(2b + x)} \right)$

Aufgaben 3.5

Einige Lösungen zu den Aufgaben ab Seite 67.

1. Der Funktionswert $f(x_0 + \Delta x)$ lässt sich für kleine Werte von Δx annähern
   durch:
   $\otimes$ $f(x_0) + \Delta x \cdot f'(x_0)$,
2. Betrachten Sie die Funktion $f : \mathbb{R} \to \mathbb{R}$ gegeben durch $f(x) = 4x^{\frac{3}{2}} + 2x + 10$
   an der Stelle $x_0 = 16$.
   a) Die Tangentengleichung lautet:

$$y = f(x_0) + f'(x_0)(x - x_0) = 298 + (x - 16) \cdot 26$$

   b) f ändert sich näherungsweise um den Wert 26.
   c) Die relative Änderung beträgt näherungsweise $\frac{26}{298} \approx 8.7\%$.
4. Gegeben sei die Kostenfunktion $K(x) = 50\sqrt{x} + 625$. Die Grenzkostenfunktion lautet $K'(x) = \frac{50}{2\sqrt{x}}$ und somit gilt für die Grenzkosten an der
   Stelle $x_0 = 144$: $K'(x_0) = \frac{25}{12} \approx 2.08$.
5. Gegeben sei die Kostenfunktion $K(x) = 30\frac{x^2 + 2x + 10}{x} + 200$. Es gilt $K'(x) =$
   $30 - \frac{10}{x^2}$ und folglich $K'(20) = 29.975$. Aus $K'(x) = 27$ folgt $\frac{10}{x^2} = 3$ und
   somit $x = \pm\sqrt{\frac{10}{3}}$ mit der einzigen positiven Lösung $x = +\sqrt{\frac{10}{3}} \approx 1.83$.
6. Gegeben sei die Gewinnfunktion $G(x) = -x^2 + 100x - 1600$. Es ist
   $G'(x) = -2x + 100$ und somit $G'(40) = 20$, $G'(50) = 0$ und $G'(60) = -20$.
   Beim Produktionsniveau von x_0 führt eine Erhöhung des Niveaus zu einer
   näherungsweisen Zunahme des Gewinns von 20 Geldeinheiten pro Stück.
   Entsprechend führt beim Produktionsniveau von x_2 eine Erhöhung des

Niveaus zu einer näherungsweisen Abnahme des Gewinns von 20 Geldeinheiten pro Stück. Beim Produktionsniveau x_1 liegt offenbar ein lokales Gewinnmaximum vor.

Ein Grenzgewinn $G'(x) = 10$ liegt bei $2x = 90$ also bei $x = 45$ vor.

Aufgaben 3.7

Einige Lösungen zu den Aufgaben ab Seite 73.

1. Angenommen es gelte $f''(x_0) < 0$ an einer Stelle x_0. Dann gilt:
   $\otimes$ Die Funktion f' fällt monoton bei x_0.
   $\otimes$ Die Tangentensteigungen von f nehmen bei x_0 mit zunehmendem x-Wert ab.
2. Für die Existenz eines lokalen Maximums an der Stelle x_0
   $\otimes$ ist $f'(x_0) = 0$ eine notwendige Bedingung.
   $\otimes$ ist $f'(x_0) = 0$ und $f''(x_0) < 0$ eine hinreichende Bedingung.
3. Der Umkehrschluss der Aussage "Wenn es geregnet hat, dann ist die Straße nass." lautet
   $\otimes$ "Wenn die Straße nicht nass ist, dann hat es auch nicht geregnet."
4. Der Umkehrschluß der Aussage "Wer regelmäßig an den Tutorien teilnimmt und sich dort auch rege beteiligt, der besteht die Klausur." lautet
   $\otimes$ "Wer die Klausur nicht bestanden hat, der hat nicht regelmäßig an den Tutorien teilgenommen oder sich an diesen nicht rege beteiligt."
5. Diskutieren Sie die Funktion $f : \mathbb{R} \to \mathbb{R}$ gegeben durch

$$f(x) = x^4 - 8x^2 + 16.$$

   $\triangleright$ Wegen $f(-x) = (-x)^4 - 8(-x)^2 + 16 = x^4 - 8x^2 + 16 = f(x)$ ist f spiegelsymmetrisch zur y-Achse.
   $\triangleright$ Aus $f(x) = 0$ folgt mit $y = x^2$:

$$x^4 - 8x^2 + 16 = y^2 - 8y + 16 = 0$$

   mit der alleinigen Lösung $y = 4$. Es folgt also für die Nullstellen $x = \pm 2$.
   $\triangleright$ Aus der notwendigen Bedingung $f'(x) = 0$ ergeben sich mittels $f'(x) = 4x^3 - 16x = x(4x^2 - 16)$ die Kandidaten $x = 0$ und $x = \pm 2$. Zum Test der hinreichenden Bedingung berechnen wir $f''(x) = 12x^2 - 16$ und stellen $f''(0) = -16 < 0$ und $f''(\pm 2) = 32 > 0$ fest. Entsprechend liegt bei $x = 0$ ein lokales Maximum mit dem Wert $f(0) = 16$ und an den beiden Nullstellen $x = \pm 2$ jeweils ein lokales Minimum vor.
   $\triangleright$ Aus der notwendigen Bedingung $f''(x) = 0$ erhalten wir die Kandidaten $x = \pm\sqrt{\frac{4}{3}}$. Mit $f'''(x) = 24x$ gilt für den Test der hinreichenden Bedingung $f'''(-\sqrt{\frac{4}{3}}) < 0$ und $f(+\sqrt{\frac{4}{3}}) > 0$. Also liegt bei $x = -\sqrt{\frac{4}{3}}$ eine konvex-konkave und bei $x = +\sqrt{\frac{4}{3}}$ eine konkav-konvexe Wendestelle vor.

▷ Für $x \to \pm\infty$ nimmt die Funktion - wegen der größten Potenz x^4 mit positivem Koeffizienten und gerader Potenz - beliebig große positive Funktionswerte an und nähert sich den Ästen der Funktion x^4 an.

▷ Wegen der Spiegelsymmetrie berechnen wir nur Funktionswerte für $x \geq 0$.

x	$f(x)$
0	16
0.5	14.0625
1	9
1.5	3.0625
2	0
2.5	5.0625
3	25

▷ Die Skizze der Funktion f ist in Abbildung 11.6 zu sehen.

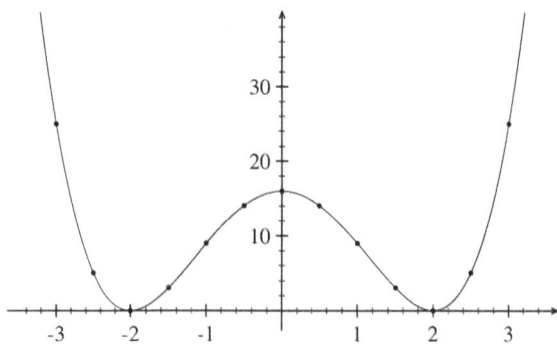

Abb. 11.6. Skizze der Funktion f.

▷ Der Wertebereich von f erstreckt sich über das Intervall $W = [0, \infty)$.

7. Gegeben sei die Funktion $h : \mathbb{R} \to \mathbb{R}$ durch $h(x) = \mathrm{e}^x - x - 1$.

a) Es ist $h'(x) = \mathrm{e}^x - 1$ mit der Nullstelle $x = 0$. Da $h''(x) = \mathrm{e}^x$ und folglich $h''(0) = 1 > 0$ gilt, liegt an der Stelle $x = 0$ ein lokales Minimum vor.

b) Für $x < 0$ ist $h'(x) < 0$ und folglich ist h im Intervall $(-\infty, 0]$ streng monoton fallend. Für $x > 0$ ist $h'(x) > 0$ und folglich ist h im Intervall $[0, \infty)$ streng monoton steigend.

c) Da $h''(x) = \mathrm{e}^x > 0$ für alle x gilt, ist h auf den gesamten reellen Zahlen konvex.

8. Betrachten Sie die Kostenfunktion $K(x) = 2x^3 - 30x^2 + 180x + 200$ auf dem Definitionsbereich $D = [0, 10]$.

a) Die Grenzkostenfunktion $K'(x) = 6x^2 - 60x + 180 = 6(x-5)^2 + 30$ ist offenbar eine nach oben geöffnete Parabel mit Scheitelpunkt oberhalb der x-Achse und besitzt demnach keine Nullstellen. Folglich existieren keine lokalen Extremstellen.

b) Da nach vorheriger Betrachtung $K'(x) > 0$ für alle $x \in D$ gilt, ist K auf ganz D streng monoton steigend.

c) Es ist $K''(x) = 12x - 60$ mit der Nullstelle $x = 5$ als Kandidat für eine Wendestelle. Da $K'''(x) = 12 > 0$ insbesondere für $x = 5$ gilt, liegt an der Stelle $x = 5$ eine konkav-konvexe Wendestelle vor.

d) Da K auf D streng monoton steigend ist, werden die maximalen Kosten am rechten Rand des Definitionsbereichs angenommen. Sie betragen $K(10) = 1000$.

e) $K_f = K(0) = 200$ und $K_v(x) = K(x) - K_f = 2x^3 - 30x^2 + 180x$.

f) Es gilt demnach für die variablen Stückkosten $k_v(x) = 2x^2 - 30x + 180$ und folglich $k_v'(x) = 4x - 30$ mit der Nullstelle $x = 7.5$. Da $k_v''(x) = 4 > 0$ insbesondere für $x = 7.5$, liegt an der Stelle $x = 7.5$ das Betriebsminimum in Höhe von $k_v(7.5) = 67.5$ vor.

9. Für die Kostenfunktion dritten Grades $K(x) = \frac{1}{3}x^3 + ax^2 + bx + c$ ist $K'(x) = x^2 + 2ax + b$ eine nach oben geöffnete Parabel mit potentiellen Nullstellen $x = -a \pm \sqrt{a^2 - b}$. Für $a^2 \leq b$ gilt also $K'(x) \geq 0$ und $K'(x) > 0$ für alle $x \neq -a$. Folglich ist K streng monoton steigend, falls die Bedingung $a^2 \leq b$ erfüllt ist.

10. Es sei die Kostenfunktion $K(x) = \frac{1}{3}x^3 - 6x^2 + 40x + 100$ gegeben. Der Stückpreis eines produzierten Gutes betrage $p = 29$.

a)
$$G = E(x) - K(x) = 29x - \left(\frac{1}{3}x^3 - 6x^2 + 40x + 100\right)$$
$$= -\frac{1}{3}x^3 + 6x^2 - 11x - 100.$$

b) Es ist $G'(x) = -x^2 + 12x - 11$ mit Nullstellen $x = 6 \pm 5$. Mittels $G''(x) = -2x + 12$ ergibt sich $G''(1) = 10 > 0$ und $G''(11) = -10 < 0$. Das Gewinnmaximum liegt also bei $x = 11$ vor und beträgt $G(11) = \frac{184}{3} \approx 61.33$.

c) Es gilt
$$K'(x) = x^2 - 12x + 40,$$
$$K''(x) = 2x - 12 \text{ und}$$
$$K'''(x) = 2.$$

Folglich liegen die minimalen Grenzkosten bei $x = 6$ vor und haben den Wert $K'(6) = 4$.

11. Gegeben sind die Kostenfunktion $K(x) = 200 + 5x + \ln(2x)$ und die Preisabsatzfunktion $p(x) = 125 - 3x + \frac{\ln(2x)}{x}$. Für die Gewinnfunktion ergibt sich

$$G(x) = E(x) - K(x)$$
$$= \left(125 - 3x + \frac{\ln(2x)}{x}\right)x - (200 + 5x + \ln(2x))$$
$$= 125x - 3x^2 - 200 - 5x$$
$$= -3x^2 + 120x - 200.$$

Somit ist $G'(x) = -6x + 120$ und $G''(x) = -6$. Der maximale Gewinn liegt demnach bei $x = 20$ und beträgt $G(20) = 1000$. Ferner ist $g(x) = -3x + 120 - \frac{200}{x}$ mit $g'(x) = -3 + \frac{200}{x^2}$ und $g''(x) = -\frac{400}{x^3}$. Der maximale Durchschnittsgewinn liegt also bei $x = +\sqrt{\frac{200}{3}}$ und beträgt $g(+\sqrt{\frac{200}{3}}) \approx 71.01$. Ein deutlich höherer Wert im Vergleich zum Durchschnittsgewinn von $g(20) = 50$ beim Gewinnmaximum.

12. Das Taylorpolynom vom Grad 6 an der Stelle $x = 0$ für die Funktion $f(x) = \cos(x)$ lautet

$$1 - \frac{x^2}{2!} + \frac{x^4}{4!} - \frac{x^6}{6!}.$$

Aufgaben 3.9

Einige Lösungen zu den Aufgaben ab Seite 80.

1. Angenommen es gelte für die Elastizität einer Nachfragefunktion $\varepsilon_x(80) = -0.3$. Dann sinkt die Nachfrage näherungsweise
   $\otimes$ um 0.3%, wenn der Preis von 80 um ein Prozent erhöht wird.

2. Angenommen es gelte für die Elastizität einer Nachfragefunktion $3\varepsilon_x(100) = -1.1$. Dann sinkt die Nachfrage näherungsweise
   $\otimes$ um 1.1%, wenn der Preis von 100 um 3% erhöht wird.

3. Angenommen es gelte für die Elastizität einer Kostenfunktion $2\varepsilon_K(145) = -2$. Dann ist die Kostenfunktion bei einem Produktionsniveau von $x = 145$
   $\otimes$ proportional elastisch.

4. a)
$$\varepsilon_f(x) = \varepsilon_{20x^2}(x) = \varepsilon_{x^2}(x) = 2x \cdot \frac{x}{x^2} = 2.$$

b)
$$\varepsilon_g(x) = \varepsilon_{-13\sin x}(x) = \varepsilon_{\sin x}(x) = \cos x \cdot \frac{x}{\sin x} = \frac{x}{\tan x}.$$

c)
$$\varepsilon_h(x) = \varepsilon_{35x^2\sin x}(x) = \varepsilon_{x^2\sin x}(x) = \varepsilon_{x^2}(x) + \varepsilon_{\sin x}(x) = 2 + \frac{x}{\tan x}.$$

d)

$$\varepsilon_j(x) = \varepsilon_{35\frac{x^2}{\sin x}}(x) = \varepsilon_{\frac{x^2}{\sin x}}(x) = \varepsilon_{x^2}(x) - \varepsilon_{\sin x}(x) = 2 - \frac{x}{\tan x}.$$

e)

$$\varepsilon_k(x) = \varepsilon_{x \cdot e^x}(x) = \varepsilon_x(x) + \varepsilon_{e^x}(x) = 1 + e^x \cdot \frac{x}{e^x} = 1 + x.$$

f)

$$\varepsilon_l(x) = \varepsilon_{35\frac{x^2}{\sin x} + x \cdot e^x}(x) = \frac{\varepsilon_{35\frac{x^2}{\sin x}}(x) \cdot (35\frac{x^2}{\sin x}) + \varepsilon_{x \cdot e^x}(x) \cdot x \cdot e^x}{35\frac{x^2}{\sin x} + x \cdot e^x}$$

$$= \frac{(2 - \frac{x}{\tan x}) \cdot (35\frac{x^2}{\sin x}) + (1 + x) \cdot x \cdot e^x}{35\frac{x^2}{\sin x} + x \cdot e^x}$$

5. Die Elastizitätsfunktion der Funktion $f : \mathbb{R} \to \mathbb{R}$ gegeben durch $f(x) = 4x^{\frac{3}{2}} + 2x + 10$ lautet

$$\varepsilon_f(x) = \frac{3x^{\frac{3}{2}} + 2x}{2x^{\frac{3}{2}} + x + 5}.$$

Bei $x_0 = 16$ hat die Elastizität den Wert $\frac{208}{405} \approx 0.51$. Demnach ist f bei $x_0 = 16$ unelastisch.

7. Gegeben sei die Preisfunktion $p(x)$ mit der Funktionsvorschrift

$$p(x) = \frac{200 - 4x}{20 + x}.$$

Zunächst bestimmen wir die Absatz-Preis-Funktion $x(p)$, also die Umkehrfunktion von $p(x)$:

$$x(p) = \frac{200 - 20p}{4 + p}.$$

a) Es folgt für die Elastizitätsfunktionen:

$$\varepsilon_p(x) = \varepsilon_{200-4x}(x) - \varepsilon_{20+x}(x) = \frac{-4x}{200 - 4x} - \frac{x}{20 + x} \quad \text{und}$$

$$\varepsilon_x(p) = \varepsilon_{200-20p}(p) - \varepsilon_{4+p}(p) = \frac{-20p}{200 - 20p} - \frac{p}{4 + p}.$$

b) Da $-2 \cdot \varepsilon_x(6) = 4.2$ gilt, steigt die Nachfrage näherungsweise um 4.2%, wenn bei einem Ausgangspreis von $p_0 = 6$ der Preis um 2 Prozent gesenkt wird.

c) Zu lösen ist die Gleichung $2\varepsilon_x(p) = -1$:

$$\varepsilon_x(p) = \frac{-14p}{(10 - p)(4 + p)} = -\frac{1}{2}.$$

Diese quadratische Gleichung hat die Lösungen $p = -11 \pm \sqrt{161}$ mit der einzig positiven Lösung $p \approx 1.69$.

Aufgaben 4.3

Einige Lösungen zu den Aufgaben ab Seite 94.

1. Der Mittelwert einer stetigen Funktion $f : [0, 1] \rightarrow \mathbb{R}$ kann bestimmt werden mit Hilfe
   - ⊗ der Flächeninhalte von Säulendiagrammen und durch zunehmende Verfeinerung.
   - ⊗ des Integrals $\int_0^1 f(t)dt$.

2. Sei $f : [a, b] \rightarrow [0, \infty)$. Das Integral $\int_a^b f(t)dt$ entspricht
   - ⊗ dem Flächeninhalt zwischen Abszisse und Funktionsgraph auf dem Intervall $[a, b]$.
   - ⊗ dem Grenzwert von Riemann-Summen $\sum_{i=0}^{n-1} f(x_i)\Delta(x_i)$, wobei $\max \Delta(x_i)$ beliebig klein wird.

3. Sei $f : [a, b] \rightarrow \mathbb{R}$ und F eine Stammfunktion von f. Das Integral $\int_a^b f(t)dt$ entspricht
   - ⊗ dem Integral $\int_a^b f(x)dx$.
   - ⊗ dem Wert $F(b) - F(a)$.

4. Es sei $g(x) = 3x^2 + 6x - 8$. Dann ist
   - ⊗ G definiert durch $G(x) = x^3 + 3x^2 - 8x$ eine Stammfunktion von g.
   - ⊗ G definiert durch $G(x) = x^3 + 3x^2 - 8x + 85$ eine Stammfunktion von g.
   - ⊗ g eine Stammfunktion der Funktion γ, wobei γ durch $\gamma(x) = 6x + 6$ gegeben ist.

5. Zu den gegebenen Funktionen erhalten wir folgende Stammfunktionen:
   a) $f(x) = -3x^4 + 2x^3 - 8x^2 + \frac{1}{2}x + 5$.

   $$F(x) = -\frac{3}{5}x^5 + \frac{1}{2}x^4 - \frac{8}{3}x^3 + \frac{1}{4}x^2 + 5x$$

   b) $g(x) = 2x^5 - \frac{1}{5}x^3 + 3x^2 + \frac{1}{5}$.

   $$G(x) = \frac{1}{3}x^6 - \frac{1}{20}x^4 + x^3 + \frac{1}{5}x$$

   c) $h(x) = \cos(2x)$.

   $$H(x) = \frac{1}{2}\sin(2x)$$

   d) $e(s) = \sqrt{s+1} = (s+1)^{\frac{1}{2}}$.

   $$E(s) = \frac{2}{3}(s+1)^{\frac{3}{2}}$$

6. Zu den gegebenen Funktionen erhalten wir folgende Stammfunktionen:

a) $f(x) = 3\sin(x) - 2\cos(x) + 5$.

$$F(x) = -3\cos(x) - 2\sin(x) + 5x$$

b) $g(x) = e^{4x+2}$.

$$G(x) = \frac{1}{4}\,e^{4x+2}$$

c) $h(x) = \sqrt[3]{x^5} = x^{\frac{5}{3}}$.

$$H(x) = \frac{3}{8}x^{\frac{8}{3}} = \frac{3}{8}\sqrt[3]{x^8}$$

d) $e(s) = e^s + s \cdot e^s$.

$$E(s) = s \cdot e^s$$

8. Es ergibt sich für die folgenden Integrale:
   a)
   $$\int_1^3 (\frac{1}{3}x^4 - 2x^3 + 3)dx = \left(\frac{1}{15}x^5 - \frac{1}{2}x^4 + 3x\right)\Big|_1^3 = -\frac{268}{15}$$

   b)
   $$\int_{-1}^{+1} (e^x - x + 1)dx = \left(e^x - \frac{1}{2}x^2 + x\right)\Big|_{-1}^{+1} = e - e^{-1} + 2$$

   c)
   $$\int_0^1 \sin(\pi x)dx = \left(-\frac{1}{\pi}\cos(\pi x)\right)\Big|_0^1 = -\frac{1}{\pi}\cos(\pi) - (-\frac{1}{\pi}\cos(0)) = \frac{2}{\pi}$$

   d)
   $$\int_{-\frac{1}{2}}^{+\frac{1}{2}} \sin(\pi x)dx = \left(-\frac{1}{\pi}\cos(\pi x)\right)\Big|_{-\frac{1}{2}}^{+\frac{1}{2}} = -\frac{1}{\pi}\cos(\frac{\pi}{2}) - (-\frac{1}{\pi}\cos(-\frac{\pi}{2})) = 0$$

9. Es ergibt sich für die folgenden Integrale:
   a)
   $$\int_{-2}^{+3} |x|dx = \begin{cases} +\frac{1}{2}x^2, & \text{falls } x \geq 0 \\ -\frac{1}{2}x^2, & \text{falls } x < 0. \end{cases}\Big|_{-2}^{+3} = \frac{1}{2}3^2 - (-\frac{1}{2}(-2)^2) = \frac{13}{2}$$

   b)
   $$\int_0^1 (ax^2 + bx + c)dx = \left(\frac{a}{3}x^3 + \frac{b}{2}x^2 + cx\right)\Big|_0^1 = \frac{a}{3} + \frac{b}{2} + c$$

c)

$$\int_0^a (x^2 + 2x + 1)dx = \left(\frac{1}{3}x^3 + x^2 + x\right)\Big|_0^a = \frac{1}{3}a^3 + a^2 + a$$

d)

$$\int_0^{\frac{\pi}{2}} (2x\sin(x) + x^2\cos(x))dx = x^2\sin(x)\Big|_0^{\frac{\pi}{2}} = \frac{\pi^2}{4}$$

10. Der Mittelwert der Funktion $S : [0, 10] \to \mathbb{R}$ gegeben durch $S(t) = \frac{1}{5}t^3 - \frac{1}{2}t^2 + \frac{1}{5}t + 5$ beträgt

$$\frac{1}{10}\int_0^{10} S(t)dt = \frac{1}{10}\left(\frac{1}{20}t^4 - \frac{1}{6}t^3 + \frac{1}{10}t^2 + 5t\right)\Big|_0^{10}$$

$$= \frac{1}{10}\left(\frac{1}{20}10^4 - \frac{1}{6}10^3 + \frac{1}{10}10^2 + 50\right) = \frac{118}{3}.$$

Aufgaben 4.5

Einige Lösungen zu den Aufgaben ab Seite 98.

1. Partielle Integration bietet sich an, wenn die zu integrierende Funktion
   ⊗ ein Produkt zweier Funktionen ist, wobei für einen der Faktoren eine Stammfunktion bekannt ist.
2. Welche der folgenden Formeln geben die Regel der partiellen Integration korrekt wieder?

   ⊗ $\int u'(x)v(x)dx = u(x) \cdot v(x) - \int u(x)v'(x)dx$.

   ⊗ $\int u(x)v'(x)dx = u(x) \cdot v(x) - \int u'(x)v(x)dx$.

3. Bei Anwendung der Substitutionsregel für eine zu integrierende Funktion $f(x)$
   ⊗ ersetzen wir typischerweise einen komplizierten Ausdruck in x durch eine neue Variable t.
   ⊗ müssen wir das Intervall über welches integriert wird, anpassen.
4. Mit Hilfe der partiellen Integration erhält man zu den gegebenen Funktionen folgende Stammfunktionen:
   a) $f(x) = x \cdot \cos(x)$.

$$F(x) = x \cdot \sin(x) - \int \sin(x)dx = x \cdot \sin(x) + \cos(x) + c$$

b) $g(x) = \sin(x)\cos(x)$. Zunächst gilt:

$$\int \sin(x)\cos(x)dx = \sin^2(x) - \int \cos(x)\sin(x)dx$$

und somit ist

$$G(x) = \frac{1}{2}\sin^2(x)$$

eine Stammfunktion von g.

c) $h(x) = \ln(x)$. Dem Tipp $h(x) = 1 \cdot \ln(x)$ folgend erhalten wir zunächst:

$$\int 1 \cdot \ln(x)dx = x\ln(x) - \int x \cdot \frac{1}{x}dx = x\ln(x) - \int 1dx$$

und somit ist

$$H(x) = x\ln(x) - x = x(\ln(x) - 1)$$

eine Stammfunktion von h.

5. Mit Hilfe der partiellen Integration ergeben sich die folgenden Integrale:

a)

$$\int_{-1}^{+1} x \cdot e^x \, dx = x \cdot e^x \Big|_{-1}^{+1} - \int_{-1}^{+1} e^x \, dx = x \cdot e^x \Big|_{-1}^{+1} - e^x \Big|_{-1}^{+1}$$

$$= e^1 - (-e^{-1}) - (e^1 - e^{-1}) = 2e^{-1} = \frac{2}{e}$$

b)

$$\int_{-1}^{+1} x^2 \cdot e^x \, dx = x^2 \cdot e^x \Big|_{-1}^{+1} - \int_{-1}^{+1} 2x \cdot e^x \, dx$$

$$= x^2 \cdot e^x \Big|_{-1}^{+1} - 2\int_{-1}^{+1} x \cdot e^x \, dx$$

$$= e - e^{-1} - 4e^{-1} = e - 5e^{-1} = e - \frac{5}{e}$$

c)

$$\int_0^\pi \sin^2(x)dx = \sin(x)(-\cos(x))\Big|_0^\pi - \int_0^\pi \cos(x)(-\cos(x))dx$$

$$= -\sin(x)\cos(x)\Big|_0^\pi + \int_0^\pi \cos^2(x)dx$$

$$= -\sin(x)\cos(x)\Big|_0^\pi + \int_0^\pi (1 - \sin^2(x))dx,$$

wobei wir die Identität $\sin^2(x)+\cos^2(x) = 1$ (siehe Seite 20) verwendet haben. Es folgt also

$$2\int_0^\pi \sin^2(x)dx = -\sin(x)\cos(x)\Big|_0^\pi + \int_0^\pi 1dx$$

und somit

$$\int_0^\pi \sin^2(x)dx = \frac{1}{2}(-\sin(x)\cos(x) + x)\Big|_0^\pi = \frac{\pi}{2}.$$

6. a) $\int_0^2 e^{\sqrt{x}}\,dx$. Wir setzen $t = \sqrt{x}$. Damit erhalten wir die Integrationsgrenzen $t = \sqrt{0} = 0$ und $t = \sqrt{2}$ und die Funktion $\varphi(t) = x = t^2$. Dann ist $\varphi'(t) = 2t$ und mit Hilfe der Substitutionsregel ergibt sich

$$\int_0^2 e^{\sqrt{x}}\,dx = \int_0^{\sqrt{2}} e^t \cdot 2t\,dt = 2\int_0^{\sqrt{2}} t\cdot e^t\,dt$$

und dank Aufgabe 5a)

$$\int_0^2 e^{\sqrt{x}}\,dx = 2\int_0^{\sqrt{2}} t\cdot e^t\,dt = 2e^t(t-1)\Big|_0^{\sqrt{2}}$$
$$= 2e^{\sqrt{2}}(\sqrt{2}-1) - 2e^0(0-1)$$
$$= 2e^{\sqrt{2}}(\sqrt{2}-1) + 2.$$

b) $\int_1^5 x^2(2x-1)^{\frac{3}{2}}dx$. Wir setzen $t = (2x-1)^{\frac{3}{2}}$ und erhalten damit die Integrationsgrenzen $t = (2\cdot 1-1)^{\frac{3}{2}} = 1$ und $t = (2\cdot 5-1)^{\frac{3}{2}} = 27$, sowie die Funktion $\varphi(t) = x = \frac{1}{2}t^{\frac{2}{3}} + \frac{1}{2}$. Dann ist $\varphi'(t) = \frac{1}{3}t^{-\frac{1}{3}}$ und mit Hilfe der Substitutionsregel ergibt sich

$$\int_1^5 x^2(2x-1)^{\frac{3}{2}}dx = \int_1^{27} (\frac{1}{2}t^{\frac{2}{3}} + \frac{1}{2})^2 \cdot t \cdot \frac{1}{3}t^{-\frac{1}{3}}dt$$
$$= \int_1^{27} \frac{1}{4}(t^{\frac{4}{3}} + 2t^{\frac{2}{3}} + 1)\cdot \frac{1}{3}t^{\frac{2}{3}}dt$$
$$= \frac{1}{12}\int_1^{27} t^2 + 2t^{\frac{4}{3}} + t^{\frac{2}{3}}dt$$
$$= \frac{1}{12}\left(\frac{1}{3}t^3 + 2\frac{3}{7}t^{\frac{7}{3}} + \frac{3}{5}t^{\frac{5}{3}}\right)\Big|_1^{27} \approx 714.965.$$

c) $\int_0^{\frac{\pi}{2}} \cos(5x)\sin^6(5x)dx$. In diesem Fall probieren wir es mit $t = \sin(5x)$. Zunächst erhalten wir die Integrationsgrenzen $t = \sin(0) = 0$ und $t = \sin(+\frac{5\pi}{2}) = +1$. Das Umformen von $t = \sin(5x)$ nach x involviert die Arkussinus-Funktion, welche wir aber gerne umgehen wollen.

Stattdessen nutzen wir unser Wissen über die Ableitung der Umkehr-funktion wie auf Seite 61 beschrieben um $\varphi'(t)$ zu bestimmen. Wir zeigen hier eine direkte Variante, die auf diesem Wissen basiert. Wir fassen t als Funktion von x auf – diese ist also die Umkehrfunktion von $\varphi(t)$ – und bestimmen die Ableitung nach x:

$$\frac{dt}{dx} = 5\cos(5x),$$

woraus wir $\cos(5x)dx = \frac{1}{5}dt$ erhalten und somit nach Anwendung der Substitutionsregel

$$\int_0^{\frac{\pi}{2}} \cos(5x)\sin^6(5x)dx = \int_0^{+1} t^6 \frac{1}{5}dt = \frac{1}{35}t^7 \Big|_0^{+1} = \frac{1}{35}.$$

7. a) $f(x) = \frac{x^3}{(x^2-1)^3}$. Wir setzen $t = x^2 - 1$ und erhalten $\varphi(t) = x = \sqrt{t+1}$ mit

$$\varphi'(t) = \frac{1}{2\sqrt{t+1}}.$$

Für $f(\varphi(t))\varphi'(t)$ ergibt sich somit

$$f(\varphi(t))\varphi'(t) = \frac{(\sqrt{t+1})^3}{t^3} \cdot \frac{1}{2\sqrt{t+1}} = \frac{t+1}{2t^3} = \frac{1}{2t^2} + \frac{1}{2t^3}$$

mit Stammfunktion

$$F(t) = -\frac{1}{2t} - \frac{1}{4t^2} = \frac{-2t-1}{4t^2}.$$

Substituieren wir $t = \varphi^{-1}(x) = x^2 - 1$ zurück in $F(t)$, so erhalten wir für f die Stammfunktion

$$F(\varphi^{-1}(x)) = \frac{-2x^2 + 2 - 1}{4(x^2-1)^2} = \frac{-2x^2+1}{4(x^2-1)^2}.$$

b) $g(x) = x\,e^{x^2+5}$. Wir setzen $t = x^2 + 5$ und erhalten $\varphi(t) = x = \sqrt{t-5}$ mit

$$\varphi'(t) = \frac{1}{2\sqrt{t-5}}.$$

Für $g(\varphi(t))\varphi'(t)$ ergibt sich somit

$$g(\varphi(t))\varphi'(t) = \sqrt{t-5} \cdot e^t \cdot \frac{1}{2\sqrt{t-5}} = \frac{1}{2}e^t$$

mit Stammfunktion

$$G(t) = \frac{1}{2} e^t .$$

Substituieren wir $t = \varphi^{-1}(x) = x^2 + 5$ zurück in $G(t)$, so erhalten wir für g die Stammfunktion

$$G(\varphi^{-1}(x)) = \frac{1}{2} e^{x^2+5} .$$

c) $h(x) = \frac{\ln(x)}{x^2}$. Wir setzen $t = \ln(x)$ und erhalten $\varphi(t) = x = e^t$ mit $\varphi'(t) = e^t$. Für $h(\varphi(t))\varphi'(t)$ ergibt sich somit

$$h(\varphi(t))\varphi'(t) = \frac{t}{e^{2t}} \cdot e^t = t\, e^{-t} .$$

Für eine Stammfunktion wenden wir partielle Integration an und erhalten

$$H(t) = -t\, e^{-t} - \int (-e^{-t})dt = -\frac{t+1}{e^t} + c.$$

Setzen wir $c = 0$ und substituieren $t = \varphi^{-1}(x) = \ln(x)$ zurück in $H(t)$, so erhalten wir für h die Stammfunktion

$$H(\varphi^{-1}(x)) = -\frac{\ln(x) + 1}{x} .$$

8. Angenommen die Grenzkostenfunktion einer Lederproduktionsfirma sei $K'(x) = \frac{1}{4}x^3 + \frac{20}{x+1}$ und die Fixkosten betragen $K_f = 3500$ Euro. Offenbar ist die Kostenfunktion K eine Stammfunktion der Grenzkostenfunktion. Somit gilt

$$K(x) = \frac{1}{16}x^4 + 20\ln(x+1) + c.$$

Mit $3500 = K_f = K(0) = c$ erhalten wir die Kostenfunktion

$$K(x) = \frac{1}{16}x^4 + 20\ln(x+1) + 3500.$$

Aufgaben 4.7

Einige Lösungen zu den Aufgaben ab Seite 106.

1. Sei L eine Lorenzkurve für die Marktanteile von Lebensmitteldiscountern. Der Wert $L(x)$ gibt wieder
   ⊗ wie groß der Marktanteil der p Prozent der marktschwächsten Discounter ist, wobei $p = 100x$.

2. Sei L eine Lorenzkurve für die Marktanteile von Lebensmitteldiscountern. Die Konzentration am Markt (also die Ungleichverteilung der Marktanteile) ist besonders groß,

    ⊗ wenn die Fläche zwischen der Diagonalen und der Lorenzkurve besonders groß ist.

3. Angenommen die vermögensreichsten 5% der Bevölkerung haben einen Anteil von 95% am Gesamtvermögen. Dann hat der (einfache) Gini-Koeffizient einen Wert

    ⊗ nahe bei 1.

    ⊗ von mindestens 0.9.

4. Nachdem wir die Werte $e_1 = 0.0006, e_2 = 0.0008, \ldots, e_7 = 0.9450$ geordnet haben, berechnen wir die kumulierten Werte $e_1 + \cdots + e_i$ für $i = 1, \ldots, n$ und deren Gesamtsumme V wie in Tabelle 11.1 gezeigt. Es ergibt sich

e_i	kumulierte Werte
0.0006	0.0006
0.0008	0.0014
0.0012	0.0026
0.0012	0.0038
0.0097	0.0135
0.0415	0.0550
0.9450	1.0000
1.0000	$V = 1.0769$

Tabelle 11.1. Kumulierte Marktanteile und deren Summe V.

die Lorenzkurve wie in Abbildung 11.7 gezeigt. Schließlich ergibt sich für

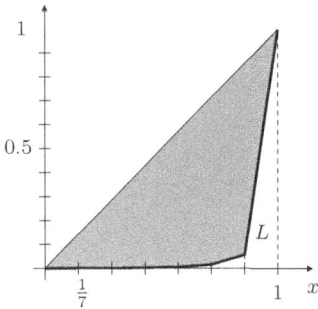

Abb. 11.7. Die Lorenzkurve für den Suchmaschinenmarkt.

den (normierten) Gini-Koeffizienten

$$G^* = \frac{n - 2v + 1}{n - 1} = \frac{7 - 2 \cdot 1.0769 + 1}{7 - 1} \approx 0.9744.$$

Aufgaben 5.2

Einige Lösungen zu den Aufgaben ab Seite 112.

1. Welche der folgenden Funktionen sind linear?
   ⊗ $f(x_1, x_2, x_3) = \sin(5)x_1 - 2x_3 + 3x_1 - 7x_2 + 8x_3$,
   ⊗ $h(x_1, x_2, x_3) = -6(x_1 - x_3) + \pi x_2 + 256x_3$,
   ⊗ $E(u, v) = -(2u - 3)^2 + 6v + 4u^2 + 9$,
   ⊗ $G(x_1, x_2, x_3) = 16(x_1 - 2x_2)$,

2. Wir definieren die Variable x_1 für die Anzahl der Modelle Corona und x_2 für die Anzahl der Modelle Solar. Das gesuchte Gleichungssystem lautet:

$$20x_1 + 12x_2 = 580$$
$$3x_1 + 5x_2 = 135.$$

3. Wir definieren die Variable x_1 für die Anzahl der Packungen Minigrippal und x_2 für die Anzahl der Packungen Maxigrippal. Das gesuchte Gleichungssystem lautet:

$$1.8x_1 + 2x_2 = 2800$$
$$0.24x_1 + 0.3x_2 = 390.$$

4. Wir definieren die Variable x_1 für die Anzahl der in Deutschland abgesetzten Dynamos vom Typ Standard und x_2 für die Anzahl der in Deutschland abgesetzten Dynamos vom Typ Deluxe. Wir definieren die Variable x_3 für die Anzahl der in Dänemark abgesetzten Dynamos vom Typ Standard und x_4 für die Anzahl der in Dänemark abgesetzten Dynamos vom Typ Deluxe. Das gesuchte Gleichungssystem lautet:

$$
\begin{array}{rrrrr}
+129x_1 & +149x_2 & & & = 81400 \\
& & +1000x_3 & +1150x_4 & = 157500 \\
+x_1 & & +x_3 & & = 500 \\
& +x_2 & & +x_4 & = 250
\end{array}
$$

Aufgaben 5.4

Einige Lösungen zu den Aufgaben ab Seite 119.

1. Eine 7×4-Matrix A
   ⊗ hat 7 Zeilen und 4 Spalten.

⊗ kann in der Form

$$A = [a_{ij}]_{\substack{i=1,\ldots,7 \\ j=1,\ldots,4}}$$

notiert werden.

2. Die Transponierte $(E^n)^T$ der $n \times n$-Einheitsmatrix E^n ergibt
⊗ die Matrix E^n.

3. Die erweiterte Koeffizientenmatrix des linearen Gleichungssystem des Bäckerlehrlings von Seite 110 lautet:

$$\begin{bmatrix} 0.5 & 0.2 & 0.25 & 39 \\ 0.4 & 0.2 & 0 & 24 \\ 0 & 0.4 & 0.5 & 28 \end{bmatrix}$$

6. Die 3×3–Matrix A gegeben durch $a_{ij} = i + j$ lautet:

$$\begin{bmatrix} 2 & 3 & 4 \\ 3 & 4 & 5 \\ 4 & 5 & 6 \end{bmatrix}$$

Da $a_{ij} = a_{ji}$ gilt, ist die Matrix symmetrisch.

9.

$$\begin{bmatrix} 1 & 1 & 1 & 1 \\ 0 & 1 & 1 & 1 \\ 0 & 0 & 1 & 1 \\ 0 & 0 & 0 & 1 \end{bmatrix}$$

10.

a) $\begin{bmatrix} -1 \\ 6 \\ 2 \end{bmatrix}$ b) $\begin{bmatrix} 10 \\ -3 \\ 1 \end{bmatrix}$ c) $\begin{bmatrix} 6 \\ -1 \\ -1 \end{bmatrix}$ d) $\begin{bmatrix} 18 \\ -2 \\ -10 \end{bmatrix}$

11. Es ist

$$3A + (-1)B^T = \begin{bmatrix} 5 & -3 & -7 \\ -14 & -2 & 14 \end{bmatrix} \text{ und } 3A^T + (-1)B = \begin{bmatrix} 5 & -14 \\ -3 & -2 \\ -7 & 14 \end{bmatrix}$$

Es gilt $(3A + (-1)B^T)^T = 3A^T + (-1)B$.

Aufgaben 5.6

Einige Lösungen zu den Aufgaben ab Seite 126.

1. Das Matrixprodukt $a \cdot b$ zweier Vektoren a und b ist definiert, falls
⊗ a ein $1 \times n$-Zeilenvektor und b ein $n \times 1$-Spaltenvektor ist.

⊗ a ein $n \times 1$-Spaltenvektor und b ein $1 \times n$-Zeilenvektor ist.

2. Es seien $x = [1, 2, -3]$ und $y = [-2, 5, 4]$. Das Produkt $x^T \cdot y$ ist

   ⊗ eine 3×3-Matrix,

3. Bei der Rohstoff-Zwischenprodukt-Matrix M_{RZ} indiziert man

   ⊗ die Zeilen mit den Rohstoffen und die Spalten mit den Zwischenprodukten.

   Und bei der Zwischenprodukt-Endprodukt-Matrix M_{ZE} indiziert man

   ⊗ die Zeilen mit den Zwischenprodukten und die Spalten mit den Endprodukten.

4. a) Der Verflechtungsgraph ist in Abbildung 11.8 dargestellt.

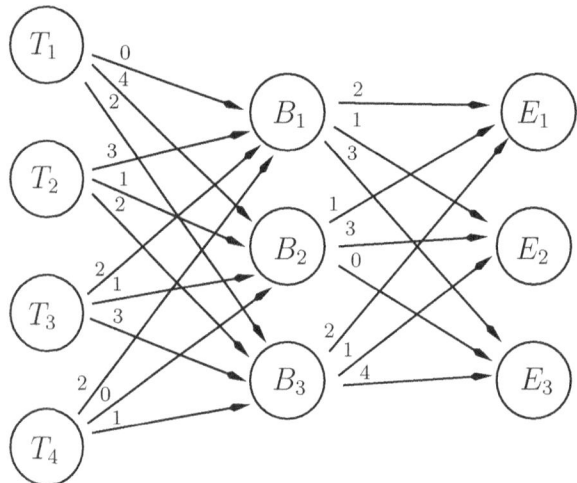

Abb. 11.8. Verflechtungsgraph.

b) Die gegebenen Matrizen sind:

$$M_{TB} = \begin{bmatrix} 0 & 4 & 2 \\ 3 & 1 & 2 \\ 2 & 1 & 3 \\ 2 & 0 & 1 \end{bmatrix} \quad \text{und} \quad M_{BE} = \begin{bmatrix} 2 & 1 & 3 \\ 1 & 3 & 0 \\ 2 & 1 & 4 \end{bmatrix}$$

und folglich ergibt sich für die Teile-Endprodukt-Matrix

$$M_{TE} = M_{TB} \cdot M_{BE} = \begin{bmatrix} 8 & 14 & 8 \\ 11 & 8 & 17 \\ 11 & 8 & 18 \\ 6 & 3 & 10 \end{bmatrix}.$$

Mit dem gegebenen Vektor $x_E = [30, 120, 80]^T$ ergibt sich

$$x_T = M_{TE} \cdot x_E = \begin{bmatrix} 2560 \\ 2650 \\ 2730 \\ 1340 \end{bmatrix}.$$

c) Sei x_B der Vektor der zu verarbeitenden Baugruppen. Dann gilt $x_B = M_{BE} \cdot x_E$ und $x_T = M_{TB} \cdot x_B$. Insgesamt gibt nun der Vektor $\hat{x}_B = 1.2 \cdot x_B$ die Anzahl der benötigten Baugruppen an. Es folgt für den Vektor $\hat{x}_T$ der die Gesamtzahl der benötigten Ausgangsteile beschreibt:

$$\hat{x}_T = M_{TB} \cdot \hat{x}_B = M_{TB} \cdot (1.2 \cdot x_B) = 1.2 \cdot (M_{TB} \cdot x_B)$$

$$= 1.2 \cdot x_T = \begin{bmatrix} 3072 \\ 3180 \\ 3276 \\ 1608 \end{bmatrix}.$$

6. Es sei $a = [2, -3, 5]^T$. Es gilt
   a) $a^T \cdot e_1 = 2$,
   b) $a^T \cdot e_3 = 5$,
   c) $(e_1)^T \cdot a = 2$,
   d) $(e_2)^T \cdot a = -3$.
   Multiplikation mit e_i von rechts bzw. mit e_i^T von links gibt den i-ten Eintrag des Vektors a.

7. Seien $a = [2, -3, 5]^T$ und $b = [4, 2, -1]^T$. Dann gilt
   a) $a^T \cdot b = -3$,
   b) $a^T \cdot s^3 = 4$,
   c) $(s^3)^T \cdot a = 4$.

8. Seien $a = [2, -3, 5]^T$ und $b = [4, 2, -1]^T$. Dann ist
   a)

$$a \cdot b^T = \begin{bmatrix} 8 & 4 & -2 \\ -12 & -6 & 3 \\ 20 & 10 & -5 \end{bmatrix}$$

   b)

$$a \cdot (e_2)^T = \begin{bmatrix} 0 & 2 & 0 \\ 0 & -3 & 0 \\ 0 & 5 & 0 \end{bmatrix}$$

   c)

$$a \cdot (s^3)^T = \begin{bmatrix} 2 & 2 & 2 \\ -3 & -3 & -3 \\ 5 & 5 & 5 \end{bmatrix}$$

d)

$$s^3 \cdot b^T = \begin{bmatrix} 4 & 2 & -1 \\ 4 & 2 & -1 \\ 4 & 2 & -1 \end{bmatrix}$$

9. a)

$$AB = \begin{bmatrix} c & b & a \\ f & e & d \\ i & h & g \end{bmatrix} \quad \text{und} \quad BA = \begin{bmatrix} g & h & i \\ d & e & f \\ a & b & c \end{bmatrix}.$$

Wird A von rechts mit B multipliziert, so bewirkt dies ein Vertauschen der Spalten von A. Wird A hingegen von links mit B multipliziert, so bewirkt dies ein Vertauschen der Zeilen von A.

b) Aus der Gleichung $AB = BA$ ergeben sich die Gleichungen:

$$a = i, b = h, c = g \text{ und } d = f.$$

c) Für $a = 1$ und $b = c = d = e = f = g = h = i = 0$ ergibt sich

$$AB = \begin{bmatrix} 0 & 0 & 1 \\ 0 & 0 & 0 \\ 0 & 0 & 0 \end{bmatrix} \quad \text{und} \quad BA = \begin{bmatrix} 0 & 0 & 0 \\ 0 & 0 & 0 \\ 1 & 0 & 0 \end{bmatrix}.$$

d) Für $a = i = 1$ und $b = c = d = e = f = g = h = 0$ ergibt sich

$$AB = \begin{bmatrix} 0 & 0 & 1 \\ 0 & 0 & 0 \\ 1 & 0 & 0 \end{bmatrix} \quad \text{und} \quad BA = \begin{bmatrix} 0 & 0 & 1 \\ 0 & 0 & 0 \\ 1 & 0 & 0 \end{bmatrix}.$$

10. Gegeben seien die Matrizen

$$A = \begin{bmatrix} -2 & 3 & 4 \\ 2 & 3 & -8 \end{bmatrix}, B = \begin{bmatrix} 1 & 0 & -3 \\ 5 & -7 & -9 \end{bmatrix}, C = \begin{bmatrix} 0 & -4 & 2 \\ 6 & 8 & -2 \end{bmatrix}, D = \begin{bmatrix} 10 & 4 & 9 \\ 3 & -2 & 0 \end{bmatrix}.$$

a)

$$A + B = \begin{bmatrix} -1 & 3 & 1 \\ 7 & -4 & -17 \end{bmatrix}$$

b)

$$3 \cdot A + (-2) \cdot B = \begin{bmatrix} -8 & 9 & 18 \\ -4 & 23 & -6 \end{bmatrix}$$

c)

$$AB^T = \begin{bmatrix} -14 & -67 \\ 26 & 61 \end{bmatrix}$$

d) AB ist nicht definiert, da die Anzahl der Spalten von A nicht mit der Anzahl der Zeilen von B übereinstimmt.

e) $(s^2)^T A = \begin{bmatrix} 0 & 6 & -4 \end{bmatrix}$

f)

$$As^3 = \begin{bmatrix} 5 \\ -3 \end{bmatrix}$$

g) $(e_2^2)^T A = \begin{bmatrix} 2 & 3 & -8 \end{bmatrix}$

h)

$$Ae_3^3 = \begin{bmatrix} 4 \\ -8 \end{bmatrix}$$

i) $AE^3 = A$,

j) $E^2 A = A$.

Multiplikation einer Matrix mit einem Einheitsvektor von rechts filtert eine Spalte heraus. Multipliziert man mit dem transponierten eines Einheitsvektors von links, so filtert man eine Zeile heraus. Analog wird bei der Multiplikation einer Matrix mit dem summierenden Vektor die Summe aller Spalten ($A \cdot s$) bzw. die Summe aller Zeilen ($s^T \cdot A$) gebildet.

11. Es gilt

$$(ABC)^T = C^T B^T A^T = \begin{bmatrix} 35 & 51 \\ -16 & -38 \\ -1 & 94 \end{bmatrix}.$$

Aufgaben 5.7

Einige Lösungen zu den Aufgaben ab Seite 132.

1. Das Produkt $A \cdot e_i$ einer $m \times n$-Matrix A mit dem Einheitsvektor $e_i = e_i^n$ ergibt
   ⊗ die i-te Spalte von A.

2. Das Produkt $(s^m \cdot A) \cdot e_i$ einer $m \times n$-Matrix A mit dem summierenden Vektor s^m und dem Einheitsvektor $e_i = e_i^n$ ergibt
   ⊗ die Summe aller Einträge der i-ten Spalte von A.

3. a) Die Neuverschuldungen der sechs Länder im Jahr 2010: $S \cdot e_2^3$ oder kurz $S \cdot e_2$.
   b) Die Neuverschuldung Italiens in den einzelnen drei Jahren: $(e_3^6)^T \cdot S$ oder kurz $(e_3)^T \cdot S$.
   c) Die Gesamtneuverschuldungssumme Italiens über die drei Jahre: $((e_3^6)^T \cdot S) \cdot s^3$ oder kurz $((e_3)^T \cdot S) \cdot s$.
   d) Die durchschnittliche Gesamtneuverschuldung Italiens über diese drei Jahre: $\frac{1}{3}((e_3^6)^T \cdot S) \cdot s^3$ oder kurz $\frac{1}{3}((e_3)^T \cdot S) \cdot s$.

e) Die Gesamtneuverschuldung aller sechs Länder über alle drei Jahre hinweg: $((s^6)^T \cdot S) \cdot s^3$ oder kurz $(s^T \cdot S) \cdot s$.

4.

$$A = \begin{bmatrix} 6 & 8 \\ 4 & 5 \end{bmatrix}, \quad b = \begin{bmatrix} 20 \\ 14 \end{bmatrix} \text{ und } [A \mid b] = \begin{bmatrix} 6 & 8 & \big| & 20 \\ 4 & 5 & \big| & 14 \end{bmatrix}.$$

6.

$$\mathbb{L} = \begin{bmatrix} -\frac{3}{2} \\ 2 \\ -3 \\ \frac{2}{3} \end{bmatrix}$$

7.

$$\mathbb{L} = \begin{bmatrix} -\frac{3}{2} \\ 2 \\ -3 \\ \frac{2}{3} \end{bmatrix}$$

8.

$$\mathbb{L} = \begin{bmatrix} -\frac{3}{2} \\ 2 \\ -3 \\ \frac{2}{3} \end{bmatrix}$$

Aufgaben 6.3

Einige Lösungen zu den Aufgaben ab Seite 140.

1. Bestimmen Sie für die folgenden Matrizen, ob sie in Zeilenstufenform oder normierter Zeilenstufenform sind oder keine der beiden Eigenschaften besitzen.

a) $\begin{bmatrix} 0 & 1 & 0 & -2 & 0 & 9 \\ 0 & 0 & 1 & 6 & 0 & 0 \\ 0 & 0 & 1 & 0 & 0 & -3 \\ 0 & 0 & 0 & 0 & 1 & 0 \\ 0 & 0 & 0 & 0 & 0 & 0 \end{bmatrix}$ ⊗ Weder noch.

b) $\begin{bmatrix} 0 & 1 & 0 & 0 & 0 & 0 \\ 0 & 0 & 1 & 0 & -1 & 0 \\ 0 & 0 & 0 & 5 & -8 & 0 \\ 0 & 0 & 0 & 0 & 0 & 1 \\ 0 & 0 & 0 & 0 & 0 & 0 \end{bmatrix}$ ⊗ Zeilenstufenform.

c) $\begin{bmatrix} 1 & 1 & 0 & -2 & 0 & 0 \\ 0 & 0 & 1 & 6 & 0 & 0 \\ 0 & 0 & 0 & 0 & 1 & 0 \\ 0 & 0 & 0 & 0 & 0 & 1 \\ 0 & 0 & 0 & 0 & 0 & 0 \end{bmatrix}$ 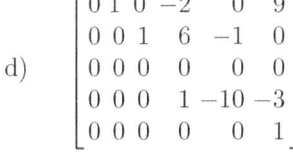 Normierte Zeilenstufenform.

d) $\begin{bmatrix} 0 & 1 & 0 & -2 & 0 & 9 \\ 0 & 0 & 1 & 6 & -1 & 0 \\ 0 & 0 & 0 & 0 & 0 & 0 \\ 0 & 0 & 0 & 1 & -10 & -3 \\ 0 & 0 & 0 & 0 & 0 & 1 \end{bmatrix}$ 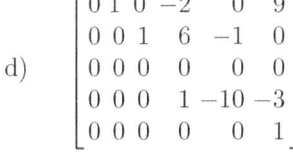 Weder noch.

Aufgaben 6.5

Einige Lösungen zu den Aufgaben ab Seite 144.

1. Das lineare Gleichungssystem gegeben durch die erweiterte Koeffizientenmatrix

$$\left[\begin{array}{ccc|c} 1 & 0 & -4 & 1 \\ 0 & 1 & 2 & 2 \\ 0 & 0 & 0 & 3 \end{array}\right]$$ hat   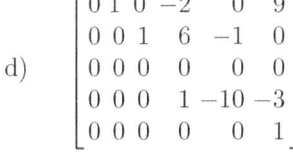 keine Lösung.

2. Das lineare Gleichungssystem gegeben durch die erweiterte Koeffizientenmatrix

$$\left[\begin{array}{ccc|c} 1 & 3 & 0 & 1 \\ 0 & 0 & 1 & 2 \\ 0 & 0 & 0 & 0 \end{array}\right]$$ hat   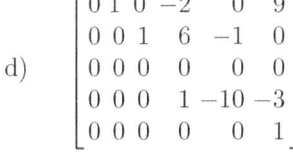 unendlich viele Lösungen.

3. Das lineare Gleichungssystem gegeben durch die erweiterte Koeffizientenmatrix

$$\left[\begin{array}{cccc|c} 1 & 0 & 0 & 0 & 7 \\ 0 & 1 & 0 & 0 & -2 \\ 0 & 0 & 1 & 0 & 3 \\ 0 & 0 & 0 & 1 & -6 \\ 0 & 0 & 0 & 0 & 0 \\ 0 & 0 & 0 & 0 & 0 \end{array}\right]$$ hat   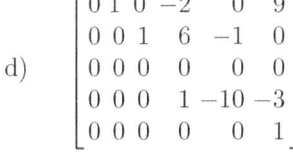 genau eine Lösung.

4. a) $\mathbb{L} = \emptyset = \{\}$.
   b) $\mathbb{L} = \{[2 \; -7 \; 6]^T\}$.
5. a) $\mathbb{L} = \emptyset$.
   b)

$$\mathbb{L} = \left\{ \begin{bmatrix} 4 - x_2 + 2x_4 - x_6 \\ x_2 \\ 2 - 6x_4 + 2x_6 \\ x_4 \\ 7 - 3x_6 \\ x_6 \end{bmatrix} : x_2, x_4, x_6 \in \mathbb{R} \right\}$$

6. a)

$$\mathbb{L} = \left\{ \begin{bmatrix} x_1 \\ 6 - \pi x_4 - 5x_6 \\ 3 + 2x_4 - 3x_6 \\ x_4 \\ 2 + 2x_6 \\ x_6 \end{bmatrix} : x_1, x_4, x_6 \in \mathbb{R} \right\}$$

b) $\mathbb{L} = \left\{ \begin{bmatrix} 4 & 3 & 1 & -2 \end{bmatrix}^T \right\}$.

Aufgaben 6.7

Einige Lösungen zu den Aufgaben ab Seite 148.

1. Bei der Anwendung der ersten Phase des Gauß-Jordan-Algorithmus auf die folgende erweiterte Koeffizientenmatrix wird als nächstes

$$\begin{bmatrix} 1 & 5 & 15 & -38 \\ 0 & -1 & -4 & 14 \\ 3 & 9 & 2 & -15 \end{bmatrix}$$

⊗ das (-3)-fache der ersten Zeile zur dritten Zeile addiert.

2. Bei der Anwendung der ersten Phase des Gauß-Jordan-Algorithmus auf die folgende erweiterte Koeffizientenmatrix wird als nächstes

$$\begin{bmatrix} 1 & 5 & 15 & 4 & -38 \\ 0 & 0 & 2 & 3 & 14 \\ 0 & 9 & 2 & -15 & 2 \end{bmatrix}$$

⊗ die zweite mit der dritten Zeile vertauscht.

3.

$$
\begin{bmatrix} 5 & 45 & 125 & -385 \\ -2 & -16 & -44 & 134 \\ 3 & 19 & 52 & -155 \end{bmatrix} \rightarrow \begin{bmatrix} 1 & 9 & 25 & -77 \\ -2 & -16 & -44 & 134 \\ 3 & 19 & 52 & -155 \end{bmatrix} \rightarrow
$$

$$
\begin{bmatrix} 1 & 9 & 25 & -77 \\ 0 & 2 & 6 & -20 \\ 0 & -8 & -23 & 76 \end{bmatrix} \rightarrow \begin{bmatrix} 1 & 9 & 25 & -77 \\ 0 & 1 & 3 & -10 \\ 0 & -8 & -23 & 76 \end{bmatrix} \rightarrow
$$

$$
\begin{bmatrix} 1 & 9 & 25 & -77 \\ 0 & 1 & 3 & -10 \\ 0 & 0 & 1 & -4 \end{bmatrix} \rightarrow \begin{bmatrix} 1 & 9 & 0 & 23 \\ 0 & 1 & 0 & 2 \\ 0 & 0 & 1 & -4 \end{bmatrix} \rightarrow \begin{bmatrix} 1 & 0 & 0 & 5 \\ 0 & 1 & 0 & 2 \\ 0 & 0 & 1 & -4 \end{bmatrix}
$$

4.

$$
\begin{bmatrix} 6 & 30 & 13 \\ -3 & -15 & -\frac{13}{2} \\ 4 & 18 & 8 \\ 6 & 33 & 14 \end{bmatrix} \rightarrow \begin{bmatrix} 1 & 5 & \frac{13}{6} \\ -3 & -15 & -\frac{13}{2} \\ 4 & 18 & 8 \\ 6 & 33 & 14 \end{bmatrix} \rightarrow \begin{bmatrix} 1 & 5 & \frac{13}{6} \\ 0 & 0 & 0 \\ 0 & -2 & -\frac{2}{3} \\ 0 & 3 & 1 \end{bmatrix} \rightarrow
$$

$$
\begin{bmatrix} 1 & 5 & \frac{13}{6} \\ 0 & -2 & -\frac{2}{3} \\ 0 & 0 & 0 \\ 0 & 3 & 1 \end{bmatrix} \rightarrow \begin{bmatrix} 1 & 5 & \frac{13}{6} \\ 0 & 1 & \frac{1}{3} \\ 0 & 0 & 0 \\ 0 & 3 & 1 \end{bmatrix} \rightarrow \begin{bmatrix} 1 & 5 & \frac{13}{6} \\ 0 & 1 & \frac{1}{3} \\ 0 & 0 & 0 \\ 0 & 0 & 0 \end{bmatrix} \rightarrow \begin{bmatrix} 1 & 0 & \frac{1}{2} \\ 0 & 1 & \frac{1}{3} \\ 0 & 0 & 0 \\ 0 & 0 & 0 \end{bmatrix}
$$

5.

$$
\begin{bmatrix} -3 & -9 & 11 & -59 & -373 \\ 8 & 24 & -23 & 132 & 830 \\ -6 & -18 & 33 & -161 & -1025 \end{bmatrix} \rightarrow \begin{bmatrix} 1 & 3 & -\frac{11}{3} & \frac{59}{3} & \frac{373}{3} \\ 8 & 24 & -23 & 132 & 830 \\ -6 & -18 & 33 & -161 & -1025 \end{bmatrix} \rightarrow
$$

$$
\begin{bmatrix} 1 & 3 & -\frac{11}{3} & \frac{59}{3} & \frac{373}{3} \\ 0 & 0 & \frac{19}{3} & -\frac{76}{3} & -\frac{494}{3} \\ 0 & 0 & 11 & -43 & -279 \end{bmatrix} \rightarrow \begin{bmatrix} 1 & 3 & -\frac{11}{3} & \frac{59}{3} & \frac{373}{3} \\ 0 & 0 & 1 & -4 & -26 \\ 0 & 0 & 11 & -43 & -279 \end{bmatrix} \rightarrow
$$

$$
\begin{bmatrix} 1 & 3 & -\frac{11}{3} & \frac{59}{3} & \frac{373}{3} \\ 0 & 0 & 1 & -4 & -26 \\ 0 & 0 & 0 & 1 & 7 \end{bmatrix} \rightarrow \begin{bmatrix} 1 & 3 & -\frac{11}{3} & 0 & -\frac{40}{3} \\ 0 & 0 & 1 & 0 & 2 \\ 0 & 0 & 0 & 1 & 7 \end{bmatrix} \rightarrow \begin{bmatrix} 1 & 3 & 0 & 0 & -6 \\ 0 & 0 & 1 & 0 & 2 \\ 0 & 0 & 0 & 1 & 7 \end{bmatrix}
$$

6.

$$
\begin{bmatrix} \frac{1}{3} & -1 & 2 & \frac{4}{3} \\ -\frac{1}{2} & 0 & \frac{9}{2} & -\frac{13}{2} \\ \frac{1}{8} & \frac{45}{8} & -\frac{117}{4} & 19 \end{bmatrix} \rightarrow \cdots \rightarrow \begin{bmatrix} 1 & 0 & -9 & 0 \\ 0 & 1 & -5 & 0 \\ 0 & 0 & 0 & 1 \end{bmatrix}
$$

7.

$$
\begin{bmatrix} 0 & 1 & 5 & -5 & -16 \\ 1 & 7 & 33 & -29 & -91 \\ 3 & 20 & 94 & -81 & -254 \\ -4 & -5 & -17 & 1 & -4 \end{bmatrix} \rightarrow \cdots \rightarrow \begin{bmatrix} 1 & 0 & -2 & 0 & 3 \\ 0 & 1 & 5 & 0 & -1 \\ 0 & 0 & 0 & 1 & 3 \\ 0 & 0 & 0 & 0 & 0 \end{bmatrix}
$$

8.

$$\begin{bmatrix} \frac{1}{2} & \frac{1}{5} & \frac{1}{4} & 39 \\ \frac{2}{5} & \frac{1}{5} & 0 & 24 \\ 0 & \frac{2}{5} & \frac{1}{2} & 28 \end{bmatrix} \rightarrow \cdots \rightarrow \begin{bmatrix} 1 & 0 & 0 & 50 \\ 0 & 1 & 0 & 20 \\ 0 & 0 & 1 & 40 \end{bmatrix}$$

Die Lösungsmenge lautet also $\mathbb{L} = \{ [50\ 20\ 40]^T \}$.

9.

$$\begin{bmatrix} 0 & 1 & -2 & 13 \\ -6 & 1 & -70 & 113 \\ 4 & 4 & 41 & -22 \\ 2 & -2 & 28 & -62 \end{bmatrix} \rightarrow \cdots \rightarrow \begin{bmatrix} 1 & 0 & 0 & 6 \\ 0 & 1 & 0 & 9 \\ 0 & 0 & 1 & -2 \\ 0 & 0 & 0 & 0 \end{bmatrix}$$

Die Lösungsmenge ist also $\mathbb{L} = \{ [6\ 9\ -2]^T \}$.

10.

$$\begin{bmatrix} 4 & -6 & 40 & -6 \\ 40 & -60 & 405 & -61 \\ -6 & 9 & -75 & 12 \end{bmatrix} \rightarrow \cdots \rightarrow \begin{bmatrix} 1 & -\frac{3}{2} & 0 & \frac{1}{2} \\ 0 & 0 & 1 & -\frac{1}{5} \\ 0 & 0 & 0 & 0 \end{bmatrix}$$

Die Lösungsmenge ist demnach

$$\mathbb{L} = \left\{ \begin{bmatrix} \frac{1}{2} + \frac{3}{2}x_2 \\ x_2 \\ -\frac{1}{5} \end{bmatrix} : x_2 \in \mathbb{R} \right\}.$$

Aufgaben 6.10

Einige Lösungen zu den Aufgaben ab Seite 154.

1. Die Inverse einer quadratischen Matrix A existiert, falls
   ⊗ die normierte Zeilenstufenform von A die Einheitsmatrix ist.
2. Es sei das LGS $A \cdot x = b$ gegeben, wobei A eine quadratische Matrix ist.
   Das LGS hat genau eine Lösung, falls
   ⊗ A invertierbar ist.
3. Mit Hilfe der Formel von Seite 152 erhalten wir:

$$A^{-1} = \frac{1}{3 \cdot 4 - 5 \cdot 2} \begin{bmatrix} 4 & -5 \\ -2 & 3 \end{bmatrix} = \begin{bmatrix} 2 & -\frac{5}{2} \\ -1 & \frac{3}{2} \end{bmatrix}.$$

Mit Hilfe des Gauß-Jordan-Algorithmus erhalten wir:

$$\begin{bmatrix} 3 & 5 & 1 & 0 \\ 2 & 4 & 0 & 1 \end{bmatrix} \rightarrow \begin{bmatrix} 1 & \frac{5}{3} & \frac{1}{3} & 0 \\ 2 & 4 & 0 & 1 \end{bmatrix} \rightarrow \begin{bmatrix} 1 & \frac{5}{3} & \frac{1}{3} & 0 \\ 0 & \frac{2}{3} & -\frac{2}{3} & 1 \end{bmatrix} \rightarrow \begin{bmatrix} 1 & \frac{5}{3} & \frac{1}{3} & 0 \\ 0 & 1 & -1 & \frac{3}{2} \end{bmatrix} \rightarrow \begin{bmatrix} 1 & 0 & 2 & \frac{5}{2} \\ 0 & 1 & -1 & \frac{3}{2} \end{bmatrix}.$$

5. Die Inverse der Matrix $C = \begin{bmatrix} -6 & 2 \\ 24 & -8 \end{bmatrix}$ existiert nicht:

$$\left[\begin{array}{cc|cc} -6 & 2 & 1 & 0 \\ 24 & -8 & 0 & 1 \end{array}\right] \rightarrow \left[\begin{array}{cc|cc} 1 & -\frac{1}{3} & -\frac{1}{6} & 0 \\ 24 & -8 & 0 & 1 \end{array}\right] \rightarrow \left[\begin{array}{cc|cc} 1 & -\frac{1}{3} & -\frac{1}{6} & 0 \\ 0 & 0 & 4 & 1 \end{array}\right].$$

6.

$$\left[\begin{array}{cc|cc} a & b & 1 & 0 \\ c & d & 0 & 1 \end{array}\right] \rightarrow \left[\begin{array}{cc|cc} 1 & \frac{b}{a} & \frac{1}{a} & 0 \\ c & d & 0 & 1 \end{array}\right] \rightarrow \left[\begin{array}{cc|cc} 1 & \frac{b}{a} & \frac{1}{a} & 0 \\ 0 & \frac{ad-bc}{a} & -\frac{c}{a} & 1 \end{array}\right]$$

$$\rightarrow \left[\begin{array}{cc|cc} 1 & \frac{b}{a} & \frac{1}{a} & 0 \\ 0 & 1 & \frac{-c}{ad-bc} & \frac{a}{ad-bc} \end{array}\right] \rightarrow \left[\begin{array}{cc|cc} 1 & 0 & \frac{d}{ad-bc} & \frac{-b}{ad-bc} \\ 0 & 1 & \frac{-c}{ad-bc} & \frac{a}{ad-bc} \end{array}\right].$$

7.

$$\left[\begin{array}{ccc|ccc} 2 & 4 & 14 & 1 & 0 & 0 \\ 0 & 1 & 2 & 0 & 1 & 0 \\ 3 & 6 & 22 & 0 & 0 & 1 \end{array}\right] \rightarrow \left[\begin{array}{ccc|ccc} 1 & 2 & 7 & \frac{1}{2} & 0 & 0 \\ 0 & 1 & 2 & 0 & 1 & 0 \\ 3 & 6 & 22 & 0 & 0 & 1 \end{array}\right] \rightarrow \left[\begin{array}{ccc|ccc} 1 & 2 & 7 & \frac{1}{2} & 0 & 0 \\ 0 & 1 & 2 & 0 & 1 & 0 \\ 0 & 0 & 1 & -\frac{3}{2} & 0 & 1 \end{array}\right] \rightarrow$$

$$\left[\begin{array}{ccc|ccc} 1 & 2 & 0 & 11 & 0 & -7 \\ 0 & 1 & 0 & 3 & 1 & -2 \\ 0 & 0 & 1 & -\frac{3}{2} & 0 & 1 \end{array}\right] \rightarrow \left[\begin{array}{ccc|ccc} 1 & 0 & 0 & 5 & -2 & -3 \\ 0 & 1 & 0 & 3 & 1 & -2 \\ 0 & 0 & 1 & -\frac{3}{2} & 0 & 1 \end{array}\right]$$

8.

$$\left[\begin{array}{ccc|ccc} -2 & -5 & -8 & 1 & 0 & 0 \\ 1 & 3 & 4 & 0 & 1 & 0 \\ 4 & 12 & 17 & 0 & 0 & 1 \end{array}\right] \rightarrow \cdots \rightarrow \left[\begin{array}{ccc|ccc} 1 & 0 & 0 & -3 & 11 & -4 \\ 0 & 1 & 0 & 1 & 2 & 0 \\ 0 & 0 & 1 & 0 & -4 & 1 \end{array}\right]$$

9.

$$N^{-1} = \begin{bmatrix} 5 & \frac{5}{3} & -2 \\ 0 & \frac{1}{3} & 0 \\ 2 & \frac{2}{3} & 1 \end{bmatrix}.$$

10. Die Inverse existiert genau dann, wenn $\alpha \neq 0$:

$$R^{-1} = \begin{bmatrix} 1 & -a & \frac{ac-b}{\alpha} \\ 0 & 1 & -\frac{c}{\alpha} \\ 0 & 0 & \frac{1}{\alpha} \end{bmatrix}.$$

11. Die Inverse von S existiert nicht:

$$\left[\begin{array}{ccc|ccc} 2 & 0 & 1 & 1 & 0 & 0 \\ -6 & 5 & 0 & 0 & 1 & 0 \\ 10 & -10 & -1 & 0 & 0 & 1 \end{array}\right] \rightarrow \cdots \rightarrow \left[\begin{array}{ccc|ccc} 1 & 0 & \frac{1}{2} & \frac{1}{2} & 0 & 0 \\ 0 & 1 & \frac{3}{5} & \frac{3}{5} & \frac{1}{5} & 0 \\ 0 & 0 & 0 & 1 & 2 & 1 \end{array}\right].$$

12.

$$X^{-1} = \frac{1}{4} \begin{bmatrix} 17 & 1 & 9 & -6 \\ 40 & 0 & 44 & -20 \\ 6 & 2 & -6 & 0 \\ -8 & 0 & -8 & 4 \end{bmatrix}.$$

13. Die Inverse existiert genau dann, wenn $\alpha \neq 0$ und $\beta \neq 0$ gilt:

$$Y^{-1} = \begin{bmatrix} 1 & 0 & -\frac{a}{\alpha} & -\frac{b}{\beta} \\ 0 & 1 & -\frac{c}{\alpha} & -\frac{d}{\beta} \\ 0 & 0 & \frac{1}{\alpha} & 0 \\ 0 & 0 & 0 & \frac{1}{\beta} \end{bmatrix}.$$

14. a) $\det A = 2$,
    b) $\det B = -1$,
    c) $\det C = 0$.
15. a) $\det M_{RE} = 2$,
    b) $\det M = -1$,
    c) $\det N = 3$.
16. Es gilt $\det R = \alpha$, und in diesem Licht bestätigt sich die Aussage, dass R invertierbar ist, genau dann, wenn $\alpha \neq 0$ ist.
17. a) $\det S = 0$,
    b) $\det X = -4$.
18. Es gilt $\det Y = \alpha \cdot \beta$, und in diesem Licht bestätigt sich die Aussage, dass Y invertierbar ist, genau dann, wenn $\alpha \neq 0$ und $\beta \neq 0$ gilt.
19.

$$B = E^n \cdot B = (C \cdot A) \cdot B = C \cdot (A \cdot B) = C \cdot E^n = C.$$

Aufgaben 7.1

Einige Lösungen zu den Aufgaben ab Seite 161.

1. Die Funktion $f(x,y) = 5x^{\frac{1}{3}}y^{\frac{2}{3}}$
   ⊗ ist eine Cobb-Douglas-Funktion.
   ⊗ ist homogen vom Grad 1.
2. Eine Höhenlinie der Höhe z_0 einer Funktion $f : \mathbb{R}^2 \to \mathbb{R}$ ist gegeben durch
   ⊗ das Urbild $f^{-1}(z_0)$.
   ⊗ die Menge aller $(x,y) \in \mathbb{R}^2$ für die $f(x,y) = z_0$ gilt.
3. a) Es gilt $D = [0,300] \times [0,500]$ und $W = [245, 4395]$.
   b) Die Gleichung $K(x_1, x_2) = 245 + 3x_1 + 6.5x_2 = z_0$ ergibt Geraden mit den Achsenabschnitten

$$x_1 = \frac{z_0 - 245}{3} \quad \text{und} \quad x_2 = \frac{z_0 - 245}{6.5}.$$

Für $z_0 = 1000$ ergeben sich beispielsweise $x_1 \approx 251.67$ und $x_2 \approx 116.15$. Die Isokostenlinien für $z_0 = 1000, 2000, 3000, 4000$ sind in Abbildung 11.9 abgebildet.

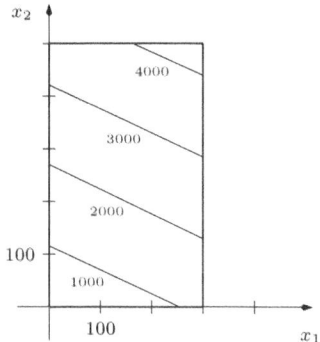

Abb. 11.9. Isokostenlinien der Kostenfunktion K.

4. Für die Funktion f : $[-5, 5] \times [-5, 5] \rightarrow \mathbb{R}$ gegeben durch $f(x, y) = 16 - x^2 - y^2$ gilt:
   a) Der Wertebereich ist $W = [-34, 16]$.
   b) $f(x, y) = 16 - x^2 - y^2 = z_0$ führt auf die Gleichung $x^2 + y^2 = 16 - z_0$. Die Höhenlinie der Höhe z_0 ist also ein Kreis vom Radius $\sqrt{16 - z_0}$ mit dem Ursprung als Mittelpunkt.
   c) Ausgewählte Höhenlinien für $z_0 = -20, -9, 0, 7, 12, 15, 16$ sind in Abbildung 11.10 abgebildet.

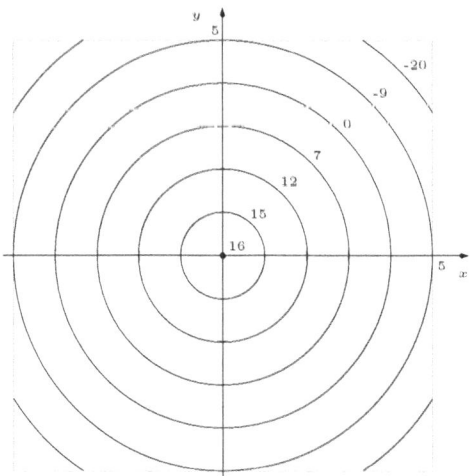

Abb. 11.10. Einige Höhenlinien von f.

d) Eine Skizze der Funktion f findet sich in Abbildung 11.11.

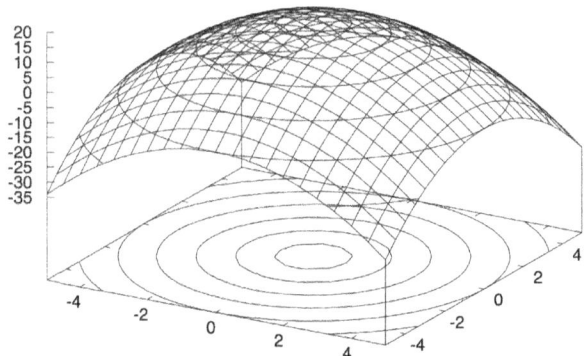

Abb. 11.11. Skizze der Funktion $f(x,y) = 16 - x^2 - y^2$.

5. a) $f(x,y) = x^3 y^3$ ist homogen vom Grad 6.
   b) $f(x,y) = x^3 + y^3$ ist homogen vom Grad 3.
   c) $f(x,y) = x^2 y^3$ ist homogen vom Grad 5.
   d) $f(x,y) = x^2 + y^3$ ist nicht homogen.
   e) $f(x,y) = (x+y)^2 - (x^2 + y^2)$ ist homogen vom Grad 2.
   f) $f(x,y) = -4\frac{x^3}{y^2}$ ist homogen vom Grad 1.
   g) $f(x,y) = 2\frac{xy}{x+y}$ ist homogen vom Grad 1.
   h) $f(x,y) = \alpha \cdot \sqrt[c]{x^a y^b}$ ist homogen vom Grad $\frac{a+b}{c}$.
6. Die Produktionsfunktion $f(r_1, r_2) = 35\sqrt[3]{r_1^2 r_2^5}$ ist homogen vom Grad $\frac{7}{3}$. Wenn beide Produktionsfaktoren um 5% erhöht werden, so ergibt sich wegen $1.05^{\frac{7}{3}} \approx 1.1206$ eine Erhöhung des Produktionsergebnis um 12.06%.

Aufgaben 7.2

Einige Lösungen zu den Aufgaben ab Seite 166.

1. Die partielle Ableitung $f_x(x,y,z)$ der Funktion $f(x,y,z) = x^2 + y^2 + z^2$ ist gleich
   $\otimes$ $2x$.
2. Eine Änderung des Arguments (x,y) um $\Delta x = -0.01$ führt zu einer näherungsweisen Änderung der Funktion f um
   $\otimes$ $-0.01 \cdot f_x(x,y)$.
3. Die partielle Elastizität ε_{f,x_2} der Funktion $f(x_1, x_2) = \pi x_1^{0.3} x_2^{0.7}$ ist die Funktion
   $\otimes$ $\varepsilon_{f,x_2}(x_1, x_2) = 0.7$.

4. Betrachten Sie die Produktionsfunktion $g(p, q, r) = 4p^2 q^{0.5} r^3$. Um wieviel Prozent ändert sich näherungsweise der Funktionswert von g, wenn r um ein halbes Prozent gesteigert wird?
   $\otimes$ Um $+1.5\%$.

5. a)
$$f_x(x, y) = 3x^{-0.5} y^3 - \cos(x) \cos(y)$$
$$f_y(x, y) = 18x^{0.5} y^2 + \sin(x) \sin(y)$$

   b)
$$g_x(x, y, z) = 2xy + z^2$$
$$g_y(x, y, z) = x^2 + a$$
$$g_z(x, y, z) = 2xz$$

   c)
$$h_x(x, y, z) = \frac{2xy + z^2}{3\sqrt[3]{(x^2 y + xz^2 + ay)^2}}$$
$$h_y(x, y, z) = \frac{x^2 + a}{3\sqrt[3]{(x^2 y + xz^2 + ay)^2}}$$
$$h_z(x, y, z) = \frac{2xz}{3\sqrt[3]{(x^2 y + xz^2 + ay)^2}}$$

   d)
$$j_x(x, y, z) = c \cdot e^{x + yz^2}$$
$$j_y(x, y, z) = c \cdot e^{x + yz^2} \cdot z^2$$
$$j_z(x, y, z) = c \cdot e^{x + yz^2} \cdot 2yz$$

   e)
$$k_x(x, y, z) = \frac{e^x \cdot \ln(y) \cdot \cos(\pi z) \cdot (x^2 + y^2 + z^2 - 2x)}{(x^2 + y^2 + z^2)^2}$$
$$k_y(x, y, z) = \frac{e^x \cdot \cos(\pi z) \cdot (\frac{1}{y} \cdot (x^2 + y^2 + z^2) - \ln(y) \cdot 2y)}{(x^2 + y^2 + z^2)^2}$$
$$k_z(x, y, z) = \frac{e^x \cdot \ln(y) \cdot (-\pi \sin(\pi z) \cdot (x^2 + y^2 + z^2) - \cos(\pi z) \cdot 2z)}{(x^2 + y^2 + z^2)^2}$$

6. a)
$$f_{xx}(x, y) = -1.5x^{-1.5} y^3 + \sin(x) \cos(y)$$
$$f_{xy}(x, y) = 9x^{-0.5} y^2 + \cos(x) \sin(y)$$
$$f_{yx}(x, y) = 9x^{-0.5} y^2 + \cos(x) \sin(y)$$
$$f_{yy}(x, y) = 36x^{0.5} y + \sin(x) \cos(y)$$

b)

$$g_{xx}(x, y, z) = 2y$$
$$g_{xxx}(x, y, z) = 0$$
$$g_{xxy}(x, y, z) = 2$$

c)

$$j_{yx}(x, y, z) = c \cdot e^{x+yz^2} \cdot z^2$$
$$j_{yy}(x, y, z) = c \cdot e^{x+yz^2} \cdot z^4$$
$$j_{yz}(x, y, z) = c \cdot e^{x+yz^2} \cdot (z^2 + 2z)$$

d)

$$l_{pqr}(p, q, r) = e^{pqr}(p^2 q^2 r^2 + 3pqr + 1)$$

7.

$$f_x(x, y) = \frac{8\sqrt[2]{y}}{3\sqrt[3]{x^2}} \quad \text{und} \quad f_y(x, y) = \frac{4\sqrt[3]{x}}{\sqrt[2]{y}}$$

$$f_x(1, 1) = \frac{8}{3} \quad \text{und} \quad f_y(1, 1) = 4$$

$$f_x(8, 4) = \frac{4}{3} \quad \text{und} \quad f_y(8, 4) = 4$$

$$f_x(\frac{1}{8}, \frac{1}{4}) = \frac{16}{3} \quad \text{und} \quad f_y(\frac{1}{8}, \frac{1}{4}) = 4$$

8.

$$f_z(x, y, z) = \frac{y}{z} + \frac{\pi}{xyz} - \frac{\pi}{z} \quad \text{und} \quad f_z(\frac{1}{2}, 2, -\frac{1}{5}) = -10$$

9. a)

$$z_p(p, q) = 6 + 4\sqrt{q} + \frac{8}{q} \quad \text{und} \quad z_q(p, q) = 12 + \frac{2p}{\sqrt{q}} - \frac{8}{q^2}$$

b) Die Produktionsfunktion ändert sich näherungsweise um

$$\Delta p \cdot z_p(30, 100) + \Delta q \cdot z_q(30, 100) = 1 \cdot 46.06 + 2.5 \cdot 17.9992 = 91.058.$$

10.

$$K_{p_1}(p_1, p_2) = \frac{4}{3} p_1^{\frac{1}{3}} p_2^{\frac{2}{3}} \quad \text{und} \quad K_{p_2}(p_1, p_2) = \frac{2}{3} p_1^{\frac{4}{3}} p_2^{-\frac{1}{3}}$$

Die Kosten ändern sich näherungsweise um den Wert

$$\Delta p_1 \cdot K_{p_1}(27, 125) + \Delta p_2 \cdot K_{p_2}(27, 125) = 3 \cdot 100 + (-5) \cdot 10.8 = 246.$$

Aufgaben 7.4

Einige Lösungen zu den Aufgaben ab Seite 172.

1. Gegeben sei eine (zwei mal stetig differenzierbare) Funktion f in den Variablen x und y. Zum Vorliegen eines lokalen Extremums an der Stelle (x, y) muss
   ⊗ die notwendige Bedingung $f_x(x, y) = f_y(x, y) = 0$ gelten.
2. Angenommen an der Stelle (x, y) ist die notwendige Bedingung für das Vorliegen einer lokalen Extremstelle erfüllt. Dann liegt ein lokales Maximum vor, falls zusätzlich
   ⊗ die hinreichende Bedingung $f_{xx}(x, y) \cdot f_{yy}(x, y) - f_{xy}(x, y)^2 > 0$ und $f_{xx}(x, y) < 0$ erfüllt ist.
3. Die Funktion $f(x, y) = 3x - 5y + 3$ besitzt
   ⊗ weder lokale Extrem- noch Sattelstellen,
4. Untersuchen Sie die folgenden Funktionen auf lokale Extrem- und Sattelstellen:
   a) Es gilt $f_x(x, y) = -2x + y$ und $f_y(x, y) = x - 2y - 3$. Die notwendige Bedingung $f_x(x, y) = f_y(x, y) = 0$ führt auf das lineare Gleichungssystem

   $$-2x \; +y = 0$$
   $$x \; -2y = 3$$

   mit der Lösung $(x, y) = (-1, -2)$. Mit $f_{xx}(x, y) = -2$, $f_{yy}(x, y) = -2$ und $f_{xy}(x, y) = 1$ folgt für die hinreichende Bedingung

   $$f_{xx}(-1, -2) \cdot f_{yy}(-1, -2) - f_{xy}(-1, -2)^2 = (-2)(-2) - 1^2 = 3 > 0.$$

   Insofern liegt an der Stelle $(-1, -2)$ wegen $f_{xx}(-1, -2) = -2 < 0$ ein lokales Maximum vor. Wegen $f(-1, -2) = 24$ befindet sich das lokale Maximum im Punkt $(-1, -2, 24)$.
   b) g besitzt ein lokales Minimum im Punkt $(-\frac{7}{2}, -2, -6)$.
   c) h besitzt einen Sattel im Punkt $(-10, 7, 10)$.
   d) x besitzt ein lokales Minimum im Punkt $(\frac{1}{2}, 1, -\frac{9}{4})$.
   e) α besitzt einen Sattel im Punkt $(-2, \frac{7}{4}, -\frac{23}{2})$
   f) t besitzt ein lokales Maximum im Punkt $(3, -1, 0)$.
   g) Es gilt $z_x(x, y) = 2x + 6y$ und $z_y(x, y) = 6x + 18y$. Die notwendige Bedingung führt auf das lineare Gleichungssystem

   $$2x \; +6y = 0$$
   $$6x \; +18y = 0$$

   mit den unendlich vielen Lösungen $\{(-3y, y) : y \in \mathbb{R}\}$. Mittels

   $$z_{xx}(-3y, y) \cdot z_{yy}(-3y, y) - z_{xy}(-3y, y)^2 = 2 \cdot 18 - 36 = 0$$

ist an keiner Stelle die hinreichende Bedingung erfüllt. In der Tat gilt entlang der Geraden $x = -3y$:

$$z(-3y, y) = 9y^2 - 18y^2 + 9y^2 + 7 = 7$$

und eine einfache Rechnung zeigt, dass jenseits dieser Geraden die Funktion z Werte echt größer als 7 annimmt:

$$z(-3y + \Delta x, y + \Delta y)$$
$$= (-3y + \Delta x)^2 + 6(-3y + \Delta x)(y + \Delta y) + 9(y + \Delta y)^2 + 7$$
$$= (\Delta x + 3\Delta y)^2 + 7 > 7$$

für alle $(\Delta x, \Delta y) \neq (0, 0)$. Insofern ist jeder Punkt $(-3y, y, 7)$, $y \in \mathbb{R}$ ein lokales Minimum von z.

5. Der maximale Absatz beträgt 150 bei den Preisen $p_1 = 1.8$ und $p_2 = 0.3$.

6. Der maximale Ertrag beträgt $\frac{42494}{35} \approx 1214.11$ für die Produktionsfaktoren $r_1 = \frac{313}{7} \approx 44.71$ und $r_2 = \frac{138}{35} \approx 3.94$.

7. Bestimmen Sie lokale Extrem- und Sattelstellen für die folgenden Funktionen:

a) Zunächst ist $f_x = 12x^2 - 12y$, $f_y = 12y^2 - 12x$, $f_{xx} = 24x$, $f_{yy} = 24y$ und $f_{xy} = -12$. Die notwendige Bedingung führt auf die Gleichungen $x^2 = y$ und $y^2 = x$. Setzt man die erste in die zweite Gleichung ein, so erhält man nach Umformen die Gleichung $x(x^3 - 1) = 0$ mit den eindeutigen Lösungen $x = 0$ und $x = 1$. Mit $y = x^2$ erhalten wir also die Punkte $(0, 0)$ und $(1, 1)$ als mögliche Kandidaten. Nun gilt

$$f_{xx}(0, 0) \cdot f_{yy}(0, 0) - f_{xy}(0, 0)^2 = 0 \cdot 0 - (-12)^2 = -144 < 0$$
$$f_{xx}(1, 1) \cdot f_{yy}(1, 1) - f_{xy}(1, 1)^2 = 24 \cdot 24 - (-12)^2 = 432 > 0$$

und somit haben wir eine Sattelstelle im Punkt $(0, 0, 5)$ und ein lokales Minimum im Punkt $(1, 1, 1)$.

b) Die Funktion g besitzt in den Punkten $(-2, -1, -20)$ und $(2, 1, 40)$ Sattelstellen, im Punkt $(2, 3, 44)$ ein lokales Maximum und im Punkt $(-2, -3, -24)$ ein lokales Minimum.

c) Die Funktion h besitzt im Punkt $(\frac{4}{3}, \frac{1}{6}, 21)$ ein lokales Minimum.

d) Es ist $r_a = (2a - a^2 - b^2)\,\mathrm{e}^{-a}$, $r_b = 2b\,\mathrm{e}^{-a}$, $r_{aa} = (2 - 4a + a^2 + b^2)\mathrm{e}^{-a}$, $r_{bb} = 2\,\mathrm{e}^{-a}$ und $r_{ab} = -2b\,\mathrm{e}^{-a}$. Die notwendige Bedingung führt auf die Kandidaten $(0, 0)$ und $(2, 0)$. Der Test der hinreichenden Bedingung zeigt, dass im Punkt $(0, 0, 0)$ ein lokales Minimum und im Punkt $(2, 0, 4\,\mathrm{e}^{-2})$ ein Sattelpunkt vorliegt.

e) x besitzt ein lokales Minimum im Punkt $(0, 0, 1)$.

f) f besitzt die Sattelpunkte $(2, 0, -48)$ sowie $(-2, 2, 44)$, f besitzt ein lokales Maximum im Punkt $(-2, 0, 48)$ und f besitzt ein lokales Minimum im Punkt $(2, 2, -52)$.

g) Die Funktion g besitzt weder lokale Extrem-, noch Sattelstellen.

8. Betrachten Sie die Funktion

$$f(x,y) = \frac{1}{2}x^2 + axy + \frac{1}{2}by^2 + cx,$$

wobei $a,b,c \in \mathbb{R}$ reelle Zahlen sind.

a) Zunächst gilt $f_x = x + ay + c$, $f_y = ax + by$. Die notwendige Bedingung führt auf das lineare Gleichungssystem $x + ay = -c$ und $ax + by = 0$. Eine hinreichende Bedingung für die Existenz einer Lösung ist das Nichtverschwinden der Determinante der assoziierten erweiterten Koeffizientenmatrix: $b - a^2 \neq 0$. Nun gilt ferner $f_{xx} = 1$, $f_{yy} = b$ und $f_{xy} = a$. Es folgt, dass f für $b > a^2$ ein lokales Minimum aufweist und für $b < a^2$ eine Sattelstelle.

b) Für $a = 1$, $b = 2$ und $c = 0$ besitzt f ein lokales Minimum im Punkt $(0,0,0)$.

c) Für $a = 2$, $b = 1$ und $c = 0$ besitzt f den Sattelpunkt $(0,0,0)$.

Aufgaben 7.6

Einige Lösungen zu den Aufgaben ab Seite 181.

1. Die Lagrangemethode findet Anwendung bei Problemen der Art:
   $\otimes$ Auffinden von lokalen Extremstellen einer Zielfunktion f unter einer Familie $g_j = 0$ von Nebenbedingungen.

2. Nutzt man die Lagrangemethode zum Auffinden einer lokalen Extremstelle der Funktion $f(x_1, \ldots, x_n)$ unter der Nebenbedingung

$$g(x_1, \ldots, x_n) = B - b(x_1, \ldots, x_n),$$

so gibt der Wert von λ näherungsweise an,
   $\otimes$ um wieviel sich f ändert, wenn B um eine Einheit steigt.

3. Finden Sie mögliche lokale Extremstellen der folgenden Funktionen unter den angegebenen Nebenbedingungen mit Hilfe der Lagrangemethode. Verifizieren Sie Ihr Ergebnis – wenn möglich – mit Hilfe einer Variablensubstitution.

   a) f besitzt unter der gegebenen Nebenbedingung ein lokales Minimum im Punkt $(-10, 50, -1000)$. Der Wert des Lagrange-Parameters beträgt $\lambda = -100$.

   b) Die Funktion g besitzt unter der gegebenen Nebenbedingung lokale Minima im Punkt $(-\frac{5}{2}, -\frac{5}{2}, \frac{2225}{24})$ mit $\lambda = -\frac{5}{8}$ und im Punkt $(\frac{3}{2}, \frac{3}{2}, \frac{827}{8})$ mit $\lambda = \frac{3}{8}$. Ferner besitzt g unter der gegebenen Nebenbedingung ein lokales Maximum im Punkt $(0, \frac{15}{4}, \frac{3425}{32})$ mit $\lambda = \frac{15}{16}$.

   c) Die Funktion h hat unter der angegebenen Nebenbedingung ein lokales Maximum an der Stelle $(\sqrt{\frac{5}{7}}, 2\sqrt{\frac{5}{7}}, 3\sqrt{\frac{5}{7}})$ mit $\lambda = \frac{1}{2}\sqrt{\frac{7}{5}}$ und ein lokales Minimum an der Stelle $(-\sqrt{\frac{5}{7}}, -2\sqrt{\frac{5}{7}}, -3\sqrt{\frac{5}{7}})$ mit $\lambda = -\frac{1}{2}\sqrt{\frac{7}{5}}$.

d) Die Funktion x hat unter der angegebenen Nebenbedingung ein lokales Maximum an der Stelle $(-\frac{3}{4}\sqrt{2}, -2\sqrt{2}, -3\sqrt{2})$ mit $\lambda_1 = -\frac{1}{2}\sqrt{2}$ und $\lambda_2 = -\frac{1}{8}\sqrt{2}$ und ein lokales Minimum an der Stelle $(+\frac{3}{4}\sqrt{2}, +2\sqrt{2}, +3\sqrt{2})$ mit $\lambda_1 = +\frac{1}{2}\sqrt{2}$ und $\lambda_2 = +\frac{1}{8}\sqrt{2}$.

4. Analog zur Rechnung von Seite 179 ermitteln wir:

$$r_2 = \left(\frac{101 \cdot 648}{12 \cdot 1600}\right)^{\frac{2}{3}} \approx 2.2650$$

und somit

$$r_1 = \frac{2r_2 p_2}{p_1} \approx \frac{2 \cdot 2.2650 \cdot 800}{648} = 5.5926.$$

Die Kosten betragen in diesem Fall $K(5.5926, 2.2650) \approx 6681.00$ und es ergibt sich für die Differenz zu den minimalen Kosten bei einem Produktionsniveau von $X = 100$: $6681.00 - 6645.00 = 36.00$. In diesem Fall stimmt λ also bis auf zwei Nachkommastellen mit der tatsächlichen Differenz überein.

5. Ein Landwirt erzielt je Saison für die Bewirtschaftung eines Zuckerrübenfeldes einen Ertrag von $x(r_1, r_2) = 250 r_1^{\frac{3}{7}} r_2^{\frac{4}{7}}$ Kilogramm, wobei r_1 und r_2 den Mengen der von ihm eingesetzten Produktionsfaktoren entsprechen. Die Einkaufspreise der Produktionsfaktoren seien pro Einheit $p_1 = 5$ und $p_2 = 8$ Geldeinheiten.

a) Die ertragsmaximale Kombination der Produktionsfaktoren, unter der Annahme, dass ein Budget von 2800 Geldeinheiten zur Verfügung steht, ist $r_1 = 240$ und $r_2 = 200$ mit einem maximalen Ertrag von $x(240, 200) = 54063.58$, also gut 54t Zuckerrüben.

b) Der maximale Ertrag erhöht sich näherungsweise um $\lambda \approx 19.31$kg je Geldeinheit, um die das Budget erhöht wird.

c) Bei einer vertraglichen Verpflichtung von 40.55 Tonnen ist die kostenminimale Kombination der Produktionsfaktoren $r_1 \approx 180$ und $r_2 \approx 150$ bei Kosten von $K(180, 150) = 2100$.

6. Ein Dentallabor hat für die Kronenherstellung zwei verschiedene CNC-Fräsen "Fast" und "Precise" im Einsatz. Der tägliche Output x des Labors ist bei F Betriebsstunden von Fast und P Betriebsstunden von Precise durch die Produktionsfunktion $x(F, P) = 32F + 45P + \frac{1}{2}FP - F^2 - 3P^2$ gegeben. Die stündlichen Betriebskosten der beiden Roboter betragen 15 Geldeinheiten/Stunde für Fast und 20 Geldeinheiten/Stunde für Precise. Es stehen täglich 350 Geldeinheiten für den Betrieb der Roboter zur Verfügung.

a) Die notwendige Bedingung für die Existenz einer lokalen Extremstelle führt auf ein lineares Gleichungssystem mit der erweiterten Koeffizientenmatrix für F, P und λ:

$$\begin{bmatrix} -2 & \frac{1}{2} & -15 & -32 \\ \frac{1}{2} & -6 & -20 & -45 \\ 15 & 20 & 0 & 350 \end{bmatrix}$$

mit der Lösung $F = 14$, $P = 7$ und $\lambda = \frac{1}{2}$. Die maximale Produktionsmenge beträgt $x(F, P) = 469$.

b) Wenn täglich zehn Geldeinheiten weniger zur Verfügung stehen, ändert sich die maximale Produktionsmenge um näherungsweise $(-10) \cdot \lambda = -5$ Einheiten.

Aufgaben 8.1

Einige Lösungen zu den Aufgaben ab Seite 187.

1. Der Bruch $\frac{2x\sin(x)+6x^2}{2x\sin(x)+6x^2-8x}$ kann durch Kürzen vereinfacht werden zu:
   $\otimes$ $\frac{\sin(x)+3x}{\sin(x)+3x-2}$.

2. $\ln(e^3 \cdot e^\pi)$ hat den Wert
   $\otimes$ $3 + \pi$.

3. Ein Konto, welches zu Beginn eines Jahres einen Kontostand von 3275 Euro aufweist, hat bei jährlicher nachschüssiger Verzinsung (also am Ende des Jahres) mit einem Zinssatz von 2% zu Beginn des Folgejahres den Kontostand
   $\otimes$ $1.02 \cdot 3275$ Euro.

4. Es gilt:
$$-e^0 + 6\,e^{-3}\,e^{\frac{5}{2}}\sqrt{\frac{e}{36}} = 0.$$

5. Es gilt:
$$(x + 2y)(y - 3z) + 3x(y + z) - y(2y - 6z) = 4xy.$$

6. Es gilt:
$$\frac{28 \cdot x^2 \cdot 2 \cdot x^4 - 4 \cdot x \cdot 35 \cdot x^5}{49(x^5)^2} = -\frac{12}{7x^4}.$$

7. Es gilt:
$$\frac{7x^3 + 5x^2}{7x^3 + 5x^2 + 2x} = \frac{7x^2 + 5x}{7x^2 + 5x + 2}.$$

8. Es gilt:
$$\frac{r_1^2 \cdot r_2^4 \cdot \frac{p_1}{3\lambda}}{r_1^3 \cdot r_2^3 \cdot \frac{p_2}{4\lambda}} = \frac{4r_2 \cdot p_1}{3r_1 \cdot p_2}.$$

9. Es gilt:

$$\frac{45p^3\sqrt{p^7}}{3\sqrt{p^{13}}} = 15.$$

10. Es gilt:

$$\frac{\pi}{3}\ln\left(2^{\frac{5\pi^2}{\ln(2^\pi)}} \cdot 2^{\frac{3-5\pi}{\ln(2)}}\right) = \pi.$$

11. Es gilt:

$$\cos\left(3(e^{\frac{1}{2}\ln(\pi)})^2\right) = -1.$$

12. Die Aufgabenstellung führt auf die Gleichung $(1+0.19)\cdot x = 175$ für den Preis x vor Steuer und wir erhalten $x = 147.06$ Euro. Also beträgt der Steueranteil $175 - 147.06 = 27.94$ Euro.

13. Die Gleichung $(1 - 0.025)\cdot x = 1413.75$ ergibt den ursprünglichen Rechnungsbetrag von $x = 1450$ Euro.

Probeklausur

Lösungen zu den Aufgaben ab Seite 193.

Aufgabe 1

a) Betrachten Sie die Gerade definiert durch $f(x) = 7x - 2$. Welche der folgenden Aussagen sind wahr?
   $\otimes$ Die Gerade f hat eine positive Nullstelle.
b) Die Funktion

$$f : [-2, 5] \to \mathbb{R}$$
$$f(x) = 3(x - 2)^2 + 5$$

   $\otimes$ hat einen Scheitelpunkt im Inneren des Definitionsbereichs.
c) Der Wert $3000 \cdot 1.02^{12}$ beschreibt den Kontostand eines Festgeldkontos mit einem initialen Kontostand
   $\otimes$ von 3000 Euro und einem Zinssatz von 2% nach 12 Jahren.
d) Es sei $f(x) = e^x \cdot g(x)$. Dann gilt
   $\otimes$ $f'(x) = e^x(g(x) + g'(x))$,

Aufgabe 2

Gegeben sind die Kostenfunktion $K(x) = 200 + 5x + \ln(2x + 1)$ und die Preisabsatzfunktion $p(x) = 125 - 3x + \frac{\ln(2x+1)}{x}$.

a) Die Umsatzfunktion ist $E(x) = p(x) \cdot x = 125x - 3x^2 + \ln(2x + 1)$ und die Gewinnfunktion

$$G(x) = E(x) - K(x) = 125x - 3x^2 + \ln(2x + 1) - (200 + 5x + \ln(2x + 1))$$
$$= -3x^2 + 120x - 200.$$

b) Die Grenzgewinnfunktion $G'(x) = -6x + 120$.

c) Für den Maximalgewinn betrachten wir die notwendige Bedingung $G'(x) = -6x + 120 = 0$ und erhalten $x = 20$. Wegen $G''(x) = -6 < 0$ handelt es sich um ein lokales Maximum. Der Maximalgewinn beträgt $G(20) = 1000$.

d) Die Durchschnittsgewinnfunktion lautet

$$g(x) = \frac{G(x)}{x} = -3x + 120 - \frac{200}{x}.$$

e) Die Grenzdurchschnittsgewinnfunktion berechnet sich zu

$$g'(x) = -3 + \frac{200}{x^2}.$$

f) Für den maximalen Durchschnittsgewinn betrachten wir die notwendige Bedingung $g'(x) = 0$ und erhalten

$$x^2 = \frac{200}{3}$$

und somit die Kandidaten $x = \pm\sqrt{\frac{200}{3}}$. Nur der positive Kandidat ergibt ökonomisch Sinn. Wegen $g''(x) = -\frac{400}{x^3}$ und $g''(+\sqrt{\frac{200}{3}}) < 0$ erhalten wir den maximalen Durchschnittsgewinn bei $x = +\sqrt{\frac{200}{3}} \approx 8.17$. Der maximale Durchschnittsgewinn beträgt $g(+\sqrt{\frac{200}{3}}) \approx 71.01$.

g) Der Maximalgewinn trat für $x = 20$ ein. Der Durchschnittsgewinn für $x = 20$ beträgt $g(20) = \frac{G(20)}{20} = 50$. Der maximale Durchschnittsgewinn liegt mit 71.01 also deutlich höher.

h) Die Fixkosten betragen $K_f = K(0) = 200$ und die variablen Kosten sind

$$K_v(x) = K(x) - K_f = 5x + \ln(2x + 1).$$

i) Der Deckungsbeitrag beträgt

$$G_D(x) = E(x) - K_v(x) = -3x^2 + 120x.$$

j) Die Elastizitätsfunktion des Gewinns ergibt sich zu

$$\varepsilon_G(x) = G'(x) \cdot \frac{x}{G(x)} = (-6x + 120) \cdot \frac{x}{-3x^2 + 120x - 200}$$

$$= \frac{-6x^2 + 120x}{-3x^2 + 120x - 200}.$$

k) Bei einer Absatzmenge von $x = 5$ und einer Zunahme des Absatzes um 2% nimmt der Gewinn um näherungsweise

$$2\varepsilon_G(5) = 2 \cdot \frac{450}{325} \approx 2.77$$

Prozent zu.

l) Der Absatz x bei dem der Gewinn um näherungsweise 1% steigt, wenn x um 1% gesteigert wird, erfüllt die Gleichung

$$\varepsilon_G(x) = 1.$$

Dies führt zu

$$-6x^2 + 120x = -3x^2 + 120x - 200$$

mit den Lösungen $x = \pm\sqrt{\frac{200}{3}}$, wobei allein die positive Lösung ökonomisch sinnvoll ist.

Aufgabe 3

a) Es sei F eine Stammfunktion der Funktion $f : [a, b] \to \mathbb{R}$. Dann gilt

$\otimes$ $F' = f$ auf dem Intervall $[a, b]$.

$\otimes$ $\int_a^b f(x)dx = F(x)\Big|_a^b$.

b) Zur Ermittlung des unbestimmten Integrals $\int x\sin(x)dx$ bietet sich

$\otimes$ partielle Integration an.

c) Zunächst schreiben wir die Funktion S etwas um:

$$S(t) = 45 + 3\sin\left(4\pi(\frac{t-9}{8})\right) + \frac{(t-9)^2}{32}$$

$$= 45 + 3\sin\left(\frac{\pi}{2}t - \frac{9\pi}{2}\right) + \frac{1}{32}(t-9)^2.$$

Für den Tagesmittelwert ergibt sich dann

$$\frac{1}{8}\int_9^{17} S(t)dt = \frac{1}{8}\left(45t - \frac{6}{\pi}\cos\left(\frac{\pi}{2}t - \frac{9\pi}{2}\right) + \frac{1}{96}(t-9)^3\right)\Bigg|_9^{17}$$

$$= \frac{137}{3} \approx 45.67.$$

d) Zur Bestimmung einer Stammfunktion der Funktion f gegeben durch

$$f(x) = \frac{-4x^3 + 3x}{2x^4 - 3x^2}$$

wenden wir die Substitutionsregel an. Dafür setzen wir $t = 2x^4 - 3x^2$ und berechnen $\frac{dt}{dx} = 8x^3 - 6x = -2(-4x^3 + 3x)$. Also gilt $(-4x^3 + 3x)dx = -\frac{1}{2}dt$ und somit

$$\int f(x)dx = \int \frac{-4x^3 + 3x}{2x^4 - 3x^2}dx = \int \frac{1}{t}\cdot\left(-\frac{1}{2}\right)dt$$

$$= -\frac{1}{2}\ln(t) = -\frac{1}{2}\ln(2x^4 - 3x^2).$$

e) Es ergibt sich:

$$\int_0^\pi x^2\cos(x)dx = x^2\sin(x)\Big|_0^\pi - \int_0^\pi 2x\sin(x)dx$$

$$= x^2\sin(x)\Big|_0^\pi - \left(2x(-\cos(x))\Big|_0^\pi - \int_0^\pi 2(-\cos(x))dx\right)$$

$$= \left(x^2\sin(x) + 2x\cos(x) - 2\sin(x)\right)\Big|_0^\pi = 2\pi.$$

Aufgabe 4

a) Sei A eine $m \times n$-Matrix. Was ist das Produkt $A \cdot s^n$?
   $\otimes$ Die Summe aller Spalten von A.

b) Sei B eine 7×4-Matrix. Das Produkt $(e_2)^T \cdot B$ gibt
   $\otimes$ die 2. Zeile von B an.

c) Das lineare Gleichungssystem gegeben durch die erweiterte Koeffizienten-matrix

$$\begin{bmatrix} 1 & -3 & 0 & | & 1 \\ 0 & 0 & 1 & | & 2 \\ 0 & 0 & 0 & | & 0 \end{bmatrix} \qquad \text{hat} \qquad \otimes \text{ unendlich viele Lösungen.}$$

d) Bei der Anwendung der ersten Phase des Gauß-Jordan-Algorithmus auf die erweiterte Koeffizientenmatrix

$$\begin{bmatrix} 1 & 2 & 15 & | & -38 \\ 0 & -1 & -4 & | & 14 \\ 0 & -2 & 2 & | & -15 \end{bmatrix}$$

wird im nächsten Schritt
$\otimes$ die zweite Zeile mit dem Faktor -1 multipliziert.

Aufgabe 5

a) Gegeben ist die folgende erweiterte Koeffizientenmatrix

$$\left[\begin{array}{cccc|c} 1 & 0 & -1 & 0 & 5 \\ 0 & 1 & 2 & 0 & 6 \\ 0 & 0 & 0 & 1 & 7 \end{array}\right].$$

Die Lösungsmenge des assoziierten linearen Gleichungssystems in den Variablen x_1, x_2, x_3, x_4 ist gegeben durch

$$\mathbb{L} = \left\{ \begin{bmatrix} 5 + x_3 \\ 6 - 2x_3 \\ x_3 \\ 7 \end{bmatrix} : x_3 \in \mathbb{R} \right\}.$$

b) Gegeben ist das lineare Gleichungssystem

$$2x_1 + 4x_2 + 6x_3 = 18$$
$$4x_1 + 5x_2 + 8x_3 = 27$$
$$2x_1 - 3x_2 - 4x_3 = -5$$

(i) Die erweiterte Koeffizientenmatrix ist gegeben durch

$$\left[\begin{array}{ccc|c} 2 & 4 & 6 & 8 \\ 4 & 5 & 8 & 27 \\ 2 & -3 & -4 & -5 \end{array}\right].$$

(ii) Der Gauß-Jordan-Algorithmus ergibt:

$$\left[\begin{array}{ccc|c} 2 & 4 & 6 & 8 \\ 4 & 5 & 8 & 27 \\ 2 & -3 & -4 & -5 \end{array}\right] \begin{array}{l} \cdot \frac{1}{2} \\ \\ \\ \end{array} \rightarrow \left[\begin{array}{ccc|c} 1 & 2 & 3 & 4 \\ 4 & 5 & 8 & 27 \\ 2 & -3 & -4 & -5 \end{array}\right] \begin{array}{l} \\ \text{II} + (-4) \cdot \text{I} \rightarrow \\ \text{III} + (-2) \cdot \text{I} \end{array}$$

$$\left[\begin{array}{ccc|c} 1 & 2 & 3 & 4 \\ 0 & -3 & -4 & 11 \\ 0 & -7 & -10 & -13 \end{array}\right] \begin{array}{l} \\ \cdot (-\frac{1}{3}) \rightarrow \\ \\ \end{array} \left[\begin{array}{ccc|c} 1 & 2 & 3 & 4 \\ 0 & 1 & \frac{4}{3} & -\frac{11}{3} \\ 0 & -7 & -10 & -13 \end{array}\right] \begin{array}{l} \\ \\ \text{III} + 7 \cdot \text{II} \end{array} \rightarrow$$

$$\left[\begin{array}{ccc|c} 1 & 2 & 3 & 4 \\ 0 & 1 & \frac{4}{3} & -\frac{11}{3} \\ 0 & 0 & -\frac{2}{3} & -\frac{116}{3} \end{array}\right] \begin{array}{l} \\ \\ \cdot (-\frac{3}{2}) \end{array} \rightarrow \left[\begin{array}{ccc|c} 1 & 2 & 3 & 4 \\ 0 & 1 & \frac{4}{3} & -\frac{11}{3} \\ 0 & 0 & 1 & 58 \end{array}\right] \begin{array}{l} \text{I} + (-3) \cdot \text{III} \\ \text{II} + (-\frac{4}{3}) \cdot \text{III} \rightarrow \\ \end{array}$$

$$\left[\begin{array}{ccc|c} 1 & 2 & 0 & -170 \\ 0 & 1 & 0 & -81 \\ 0 & 0 & 1 & 58 \end{array}\right] \begin{array}{l} \text{I} + (-2) \cdot \text{II} \\ \\ \end{array} \rightarrow \left[\begin{array}{ccc|c} 1 & 0 & 0 & -8 \\ 0 & 1 & 0 & -81 \\ 0 & 0 & 1 & 58 \end{array}\right]$$

Wir erhalten also die Lösungsmenge $\mathbb{L} = \{[-8, -81, 58]^T\}$.

(iii) Schreiben Sie das Problem in der Form $A \cdot \mathbf{x} = \mathbf{b}$.

$$\begin{bmatrix} 2 & 4 & 6 \\ 4 & 5 & 8 \\ 2 & -3 & -4 \end{bmatrix} \cdot \begin{bmatrix} x_1 \\ x_2 \\ x_3 \end{bmatrix} = \begin{bmatrix} 18 \\ 27 \\ -5 \end{bmatrix}.$$

(iv) Bestimmen Sie die Determinante von A.

$$\det \begin{bmatrix} 2 & 4 & 6 \\ 4 & 5 & 8 \\ 2 & -3 & -4 \end{bmatrix} = +2 \cdot 5 \cdot (-4) + 4 \cdot 8 \cdot 2 + 6 \cdot 4 \cdot (-3)$$

$$- 6 \cdot 5 \cdot 2 - 4 \cdot 4 \cdot (-4) - 2 \cdot 8 \cdot (-3) = 4$$

(v) Die Inverse von A berechnet sich mittels:

$$\left[\begin{array}{ccc|ccc} 2 & 4 & 6 & 1 & 0 & 0 \\ 4 & 5 & 8 & 0 & 1 & 0 \\ 2 & -3 & -4 & 0 & 0 & 1 \end{array}\right] \begin{array}{l} | \cdot \frac{1}{2} \\ \\ \\ \end{array} \rightarrow \left[\begin{array}{ccc|ccc} 1 & 2 & 3 & \frac{1}{2} & 0 & 0 \\ 4 & 5 & 8 & 0 & 1 & 0 \\ 2 & -3 & -4 & 0 & 0 & 1 \end{array}\right] \begin{array}{l} \\ \text{II} + (-4) \cdot \text{I} \rightarrow \\ \text{III} + (-2) \cdot \text{I} \end{array}$$

$$\left[\begin{array}{ccc|ccc} 1 & 2 & 3 & \frac{1}{2} & 0 & 0 \\ 0 & -3 & -4 & -2 & 1 & 0 \\ 0 & -7 & -10 & -1 & 0 & 1 \end{array}\right] | \cdot (-\tfrac{1}{3}) \rightarrow \left[\begin{array}{ccc|ccc} 1 & 2 & 3 & \frac{1}{2} & 0 & 0 \\ 0 & 1 & \frac{4}{3} & \frac{2}{3} & -\frac{1}{3} & 0 \\ 0 & -7 & -10 & -1 & 0 & 1 \end{array}\right] \begin{array}{l} \\ \\ \text{III} + 7 \cdot \text{II} \end{array} \rightarrow$$

$$\left[\begin{array}{ccc|ccc} 1 & 2 & 3 & \frac{1}{2} & 0 & 0 \\ 0 & 1 & \frac{4}{3} & \frac{2}{3} & -\frac{1}{3} & 0 \\ 0 & 0 & -\frac{2}{3} & \frac{11}{3} & -\frac{7}{3} & 1 \end{array}\right] \begin{array}{l} \\ \\ | \cdot (-\tfrac{3}{2}) \end{array} \rightarrow \left[\begin{array}{ccc|ccc} 1 & 2 & 3 & \frac{1}{2} & 0 & 0 \\ 0 & 1 & \frac{4}{3} & \frac{2}{3} & -\frac{1}{3} & 0 \\ 0 & 0 & 1 & -\frac{11}{2} & \frac{7}{2} & -\frac{3}{2} \end{array}\right] \begin{array}{l} \text{I} + (-3) \cdot \text{III} \\ \text{II} + (-\tfrac{4}{3}) \cdot \text{III} \rightarrow \\ \\ \end{array}$$

$$\left[\begin{array}{ccc|ccc} 1 & 2 & 0 & 17 & -\frac{21}{2} & \frac{9}{2} \\ 0 & 1 & 0 & 8 & -5 & 2 \\ 0 & 0 & 1 & -\frac{11}{2} & \frac{7}{2} & -\frac{3}{2} \end{array}\right] \begin{array}{l} \text{I} + (-2) \cdot \text{II} \\ \\ \\ \end{array} \rightarrow \left[\begin{array}{ccc|ccc} 1 & 0 & 0 & 1 & -\frac{1}{2} & \frac{1}{2} \\ 0 & 1 & 0 & 8 & -5 & 2 \\ 0 & 0 & 1 & -\frac{11}{2} & \frac{7}{2} & -\frac{3}{2} \end{array}\right].$$

Und somit ist

$$x = A^{-1} \cdot b = \begin{bmatrix} 1 & -\frac{1}{2} & \frac{1}{2} \\ 8 & -5 & 2 \\ -\frac{11}{2} & \frac{7}{2} & -\frac{3}{2} \end{bmatrix} \cdot \begin{bmatrix} 8 \\ 27 \\ -5 \end{bmatrix} = \begin{bmatrix} -8 \\ -81 \\ 58 \end{bmatrix}.$$

Aufgabe 6

a) Die Verflechtungsmatrizen, die sich direkt aus dem Graph ablesen lassen, sind:

$$M_{AZ} = \begin{bmatrix} 1 & 2 & 0 \\ 2 & 0 & 4 \end{bmatrix} \quad \text{und} \quad M_{ZE} = \begin{bmatrix} 1 & 2 \\ 7 & 5 \\ 2 & 3 \end{bmatrix}.$$

Die Ausgangsprodukt-Endprodukt-Matrix ist dann

$$M_{AE} = M_{AZ} \cdot M_{ZE} = \begin{bmatrix} 15 & 12 \\ 10 & 16 \end{bmatrix}.$$

b) Es gilt die Beziehung

$$x_A = M_{AE} \cdot x_E.$$

c) Um 25 Einheiten von Y und 40 Einheiten von Z zu produzieren, ergibt sich für den Vektor $x_A = \begin{bmatrix} s \\ t \end{bmatrix}$ der benötigten Ausgangsstoffe

$$x_A = M_{AE} \cdot \begin{bmatrix} 25 \\ 40 \end{bmatrix} = \begin{bmatrix} 15 & 12 \\ 10 & 16 \end{bmatrix} \cdot \begin{bmatrix} 25 \\ 40 \end{bmatrix} = \begin{bmatrix} 855 \\ 890 \end{bmatrix}.$$

d) Zu lösen ist das lineare Gleichungssystem

$$M_{AE} \cdot x_E = \begin{bmatrix} 720 \\ 800 \end{bmatrix}.$$

Mit Hilfe des Gauß-Jordan-Algorithmus erhalten wir

$$\left[\begin{array}{cc|c} 15 & 12 & 720 \\ 10 & 16 & 800 \end{array}\right] \rightarrow \left[\begin{array}{cc|c} 1 & \frac{4}{5} & 48 \\ 10 & 16 & 800 \end{array}\right] \rightarrow \left[\begin{array}{cc|c} 1 & \frac{4}{5} & 48 \\ 0 & 8 & 320 \end{array}\right] \rightarrow \left[\begin{array}{cc|c} 1 & \frac{4}{5} & 48 \\ 0 & 1 & 40 \end{array}\right] \rightarrow \left[\begin{array}{cc|c} 1 & 0 & 16 \\ 0 & 1 & 40 \end{array}\right].$$

Es lassen sich also 16 Endprodukte vom Typ Y und 40 Endprodukte vom Typ Z produzieren.

Aufgabe 7

Gegeben sei die Produktionsfunktion $f(r, s) = -2r^2 - s^2 + 30r - 10s + 2rs$.

a) Der aktuelle Output beträgt

$$f(8, 6) = -2 \cdot 8^2 - 6^2 + 30 \cdot 8 - 10 \cdot 6 + 2 \cdot 8 \cdot 6 = 112.$$

b) Die ersten partiellen Ableitungen sind

$$f_r(r, s) = -4r + 30 + 2s,$$
$$f_s(r, s) = -2s - 10 + 2r.$$

Es ist $f_r(8, 6) = 10$ und $f_s(r, s) = -6$. Der Output wird sich erhöhen, wenn r (in kleinem Rahmen) erhöht und s (in kleinem Rahmen) erniedrigt wird.

c) Wenn der Wert von r um 0.25 Einheiten erhöht und der Wert von s um 0.25 Einheiten verringert wird, so ändert sich der Output um näherungsweise

$$0.25 \cdot f_r(8, 6) + (-0.25) \cdot f_s(8, 6) = 4.$$

d) Die notwendige Bedingung lautet

$$f_r(r, s) = 0 \quad \text{und} \quad f_s(r, s) = 0.$$

Angenommen (r_0, s_0) erfüllt die notwendige Bedingung. Dann liegt ein lokales Maximum oder Minimum vor, wenn die hinreichende Bedingung

$$f_{rr}(r_0, s_0) \cdot f_{ss}(r_0, s_0) - f_{rs}(r_0, s_0)^2 > 0$$

erfüllt ist. Ist die hinreichende Bedingung ebenfalls erfüllt, so liegt ein lokales Maximum vor, sofern $f_{rr}(r_0, s_0) < 0$ gilt. Ansonsten handelt es sich um ein lokales Minimum.

e) Zur Bestimmung des maximalen Outputs führt die notwendige Bedingung zunächst auf das lineare Gleichungssystem

$$\begin{aligned} -4r +2s &= -30 \\ 2r -2s &= +10 \end{aligned}$$

mit der Lösung $r = 10$ und $s = 5$. Um die hinreichende Bedingung zu testen, berechnen wir zunächst die zweiten partiellen Ableitungen:

$$f_{rr}(r, s) = -4, f_{ss}(r, s) = -2 \text{ und } f_{rs}(r, s) = 2.$$

Die hinreichende Bedingung ergibt

$$f_{rr}(10, 5) \cdot f_{ss}(10, 5) - f_{rs}(10, 5)^2 = (-4)(-2) - 2^2 = 4 > 0$$

und es liegt wegen $f_{rr}(10, 5) = -4 < 0$ ein lokales Maximum vor. Der maximale Output beträgt

$$f(10, 5) = -2 \cdot 10^2 - 5^2 + 30 \cdot 10 - 10 \cdot 5 + 2 \cdot 10 \cdot 5 = 125.$$

f) Für den maximalen Output unter der Nebenbedingung $2r + s = 15$ betrachten wir die Lagrange-Funktion

$$L(r, s, \lambda) = -2r^2 - s^2 + 30r - 10s + 2rs + \lambda(15 - 2r - s).$$

Die notwendige Bedingung für das Verschwinden der ersten Ableitungen von L ergibt das lineare Gleichungssystem:

$$\begin{aligned} -4r +2s -2\lambda &= -30 \\ 2r -2s -\lambda &= +10 \\ 2r +s &= +15. \end{aligned}$$

Der Gauß-Jordan-Algorithmus führt auf die Lösung $r = 7$, $s = 1$ und $\lambda = 2$. Der maximale Output unter der Nebenbedingung $2r + s = 15$ beträgt $f(7, 1) = 115$.

g) Da der Wert des Lagrange-Parameters im vorherigen Aufgabenteil $\lambda = 2$ ergeben hat und die Differenz $16 - 15 = 1$ ist, erhalten wir den Näherungswert $f(7, 1) + 1 \cdot \lambda = 117$ für den maximalen Output unter der Nebenbedingung $2r + s = 16$.

Sachverzeichnis

The manufacturer's authorised representative in the EU is Springer
Nature Customer Service Centre GmbH, Europaplatz 3, 69115 Heidelberg,
Germany. If you have any concerns regarding our products, please
contact ProductSafety@springernature.com

Printed and bound by CPI Group (UK) Ltd, Croydon, CR0 4YY
23/04/2026
02095648-0012